로컬 오딧세이

로컬 오딧세이
한 끼에 담아낸 지속 가능성의 여정

김태윤 장민영 황종욱

로컬 오딧세이
한 끼에 담아낸 지속 가능성의 여정

발행일	2025년 9월 25일 초판 1쇄
지은이	김태윤, 장민영, 황종욱
편집	이주연
펴낸이	정무영, 정상준
펴낸곳	(주)을유문화사
창립일	1945년 12월 1일
주소	서울시 마포구 서교동 469-48
전화	02-733-8153
팩스	02-732-9154
홈페이지	www.eulyoo.co.kr
ISBN	978-89-324-7575-2 03590

* 이 책의 전체 또는 일부를 재사용하려면 저작권자와 을유문화사의 동의를 받아야 합니다.
* 책값은 뒤표지에 있습니다.
* 잘못된 책은 구입하신 곳에서 바꾸어 드립니다.
* 이 책은 지속 가능한 방식으로 생산된 친환경 종이를 사용했습니다.

나의 첫 번째 바다, 어머니께

추천의 글

두 저자는 오랫동안 보아 온 동료다. 소문도 없이 그들은 바다로 갔다. 숨은 재료를 찾고 요리하고 그것을 더 맛있게 오래 먹을 방법을 찾았다. 온 나라가 아귀처럼 먹는 일만 생각할 때 그들은 어떻게 먹을까 궁리하고 있었다. 현장의 땀내와 고민이 갈피마다 빼곡하다. 재료에 대한 경의와 이해, 일부러 멋을 뺀 소박하고 아름다운 꾸밈, 그들의 천성을 꼭 닮은 온기 있는 요리들로 책을 채웠다. 장민영, 김태윤과 함께 일해 왔던 번역가이자 음식문화연구자 황종욱도 저자로 참여했다. 자칫 낯설 수 있는 식재료들이 독자들에게 보다 친근하게 다가갈 수 있도록 문헌을 현장 삼아 상세하게 설명을 덧붙였다.

로컬푸드란 말을 떠올리면 나는 오랫동안 관련된 작업을 해 온 두 저자가 생각나곤 한다. 원래 로컬푸드는 거대한 국제기업이 곡물과 고기 같은 1차 재료는 물론이고 가공 재료 등 온갖 2차 재료까지 장악하는 식탁의 위험에 대한 자각에서 시작되었다. 이 개념은 이제 새로울 게 없는 것처럼 보인다. 재벌 기업과 패스트푸드도 로컬푸드라고 장사를 하는 세상이니 말이다. 사실 우리가 로컬푸드를 제대로 알고 있는 것일까, 알고 먹는 것일까 하는 의문을 늘 품고 살았다. 이 땅과 바다에서 나는 것이지만 개성은 사라지고 시장의 편리와 이익만 좇는 로컬푸드답지 않은 양산품만 존재하는 것은 아닐까 하는 문제의식이었다. 이 책에서 나는 무릎을 치는 실마리를 얻게 되었다. 시장 지배적인 거대한 생산물 말고도 우리가 더 관심을 갖고 요리하고 먹고 사랑해야 할 존재들이 드러나고 있었다. 저자는 반도의 절반, 우리가 갈 수 있는 국토와 바다를 휘돌아 U자로 더듬는다. 더 깊이, 지역과 사람 속으로 간다. 거기서 비로소 재료를 찾고 조리법을 고른다. 장민영의 현장 기획이 빛난다. 셰프로서 김태윤의 능력은 요리 동네에서 따로 거론할 필요 없는 것이기도 해서, 사진 한 장으로 이미 구미가 솟았다. 재료에 가장 적절한 요리법이 김태윤의 손과 고려에서 나온다. 스페인식 그라탱이거나 태국식 무침에 그리스식 구이를 고른다. 로컬을 세계의 솜씨로 요리하는 이 다채로움에 여러분은 놀라게 될 것이다. 요리사인 나는 기술적인 도움도 이 책에서 얻고 있다는 솔직한 고백도 전하고 싶다. 물론이지만, 그는 어디서 배웠는지 마치 규방 요리 같기도 한 한식 조리법도 여러 요리에 덧입혔다. 요리책으로 봐도 되고, 로컬 공부책으로 써도 되는 이 독특한 책에 추천사를 쓰게 되어 기쁘다.

— 박찬일(셰프, 작가)

글을 읽고 날것의 재료들과 현장 사진들을 보는 내내, 마치 오딧세우스가 전쟁 후 그토록 갈망하던 이타카로 회귀하듯 나 역시 40여 년간 요리해 왔던 출발점으로 돌아가고 싶어졌다. 지역을 직접 찾아가 생산자들의 이야기를 들으며 지역 음식을 탐구한 뒤, 가장 신선한 재료로 요리하는 그 시간들을 다시 살고 싶어진다. 왜 그러질 못했을까? 주방에서 벗어나지 못한 채 눈앞의 일에만 매달려 치열하게 음식을 만들어 내기에 급급했던 시간들이 뼈저리게 아쉽다.

수많은 발품을 팔며 지역민들과 교류했던 따뜻하면서도 치열한 삶의 이야기에 빨려 들어간다. 평생 요리해 왔다고 말하기 부끄러워질 만큼 낯선 재료 이야기들과 생생한 모습들을 선명한 색상 그대로 마주하며 반하게 된다. 젊은 세대의 농촌 유입이 단절되면서 소멸되어 가는 지역 특색 음식들을 발굴하여 되살린 사진들을 보니, 맛보고 싶고 만들어 보고 싶은 마음이 간절해진다. 나름대로 주방에서 일하는 과정마다 발생하는 환경 파괴적 요소들을 민감하게 차단해 왔다고 생각했는데, 이 책은 지역의 계절 식재료를 사용함으로써 푸드 마일리지와 생산 에너지를 절감하겠다는, 근본적인 차원에서 지속 가능성을 고민해 온 흔적들을 고스란히 보여 준다. 고마울 따름이다.

생산자분들의 가슴속에 묻어 둔 이야기를 끌어내 준 민영 작가님과 작품 사진을 찍고 재료 맛의 극대화를 구현해 준 태윤 셰프님, 그리고 아워플래닛의 여정을 책으로 엮는 데 함께해 주신 황종욱 번역가님에게 깊은 감사를 드린다.

— 조희숙(셰프)

들어가며

모든 것은 '허기'에서 시작됐다.

배고픈 것은 일단 뭐든 먹으면 해결된다. 먹은 것이 마음에 들든 들지 않든, 무엇이든 위장에 들어가기만 하면 육체의 허기는 어느 정도 가신다. 그런데 배가 부른 뒤에도 여전히 어떤 헛헛함을 느끼는 사람들이 있다. 그 허기는 육체적 허기와는 다른 것이다. 단순히 배를 채우는 것으로는 해결되지 않는, 마음의 허기다. 음식이 사라진 후에도 그 순간을 애타게 붙들고 싶어지는, 간절함 같은 감정이기도 하다. 일행에게 지청구를 들으면서도 식탁에 놓인 음식을 사진으로 남기고, 이미 다 먹어 버린 음식의 사진을 SNS에 올리는 사람들의 마음이 그렇지 않을까 싶다.

그런데 SNS 피드를 음식 사진으로 빼곡히 채우며 잠시나마 달랜 것 같은 허기가, 사실은 마음 한 켠에 차곡차곡 쌓이고 있었음을 머지않아 깨닫게 된다. 그 허기의 정체는 내가 먹은 것이 무엇인지 알고 싶고, 가능하다면 나를 둘러싼 환경에 조금 더 책임감 있는 방식으로 음식을 선택하고 싶고, 그 경험이 내게 어떤 영향을 미쳤는지 누군가와 공유하고 싶은 욕구다. 매체를 가리지 않고 음식 콘텐츠가 넘쳐나고, 누구나 SNS에서 음식에 대해 말을 보태는 세상인데, 왜 그런 욕구는 쉽게 채워지지 않는 것일까?

계절과 상관없이, 어디서 나는지와 관계없이, 온갖 식재료가 손쉽게 식탁에 오르는 시대다. 유례없는 풍요는 미식가에게 축복처럼 보이지만, 현실은 그 반대다. 언제 어디서나 같은 식재료를 구할 수 있다는 것은, 곧 그 식재료가 어디서 어떻게 왔는지 중요하지 않다는 의미이기도 하다. 복잡한 유통망을 거치며 식재료 본연의 이야기는 지워지고, 대신 균질화된 상품의 형태로 우리 앞에 놓인다. 내가 먹은 것이 무엇인지, 한 줌의 알곡이 어떤 땅에서 누구의 손을 거쳐 영글었는지, 한 마리의 물고기가 어느 바다를 누비다 언제 어떻게 잡혀 우리 식탁에 오르게 됐는지 구체적으로 느끼는 능력은 오히려 무뎌지고 있다.

무심하고 무책임한 미식을 위해 소모하는 비용도 마음을 무겁게 한다. 계절에 구애받지 않고 식재료를 연중 공급하기 위해 화석 에너지를 과도하게 사용하는 시설 농업은 늘어만 간다. 미디어에서 화제가 된 식재료는 수요를 따라잡기 위해 이 순간에도 남획과 남작의 대상이 된다. 그러고도 정작 인기 부위를 제외한 육고기, 판매 대상조차 되지 못한 어류, 모양이 예쁘지 않아 상품성이 떨어지는 농작물은 가차 없이 버려진다. 음식 한 끼 한 끼에 도덕적 부담을 얹을 필요는 없지만, 선택의 여지가 있다면 불필요한 낭비나 파괴를 피하고자 하는 마음 역시 자연스러운 것이다.

그뿐인가. 아무리 다양한 식재료와 요리가 제공된다 해도, 그 사이에서 스스로 차이를 감별할 여유가 없다면 그 다양성은 오히려 소음과 혼란이 된다. 다른 종(種)의 식재료에는 어떤 차이가 있을까, 그런 물성이 어떤 요리에 어울릴까, 그중 무엇이 내 입맛에 맞을까. 이러한 기준에 따라 판단할 시간과 정보가 충분하지 않다면, '남들이 먹으니까 나도 먹어야겠다'라는 조바심이 따라붙고, 결국 다양성이라는 이름 아래 획일화된 소비를 반복하게 되는 수동적 소비자로 전락하고 만다. 음식이 나를 어떻게 변화시키는지를 이야기하고 나누고 싶지만, 정작 입 밖에 나오는 말은 이미 남들이 한 말의 반복일 뿐이다.

종로구 수성동계곡에 위치한 '플래닛랩(planEAT lab)'에서는 이런 허기에 대한 구체적인 해답을 찾으려는 실험이 진행되고 있다. 이곳은 김태윤 셰프와 장민영 기획자가 운영하는 '아워플래닛(ourplanEAT)'의 연구실이자 주방이며, 대중을 만나는 실험의 현장이기도 하다. '아워플래닛'이라는 이름은 지구를 '우리의(our)' 삶의 터전으로 인식하고, 생태적 가치를 실현하기 위해 '식사를 계획(plan+eat)'하자는 의미를 담고 있다. 그런 취지에 걸맞게 다양한 팝업 행사·정기 쿠킹 클래스·워크숍 등을 전개하며 음식을 통해 세상과 관계 맺는 새로운 방법을 제안하고 있다.

아워플래닛이 정기적으로 준비하는 행사 중 하나가 '로컬 오딧세이(Local Odyssey)'다. 특정 지역을 선정해 그곳의 식재료와 식문화를 심도 있게 취재하고, 이를 여섯 개의 요리로 이뤄진 디너로 재해석해 선보이는 행사다. 2022년 4월 지리산을 시작으로, 속초·기장·거창·광주 등지를 소재로 3년 넘게 꾸준히 이어 오고 있다. 이 책은 그 여정 중에서도 바다와 연안 지역을 무대로 펼쳐진 로컬 오딧세이를 기록한 것이다. 각 지역의 생산자를 만나고, 그들이 생산한 식재료를 탐구하며, 그것을 요리로 풀어내는 과정을 통해 음식을 더 깊이 알고, 책임감 있게 소비하며, 의미 있는 소통을 회복해 가는 여정을 담고 있다.

호메로스의 『오딧세이』는 그리스 장군 오딧세우스가 트로이 전쟁 이후 고향으로 돌아가기까지 20년에 걸친 여정을 그린 서사시다. 결국은 '회귀', 즉 본래의 자리로 돌아가는 이야기다. 오딧세우스가 숱한 시련을 딛고 마침내 귀향했듯, 로컬 오딧세이 또한 시간과 망각에 맞서 지역 식문화의 지혜를 발굴하고, 식재료와 생산자, 소비자 사이의 끊어진 연결을 회복하려는 시도다. 이 행사의 이름에는 잃어버린 것으로의 회귀를 통해 우리 내면의 허기를 달래려는 소망이 담겨 있다.

이 책, 『로컬 오딧세이: 한 끼에 담아낸 지속 가능성의 여정』은 바로 그러한 가치를 공유하는 세 사람이 협업한 결과물이다. 아워플래닛의 구성원인 김태윤과 장민영은 플래닛랩에 없는 시간에는 현지에서 취재와 기록을 이어가고 있다. 이 책에 실린 식재료와 생산자 사진은 별도의 표기가 있는 경우를 제외하고는 모두 김태윤이 현장에서 직접 촬영했다. 함께 취재를 기획하고 진행하는 음식 탐험가 장민영은 각 지역을 누비며 생산자와 나눈 대화를 생생한 언어로 길어냈다. 황종욱은 아워플래닛 팀과 오랜 시간 협업해 온 번역가이자, 이들이 준비한 행사에 꾸준히 참여해 온 관찰자기도 하다. 두 사람이 지금까지 축적해 온 기록을 하나의 일관된 이야기로 엮어 내는 역할을 담당했다.

이 책을 펼치는 독자들이 어디에 있든, 수성동계곡의 플래닛랩에서 로컬 오딧세이에 직접 참여한 듯한 경험을 하기를 바란다. 음식 재료는 물론, 그것을 길러낸 환경까지 애정을 담아 포착한 사진, 지역 생산자가 들려주는 생생한 목소리를 통해 현장의 온기와 향기까지 전달되기를 소망한다. 그리고 우리가 식탁에서 하는 작은 선택들이 모여 결국 세상을 바꾸는 물결이 될 수 있다는 희망을 함께 나눌 수 있기를 바란다. 이 책이 독자 각자의 마음속 허기를 알아차리고, 그것을 달래는 자신만의 방법을 찾아가는 출발점이 되기를 희망한다.

오딧세우스가 마침내 고향 '이타카'에 닿았듯, 우리가 모두 음식의 진정한 의미를 되찾는 여정 끝에서 자신만의 이타카를 발견할 수 있기를 바란다.

차례

006　　추천의 글
009　　들어가며

I. 기장

024　　**1. 말똥성게**
　　　첫 번째 요리: 스페인 갈리시아풍 앙장구 그라탱과 피멘톤 크루통

032　　**2. 멸치**
　　　두 번째 요리: 스페인식 멸치 초절임

044　　**3. 말미잘**
　　　세 번째 요리: 풍선말미잘과 아씨정구지로 맛 낸 대만식 전병

052　　**4. 곰장어**
　　　네 번째 요리: 봄동 스프링 롤과 스파이시 피넛 소스

060　　**5. 군소·개상어·삿갓조개·모자반·미역·톳**
　　　다섯 번째 요리: 기장 한 상 차림

074　　**6. 다시마**
　　　여섯 번째 요리: 시오콘부를 더한 꽈배기와 제주 감귤 쿨리

II. 속초

086　　**1. 건포**
　　　첫 번째 요리: 시소 향의 두 가지 치즈, 건포 튀각 샌드

092　　**2. 홍게**
　　　두 번째 요리: 홍게살과 내장, 초당옥수수 가스파초

100   **3. 부새우, 골뱅이**
세 번째 요리: 부새우젓으로 맛 낸 타이풍 골뱅이무침

112   **4. 고리매, 지누아리**
네 번째 요리: 복어 정소 소스를 곁들인 동해 바다나물 리소토

120   **5. 주먹물수배기(일명 '감자떡'), 섭(자연산 홍합)**
다섯 번째 요리: 감자떡 구이와 섭 벨루테

128   **6. 송순**
여섯 번째 요리: 라임에 재운 참외와 참외 소르베, 송순 젤리

III. 태안

148   **1. 칠면초·자염·보라성게**
첫 번째 요리: 해녀 성게·레체 데 티그레·자염과 올리브유에 무친 칠면초

160   **2. 박**
두 번째 요리: 박·칭사과·도종 꿀·디종 머스터드·부라타 치즈

168   **3. 칠게, 갯가재**
세 번째 요리: 구운 갯가재 어묵·칠게 육수로 맛 낸 프레굴라·청레몬

178   **4. 망둥이**
네 번째 요리: 락사 소스의 망둥이와 코코넛 가루에 버무린 고구마 줄기

184   **5. 각종 조개**
다섯 번째 요리: 포르투갈 알렌테주풍 돼지고기 조개찜

192   **6. 아말피 레몬**
여섯 번째 요리: 다크 럼 레몬 케이크·아말피 레몬 커드·코코넛 머랭

IV. 제주

208   **1. 하귤·블러드 오렌지·레몬·댕유지·금귤·뿔소라**
첫 번째 요리: 다섯 가지 제주 시트러스와 방풍나물, 뿔소라 안티파스토

222   **2. 옥돔·메밀·초피**
두 번째 요리: 반건조 옥돔과 초피 잎으로 맛 낸 쓰촨식 빙떡

232	**3. 고사리, 재래종 흑돼지** 세 번째 음식: 마드라스 커리 향의 고사리 고기 지짐으로 속을 채운 볼로방
240	**4. 멸치** 네 번째 요리: 야생 독활과 제주 레몬으로 맛 낸 시칠리아풍 멸치 파스타
252	**5. 멸치·재래종 흑돼지·풋마늘·아스파라거스** 다섯 번째 요리: 스파이시 바냐 카우다와 재래 돼지 가브리살 구이·발효한 풋마늘·제주 채소들
266	**6. 풋귤** 여섯 번째 요리: 풋귤 사바용과 과즙·발효 돌배·캐러멜 된장 소스

V. 울릉도

282	**1. 닭새우·도화새우·꽃새우** 첫 번째 요리: 호라파 페이스트·유산 발효한 풋오미자·울릉도 3종 새우 세비체
290	**2. 홍감자·오징어 누런 창·섬말나리 비늘줄기** 두 번째 요리: 멕시코 국민 간식 에스퀴테스와 오징어 누런 창 맛 홍감자칩
306	**3. 명이(산마늘)·섭·삿갓조개** 세 번째 요리: 산마늘 아이올리를 곁들인 파에야풍 홍따 밥
312	**4. 대황·오징어 흰 창·섬엉겅퀴** 네 번째 요리: 대황·오징어 흰 창·섬엉겅퀴로 맛 낸 타이풍 수프 똠쌥무
322	**5. 재래종 돼지** 다섯 번째 요리: 차지키 소스를 곁들인 돼지고기 수블라키
334	**6. 왕호장, 씨껍데기 막걸리** 여섯 번째 요리: 왕호장 소스와 체더치즈, 씨껍데기 막걸리 아이스크림을 채운 마카롱

VI. 거문도

350　**1. 갈치 내장, 달마새우**
　　첫 번째 요리: 달마새우 베녜·돌배·갈치속젓 드레싱의 시저 샐러드

354　**2. 뿔소라·미역·문어·삼치**
　　두 번째 요리: 해녀 망사리 해물 초회

362　**3. 갈치**
　　세 번째 요리: 훈연한 갈치와 두백감자로 만든 영국식 피시 파이 '포트해밀턴'

370　**4. 삼치**
　　네 번째 요리: 거문도 삼치회 삼합

376　**5. 배말(삿갓조개)·군소·군봇(딱지조개)·섭**
　　다섯 번째 요리: 거문도식 갯것찜과 토종 녹두도 밥

392　**6. 해풍 쑥, 탱자**
　　여섯 번째 요리: 해풍 쑥떡에 감싼 인절미 젤라토, 발효 꿀과 탱자 효소 소스

402　대담: 잃어버린 맛으로의 귀향, 로컬 오딧세이

로컬 오딧세이에서 탐구한
지역의 식재료

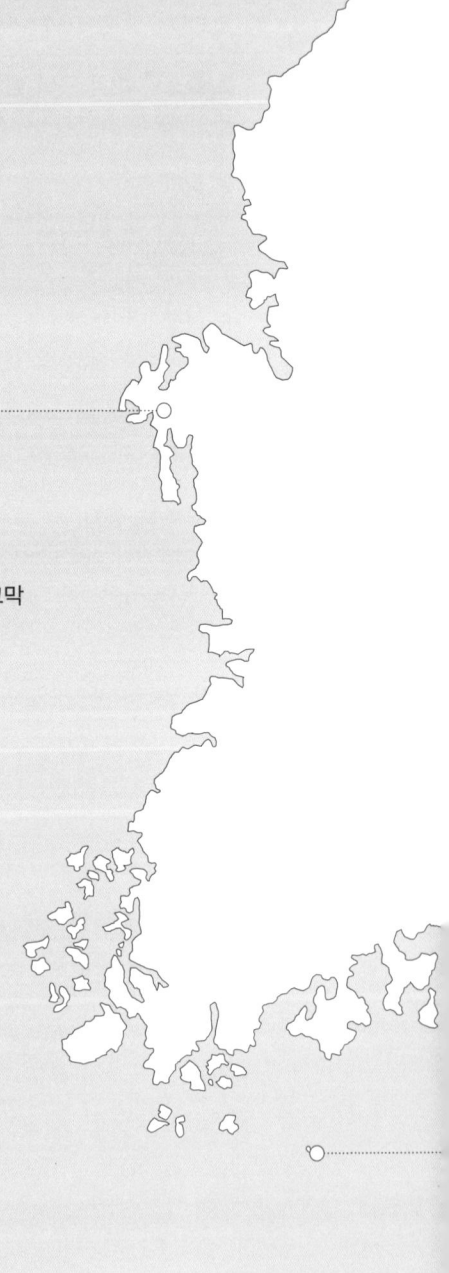

태안
- 보라성게, 칠면초, 자염
- 박
- 갯가재, 칠게
- 망둥이
- 돌조개, 맛조개, 백합, 동죽, 바지락, 참꼬막
- 아말피 레몬

제주도
- 하귤, 블러드 오렌지, 레몬, 댕유지, 금귤, 뿔소라
- 옥돔, 메밀, 초피
- 고사리, 재래종 흑돼지
- 멸치
- 풋마늘, 아스파라거스
- 풋귤

• 속초

- 건포
- 홍게
- 부새우, 골뱅이
- 고리매, 지누아리
- 주먹물수배기, 섭
- 송순

울릉도

- 닭새우, 도화새우, 꽃새우
- 홍감자, 오징어 누런 창, 섬말나리
- 산마늘, 섭, 삿갓조개
- 대황, 오징어 흰 창, 섬엉겅퀴
- 재래종 돼지
- 왕호장, 씨껍데기 막걸리

• 기장

- 말똥성게
- 멸치
- 풍선말미잘
- 곰장어
- 군소, 개상어, 삿갓조개, 모자반, 미역, 톳
- 다시마

• 거문도

- 달마새우
- 뿔소라, 미역, 문어
- 갈치
- 삼치
- 배말, 군소, 군봇, 섭
- 해풍 쑥, 탱자

I. 기장
은빛 멸치와 바다숲을 품은 풍요의 바다

동쪽의 망망대해와 서쪽의 험준한 산세에 둘러싸여 한때 변방의 방어진이자 고립된 어촌이었던 기장. 멸치, 곰장어, 말똥성게, 다시마 등 바다가 베푸는 식재료와 원추리, 정구지, 초피같이 산과 들에서 여물어 온 먹거리들은 기장 사람들이 간직해 온 숨은 보물이다. 이를 되돌아보며 잊고 있던 가치를 되새기고 우리 음식 문화의 저변을 넓히는 여정을 시작한다.

셰프의 한 장면

아주 오래전, 기장군 대변항에서 찍은 사진 한 장이 있다. 노란 남방을 입은 꼬마는 오두방정에 가까운 막춤을 추고, 그 옆에서 백발이 성성한 한 할아버지가 환한 얼굴로 손뼉을 치고 있다. 외할아버지의 시원한 웃음소리는 늘 그날의 햇살과 파도 소리, 그리고 바다를 배경으로 내 기억 속에 선명히 살아 있다.

어른이 되어 처음으로 다시 찾은 기장은, 어린 시절의 기억보다 작고 한산했지만, 부산 도심과는 다른 여유롭고 평온한 분위기만은 그대로였다. 한참을 먼바다의 윤슬을 바라보다 문득 외할아버지가 그리워져 어머니께 문자를 보냈다.

"그래. 네가 외할아버지가 좋아하신다고 거기서 춤췄던 거 생각난다. 그때 외할아버지가 지금의 나보다 젊으셨어. 나이를 많이도 먹었구나." 짧은 답장 속에서도 얼마나 많은 시간이 흘렀는지 실감이 났다.

서울로 돌아온 뒤, 기장에서 가져온 식재료로 무언가를 만들 때면 그날의 박수 소리와 외할아버지의 웃음소리가 함께 떠오른다. 그런 사적인 각별함 때문일까. 이번 행사만큼은 평소보다 더 잘하고 싶고, 재료와 더 잘 어울리는 요리를 만들고 싶어졌다.

'저 이렇게 컸어요, 외할아버지. 과학자는 못 됐지만, 여전히 사람들 얼굴에 웃음꽃 피는 걸 보는 낙으로 즐겁게 살고 있습니다.'

혼자 하는 상상에 빙그레 웃다가 다시 재료 손질에

집중한다. 행사를 준비하며 하나하나 재료를 다듬는 이 시간 안에서 외할아버지와의 추억을 되새길 수 있어 기쁘다.

　할아버지께 전하고 싶은 이야기를 그릇에 자분자분 담아내다 보면, 요리를 맛보는 손님들의 미소 너머로 그 호방한 웃음소리가 다시 들려올 것만 같다.

기장에서 발굴한 식재료 1
말똥성게

첫 번째 요리

스페인 갈리시아풍 앙장구 그라탱과 피멘톤 크루통

지속 가능성 포인트: 지속 가능한 수산물

성게는 해조류를 무차별적으로 갉아 먹어, 바다 사막화를 일으키는 주범이다. 다양한 생물의 보금자리인 바다 숲이 황폐해지면 해양 생태계의 균형이 무너지고, 이산화탄소를 흡수하고 산소를 내뿜는 바다의 허파 역할도 약화한다. 이는 곧 기후변화를 더욱 가속하는 원인이 된다. 그렇기에 성게는 죄책감 없이 마음껏 먹음으로써 바다를 지킬 수 있는, 드문 식재료다.

성게의 몸통은 구형이며, 가시로 빽빽하게 덮여 있다. 성게는 종이 매우 다양하지만, 우리나라를 포함한 동북아 연안에서 흔히 발견되는 종은 말똥성게(Hemicentrotus pulcherrimus)다. '말똥'이라는 이름은 이 성게의 둥글납작한 모습이 말똥을 닮았다고 하여 붙여졌다. 실제로 다른 성게보다 가시가 짧고, 둥글지만 높이가 낮고 퍼진 형태로, 전체적으로 납작한 인상을 준다. 기장이 속한 부산과 경상도 일부 지역에서는 이를 사투리로 '앙장구'라 부르기도 한다.

   성게는 가시 사이에 난 가느다란 관족을 이용해 바다 바닥을 기어다니며, 몸통 아래쪽에 있는 입으로 해조류를 먹는다. 이 입에는 별 모양의 근육 구조로 이뤄진 특수 기관, 이른바 '아리스토텔레스의 초롱불(Aristotle's lantern)'이 있어 먹이를 갈아 먹을 수 있다. 성게 입을 절개하면 다섯 개의 대칭형 공간이 드러나고, 그 안에는 내장과 생식소가 들어 있다. 이 구조는 마치 밤송이를 반으로 가른 듯한 모습을 떠올리게 한다. 19세기 실학자 정약전은 『자산어보(玆山魚譜)』에서 이를 '밤송이 모양의 조개'라는 뜻의 율구합(栗毬蛤)이라 기록했다. 이 대칭 구조 안에 들어 있는 생식소가 바로 우리가 흔히 '우니'라 부르는 식재료다. 조선 후기 또 다른 실학자 이규경은 『오주연문장전산고(五洲衍文長箋散稿)』에서 성게를 다음과 같이 묘사했다.

일명 바다 고슴도치(海蝟)라고도 한다. 그 모습이 까맣게 탄 밤송이 같고, 껍데기의 크기도 그만하다. 잡아서 갈라 보면 안에 장(醬)이 있는데, 노란색과 검은색이어서 마치 게와 같고 그 맛 또한 매우 흡사하다.

우리 바다에서 만날 수 있는 성게는 둥근성게·보라성게· 말똥성게·북쪽말똥성게 등이 있다. 이들은 종과 산지에

말똥성게

따라 제철이 달라 우리나라에서는 철마다 각양각색의 성게 맛을 즐길 수 있다. 지역에 따라 차이가 있지만, 일반적으로 보라성게는 산란기 직전인 6~8월, 둥근성게는 9~10월, 말똥성게는 늦겨울에서 초봄이 제철이다. 이 시기에 생식소가 가장 꽉 차고, 맛 또한 절정에 이른다.

다만, 성게의 생식소는 빠르게 변질하기 때문에 냉동 기술이 발달하기 전에는 대부분 젓갈 등으로 염장하여 유통했다. 오늘날처럼 바다에서 잡은 성게가 곧장 도시의 식탁에 오르는 풍경은 운송 기술이 고도로 발달한 시대에 가능해진 일이다.

하지만 잡자마자 먹을 수 있는 동남해 연안, 특히

기장처럼 바다와 인접한 지역에서는 신선한 상태의 성게를 조리하여 풍미를 살리는 다양한 방식이 전해 내려온다. 특히 날것의 성게 생식소, 즉 우니에 익숙한 우리에게 기장 사람들이 전하는 말은 다소 뜻밖이기까지 하다.

"앙장구는 통째로 쪄서 숟갈로 퍼묵으믄 꼬숩고 맛있어!"

말똥성게의 생식소는 보라성게보다 짙은 주황빛을 띠며, 그 색만큼이나 맛도 더 진하다. 쌉쌀한 맛과 함께 성게 특유의 녹진하고 고소한 풍미가 오롯이 느껴진다. 개인적으로는 보라성게보다 더 매력적으로 다가오지만, '쌉쌀하다'라는 표현이 암시하듯 사람에 따라 호불호가 갈릴 수 있다. 그래서 더 많은 사람들의 입맛을 사로잡을 방법을 고민했다.

스페인 북부 갈리시아(Galicia)는 바다를 접한 넓은 연안 덕에 일찍이 해산물 요리가 발달했다. 동시에 유럽에서도 손꼽히는 성게 산지다. 이 지역의 성게 요리 중 특히 인상 깊은 것은 그라탱(gratin) 방식의 조리법이다. 제철을 맞은 귀한 재료인 만큼 가능하면 열을 가하지 않고 그대로 내고 싶었지만, 쌉쌀함을 누그러뜨리는 동시에 진한 풍미를 강조할 방법을 선택해야 했다.

버터에 대파의 흰 부분과 양파를 볶아 감칠맛과 단맛을 보완했고, 셰리 와인은 스페인 해산물 요리에서의 용례처럼 비린내를 날리는 동시에 그 자리를 고급스러운 향으로 채웠다. 성게 생식소는 우유와 함께 갈아 퓌레(purée)로 만들어 쓴맛을 줄이고 고소함을 강조했다. 이 퓌레를 성게 껍질에 채워 구운 뒤, 경성 염소 치즈를 갈아 올려 맛의 층위를 더했다.

여기에 곁들인 크루통(croûton)은 단순한 장식을 넘어 요리 안에서 저만의 역할을 하길 바랐다. 질감과 맛의 대비를 주기 위해, 훈연한 파프리카 가루인 피멘톤(pimentón)을 섞은 버터를 사워도우 빵에 발라 구웠다. 피멘톤은 본연의 매콤함은 물론, 조리 과정 덕에 참나무 훈연 향을 품고 있어 묵직해진 그라탱의 풍미를 흩트리지 않으면서도 포인트를 준다.

게다가 피멘톤은 19세기 스페인의 미식가 앙헬 무로(Ángel Muro)가 말했듯, "거의 모든 스페인 사람에게 마치 소금이나 기름처럼 최우선으로 필요한 재료"다. 피멘톤은 매운맛의 정도에 따라 네 가지로 나뉘는데, 이번 행사에는 가장 강한 매운맛을 지닌 '피멘톤 피칸테(pimentón picante)'를 사용했다.

이 메뉴는 말하자면 '성게를 더 많이 먹기 위한 방법'에 대한 고민에서 출발한 결과물이다. 아워플래닛에서는 "지갑이 허락하는 한, 성게는 마음껏 먹자"라고 자주 말한다. 다양한 성게 요리법을 발굴하고 제안하는 것도 그 실천의 일환이다.

온실가스 감축이 인류 공동의 과제로 떠오르며, 바다가 탄소 흡수원으로 주목받고 있다. 해양 생태계는 대기 중 탄소를 해수면에서 심해로 이동시켜 저장함으로써 지구온난화를 늦추는 역할을 한다. 그중 해조류로 이뤄진 바다 숲은 광합성과 호흡 작용을 통해 '블루 카본'*의 핵심 기능을 수행한다. 동시에 어류의 산란지이자 치어의 서식지기도 하다.

그런데 성게는 바로 이 해조류를 주 먹이로 삼는 생물이다. 생물학적으로 한 생물이 다른 생물을 먹는 것은 자연스러운 일이지만, 쥐치·도미·해달처럼 성게를 잡아먹던 상위 포식자가 남획과 환경 변화로 줄어들면서, 성게의 개체 수는 폭발적으로 증가했고, 그로 인해

---

* 블루 카본(Blue Carbon)은 숲과 같은 전통적인 육상 생태계가 아닌 해안과 해양 생태계를 통해 흡수·고정되는 탄소를 말한다. 맹그로브 숲·염생습지·해조류 등 탄소를 흡수하는 해양 식물군과 그 생태계 전반을 뜻하기도 한다.

해조류가 사라지며 바다 생태계의 사막화가 빠르게 진행되고 있다.

성게를 다양한 방식으로 소비하는 일은 단지 미식의 차원을 넘어 해양 생태계의 균형을 회복하기 위한 적극적인 실천이기도 하다. 로컬 오딧세이 행사에서는 이러한 지속 가능성의 메시지를 요리에 담아내고자 한다. 다만, 식사 자리에서 '하지 말라'는 식의 부정적 메시지를 직접 전달하는 것은 손님은 물론 준비하는 사람에게도 피로감을 줄 수 있다. 그래서 우리는 아워플래닛만의 방식으로 말하고 싶다.

"성게를 마음껏 먹자!"

성게를 맛있게 먹는 방법은 이렇게나 다채롭고, 맛있는 실천은 언제나 반가운 법이니까.

기장에서 발굴한 식재료 2
멸치

두 번째 요리

스페인식 멸치 초절임

지속 가능성 포인트: 지속 가능한 어업 방식
멸치는 해양 생태계 먹이사슬의 중심에 있는 어종으로, 다양한 물고기의 먹이이자 전 세계 양식 산업에서 사료로 대량 소비된다. 이에 따라 멸치는 심각한 남획 위기에 처해 있다. 하지만 우리가 멸치를 사료가 아닌 식재료로 직접 소비한다면, 멸치 남획을 줄이는 동시에 멸치를 먹고 사는 어종 보호에도 긍정적인 영향을 줄 수 있다. 우리의 선택이 생태계를 바꿀 수 있다.

3월 중순, 기장에서 빼놓을 수 없는 식재료는 단연 멸치다. 새벽녘 멸치잡이 배가 유자망을 펼치며 멸치 떼를 따라 바다로 나갔다가 오후가 되어서야 항구로 돌아온다. 배 안에는 어른 손가락보다 굵고 큰 온빛 멸치가 그득하다. 선원들은 그물코에 박힌 멸치를 그대로 항으로 들여와 여럿이서 호흡을 맞춰 그물을 털며 멸치를 떼어 낸다. 이때 그들이 부르는 노동요가 바로, 그 유명한 기장의 '후리 소리'다. 봄날 대변항은 하늘을 나는 멸치와 그것을 맞이하는 사람들, 갈매기까지 뒤섞이며 분주하기만 하다.

멸치는 우리 밥상에서 친숙한 생선이다. 가정이나 식당은 물론, 학교, 군대 등 단체 급식에서도 널리 활용한다. 크기에 따라 분류하며, 가장 큰 멸치도 15cm를 넘지 않는 소형 어류다. 무리를 지어 이동하므로 한 번에 대량으로 잡히지만, 물 밖으로 나오면 금세 죽기 때문에 대부분 건조하여 유통한다.

실제로 '멸치'라는 이름도 이러한 특성과 연관이 있어 보인다. '죽을 멸(滅)'과 생선 이름에 흔히 붙는 접미사 '치'가 합쳐졌다는 설이 널리 알려져 있다. 한편 정약전은 『자산어보』에서 '업신여길 멸(蔑)'자를 붙여 표기했고, 제자 이청은 "반찬으로서 하찮은 재료"라고 부연했다.

말린 멸치는 기름에 볶고 간장 등으로 양념하면 우리에게 가장 익숙한 밑반찬이 된다. 제철에는 생물 상태의 멸치가 귀한 식재료로 활용되기도 한다. 쉽게 죽기 때문에 잡자마자 바로 손질해 회로 먹거나, 양파, 고추, 우거지 등을 넣고 조려 쌈을 싸 먹는다.

식재료의 이름을 들었을 때, 우리가 떠올리는 이미지는 단순한 직관이 아니다. 그것은 그 식재료가 생물의 상태에서 어떤 과정을 거쳐 조리 가능한 형태로 이행되는지, 그리고 그것이 한 사회에서 어떻게 집단으로 인식되는지를 반영한다.

우리는 멸치 하면 말린 상태로 무더기로 쌓여 있는 모습을 떠올린다. 반면, 지중해 연안을 따라 멸치가 풍성하게 잡히는 스페인에서는, 멸치를 뜻하는 '보케로네스(boquerones)'라는 단어가 식초나 올리브유에 절인 형태를 자연스럽게 연상시킨다. 같은 생선이라도 문화와 조리 방식에 따라 전혀 다른 이미지와 가치를 부여받는 것이다.

대부분의 식재료는 유기물이며, 유기물은 시간이 흐르면서 맛과 질감을 잃고 열화하는 운명을 지닌다. 하지만 이 불가피한 '변질'을 인간의 의지로 통제해 '변화'로 전환하는 행위가 바로 요리라고 한다면, 그것은 지나친 주장일까? 어쩌면 음식의 역사란, 식재료의 유한성을 극복하기 위한 인류의 지혜가 총동원된 역사라 해도 과언이 아니다.

특히 해산물에서 가장 빠르게 변질을 촉진하는 요인은 수분이다. 잡은 생선이나 해조류는 수분을 제거해 말리는 것만으로도 수개월간 보존 가능한 식재료로 만들 수 있다. 유기물과 미생물의 만남을 피할 수 없다면, 이를 의도된 발효로 유도해 새로운 풍미와 영양 성분을 얻는 것도 하나의 방법이다.

그 대표적인 예가 멸치 액젓이다. 소금에 절인 멸치가 숙성되며 몸속의 액체를 배출하면, 우리는 그것을 모아 조미료로 활용한다. 동일한 기술은 서양에서도 오래전부터 존재했다. 고대 로마의 요리서『데 레 코퀴나리아(De Re Coquinaria)』에 언급된 '가룸(garum)'이 바로 그것이다.

또 하나의 방식은 절임이다. 해산물을 산소, 박테리아 등 변질의 원인으로부터 차단하고, 산성을 띤 액체에 재료를 담가 풍미와 보존성을 확보하는 방식이다. 식초·올리브유·시트르산이 많이 든 레몬즙 등을 주로 사용하며, 향신료를 더해 풍미를 확장하기도 한다. 이 방식의 대표적인 결과물이 바로 보케로네스, 스페인식 멸치 초절임이다.

보케로네스를 만드는 방법은 다음과 같다. 살이 통통하게 오른 멸치를 반으로 갈라 머리와 내장을 제거한 뒤, 소금을 푼 얼음물에 담가 살의 탄력을 유지하고, 피와 잡내를 제거한다. 여기에 구운 파프리카와 삶은 감자를 곁들여 다채로운 맛과 풍미를 더한다. 파프리카는 크기나 모양이 일정치 않아 시장에서 외면받는 것을 일부러 골라 썼다. 마지막으로, 파슬리와 마늘 등을 넣고 향을 우려낸 식초를 부어 잠시 재우면 완성이다. 보케로네스는 그 이름에서부터 멸치라는 식재료를 전면에 내세운다. 그리고 그 재료만으로 승부를 거는, 정직한 요리다.

얼마 전 마트에서 잔멸치인 '세멸'을 보고 문득 궁금해졌다. 온갖 한식 요리에 들어가는 이 작은 생선은 과연 지속 가능한 식재료일까? 10년 뒤에도 우리는 걱정 없이 멸치로 육수를 내고, 밥상에 멸치볶음을 올릴 수 있을까? 마침 "남해안에서 멸치가 사라지고 있다"라는 헤드라인의 기사를 접했다. 남해군 지족해협에서는 전통 어업 방식인 죽방렴으로 멸치를 잡아 왔는데,

최근 어획량이 매년 20% 가까이 줄고 있으며, 2023년 6월 이후로는 사실상 어획이 불가능할 정도라고 한다. 죽방렴은 참나무 기둥과 대나무를 엮어 만든 '브이(V)' 자형 구조물로, 물살과 물때를 이용해 멸치를 가둔 후 필요한 만큼만 건지는 재래식 어업 방식이다. 그물로 잡는 멸치보다 상처가 적은 죽방렴 멸치는 시장에서 최상급으로 취급한다.

　최근 멸치가 줄어든 주요 원인 중 하나는 정어리 떼의 증가다. 국내 연안에 정어리 떼가 몰려들면서 어린 멸치를 집중적으로 포식하고 있다. 전문가들은 이 현상의 배경으로 연안의 수온 상승과 먹이 환경 변화를 지목한다. 연안의 고수온 현상은 멸치의 생존 자체를 위협하며, 여기에 잦아진 태풍까지 겹치면서 멸치 어획량 감소는 더욱 가속화하고 있다. 특히 남해 연안의 수온은 평년 대비 1.5~2.5℃ 상승해 멸치 치어의 정상적인 성장을 어렵게 만들고 있다.

　실제로 최근 우리가 먹는 대부분의 생선이 개체 수가 줄고 있으며, 멸치도 예외는 아니다. 멸치는 약 26℃가 산란에 적합한 수온인데, 연근해 수온이 지속적으로 상승하면 산란 자체가 제대로 이뤄지지 않아 개체 수 감소로 이어지게 된다.

　멸치는 전 세계에서 가장 많이 잡히는 어종이다. 우리가 흔히 먹는 멸치는 국제적으로 '일본 멸치'라 불린다. 이 일본 멸치보다 훨씬 많은 어획량을 자랑하는 페루 멸치는 대부분 식용보다는 생선가루나 사료 등으로 쓰인다. 지구 반대편에서도 멸치는 양식 물고기의 먹이로, 비료로, 오메가3의 원료로 활용되며 전방위적으로 소비되는 셈이다.

　멸치는 해양 생태계 먹이사슬의 최하층에 위치한 어종으로, 플랑크톤과 상위의 어업 대상 어종을 연결하는 중간 고리 역할을 한다. 어업에서는 기초 자원에 해당하니, 멸치 어획량의 감소는 곧 다른 어자원의 감소로 직결된다. 실제로 멸치는 조기·고등어·갈치 등 상위 영양 단계에 있는 40여 종의 주요 먹이로, 멸치가 줄어든 해에는 이들 어종의 어획량도 함께 감소하는 경향이 뚜렷하다. 이러한 점에서 멸치의 개체 수는 해양 생태계의 순환이 건강하게 이뤄지고 있는지를 가늠하는 지표가 된다.

멸치는 인간을 포함한 수많은 포식자의 위협 속에서도 많이 낳고 빨리 자라는 방식으로 개체 수를 유지하도록 진화해 왔다. 작은 크기의 생물일수록 수명이 짧고 세대교체 속도가 빨라서 개체 수 손실이 있어도 상대적으로 빠르게 회복할 수 있다.

우리는 먹이사슬 구조를 흔히 피라미드 형태로 도식화해 설명한다. 상단에 위치한 상어나 참치는 상대적으로 위태로워 보이지만, 하층을 넓게 차지한 멸치 같은 어류는 왠지 모르게 안정감을 준다. 하지만 과연 그럴까? 해양 생태계의 지속 가능성을 위해 상어 지느러미 요리인 샥스핀은 끊어야 하고, 멸치 요리는 얼마든지 계속해도 괜찮은 걸까? 앞서 살펴본 우리 연안의 최근 사례에서 알 수 있듯, 먹이사슬 하층에 있는 멸치 역시 '지속 가능한 해산물'이라는 지위가 더 이상 안전하지 않다.

우리는 멸치를 크기에 따라 세멸·자멸·소멸·중멸·대멸로 구분한다. 사람으로 치면 나이순으로 나열한 셈이다. 결국, 이들은 모두 같은 종의 멸치일 뿐이다. 그중 세멸은 갓 부화한 치어로, 보통 몸길이가 1.5cm 내외며, 최근에는 1cm 이하의 더 어린 개체를 일컬어 '세세멸'이라는 구분도 생겼다. 이제는 많은 사람들이 생선알을 먹는 것이 미래 자원을 앞당겨 소비하는 행위임을 인식하고 있다. 마찬가지로 치어 역시 미래의 자원이다. 세멸이 없으면 자멸도, 대멸도 없다. 어린 생명을 먹을거리로 취하는 행위가 어떤 의미를 갖는지, 다시 한번 생각해 볼 때다.

　멸치의 지속 가능성을 진지하게 고민한다면, 그간의 어업 방식 또한 재고해야 한다. 현재 국내 멸치 생산량의 3분의 2 이상이 기선권현망(機船權現網) 방식으로 어획된다. 권현망은 기본적으로 끌그물의 일종으로, 끌배 두 척이 자루 모양의 대형 그물을 달고 이동하면서, 무리를 지어 다니는 멸치 떼를 한꺼번에 '퍼 올리는' 방식이다.

　이때 그물의 크기는 수백 미터에 이르며, 여기에 어군탐지기를 장착한 어탐선, 어획된 멸치를 바로 삶아 가공하는 가공선, 연락과 운반을 맡는 보조선까지 더해져 하나의 거대한 어획 선단을 이룬다. 그물의 크기와 선단의 규모를 봤을 때 얼마나 많은 양을 한 번에 잡아들이는지 상상조차 어려울 정도다. 일각에서는 이러한 고강도 어업이 연안의 어자원을 고갈시키고 있다고 비판한다. 하지만 실질적인 개선의 여지가 적고, 제도적 의지도 여전히 미미한 수준이다.

　현재 권현망 어업의 중심지는 통영과 거제 지역이다. 한편 서해 일부 지역에서는 '세목망'이라는 그물을 사용하는데, 그물코 크기가 5mm에서 2~3cm에 이를 정도로 촘촘해 '모기장 그물'이라 부르기도 한다. 세목망은 멸치·젓새우·실뱀장어 같은 소형 어류를 포획하는 데 사용하지만, 동시에 치어와 미성어가 무차별적으로 혼획된다는 문제가 있다. 이러한 고강도 어획 방식은 필연적으로 어종과 어획량의 감소로 이어지지만, 단속 기관의 대응은 미온적이다. 그 결과, 법망을 피해 불법 어업이 여전히 성행하고 있는 현실은 더 심각한 문제다.

　반면, 매년 봄 멸치 축제가 열리는 부산 기장에서는 대형 그물이 아닌 자망 방식을 통해 멸치를 어획하기도 한다. 자망은 멸치 떼가 지나는 길목에 그물을 쳐놓고, 그물코에 멸치가 스스로 걸리도록 유도하는 수동적 어획 방식이다. 방식에 따라 조류를 따라 흘러가게 놓는 '유자망', 바다에 고정해 두는 '고정자망'으로 나뉜다. 자망으로 잡은 멸치는 그물째 육지로 옮겨 와 그물 털기를 통해 떼어 낸다. 이 시기에 어획되는 멸치는 다 자란 개체로 대멸에 속하지만, 산란기를 맞아 연안으로 올라온 것이라는 윤리적 한계가 뒤따른다.

개인적으로, 그리고 아워플래닛에서도 세멸은 사용하지 않는다. 대신, 충분히 자란 멸치를 활용한 다양한 요리법을 제안하며, 산지와 생산자의 특성을 살펴 어획 방식을 판단한다. 권현망 등 고강도 어획 방식으로 잡은 멸치는 사용을 지양하고, 그 대신 낭장망, 죽방렴 등 지속 가능한 어업 방식으로 어획한 멸치를 쓰고자 한다.

멸치, 혹은 멸치로부터 이어지는 먹이사슬 전체를 생각했을 때 궁극적으로 가장 나은 선택은 멸치를 덜 먹거나, 안 먹는 것일지도 모른다. 하지만 그보다 중요한 것은, 먹을거리가 어디서, 어떻게 왔는지 꼼꼼하게 살피고, 내일을 위해 더 나은 선택을 실천하는 일이다. 그 작지만 확실한 변화야말로 지속 가능한 바다를 위해 개인이 내디딜 수 있는 첫걸음이다.

멸치를 비롯해 대중적으로 소비하는 연근해 어종의 어획량 감소는 단순히 식재료의 가격 인상만을 의미하지 않는다. 이는 곧 분배의 정의, 먹을거리의 불평등, 나아가 사회적 위계의 고착화로도 이어질 수 있다. 언젠가는 멸치조차 돈 많은 사람만이 즐기는 식재료가 될지도 모른다는 이야기다.

멸치가 우리 밥상에서 차지하는 비중과 상징성을 생각하면, 이는 가볍게 넘길 문제가 아니다. 이미 명태가 사라진 바다에서 우리는 미국산 명란과 러시아산

코다리로 그 빈자리를 채우고 있다. 하지만 그것마저 언제까지 가능할지는 누구도 장담할 수 없다. 이제는 우리가 당연하게 여겨 온 것들에 질문을 던지고, 그것들을 지키기 위한 실천을 시작할 때다. 어떤 미래는 주어지는 것이 아니라, 우리가 함께 만들어 가는 것이니까.

기장에서 발굴한 식재료 3
말미잘

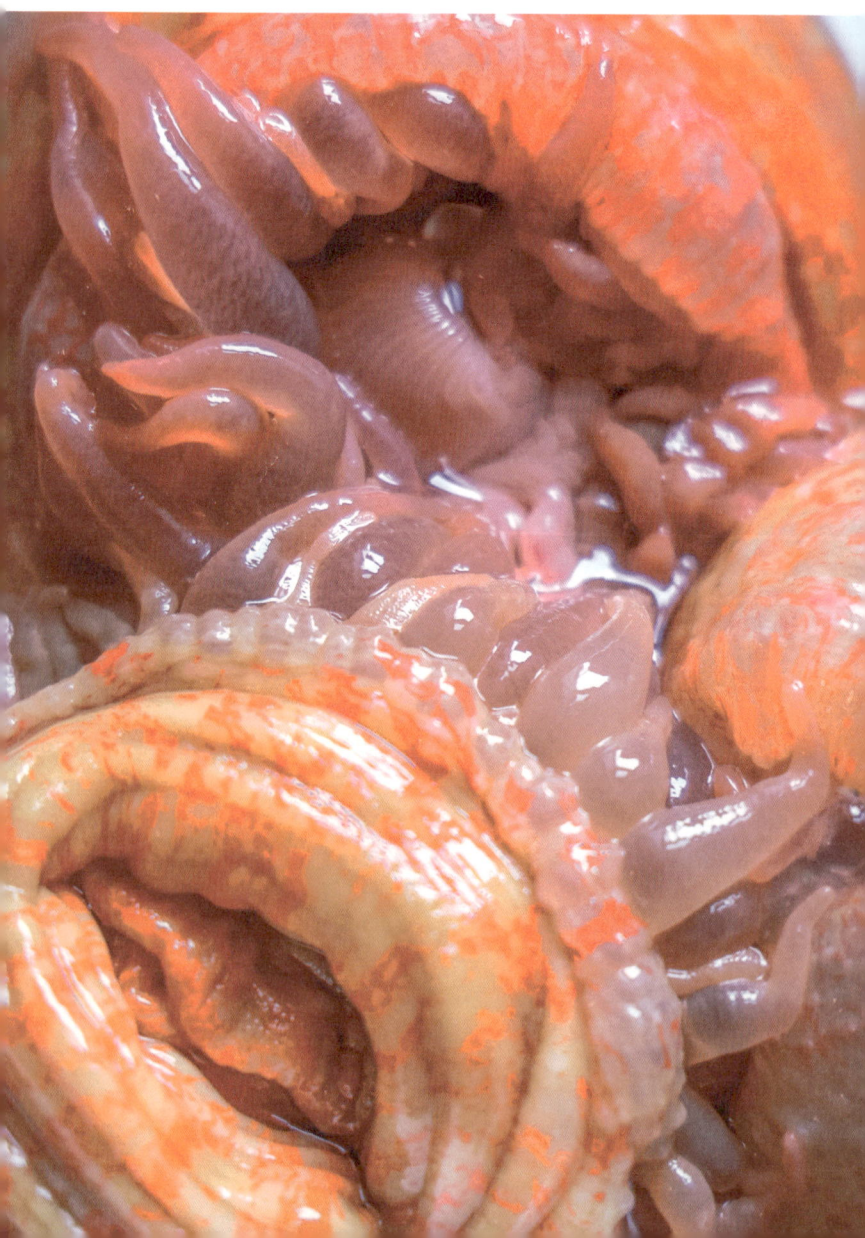

세 번째 요리
풍선말미잘과 아씨정구지로 맛 낸 대만식 전병

지속 가능성 포인트: 부수 어획물 사용
풍선말미잘은 붕장어를 잡는 과정에서 함께 걸려 올라오는 부수 어획물이다. 이런 어획물은 용도가 없으면 폐기되기 일쑤지만, 누군가의 작은 아이디어가 새로운 음식이 되고 지역 식문화의 한 부분으로 발전하기도 한다. 기장의 말미잘 요리가 그 대표적 예다. 건져 올린 말미잘을 그냥 버리지 않고 식탁에 올리는 일은 생명에 대한 최소한의 예의이자 낭비 없는 선택이다.

바닷속에서 말미잘을 마주하면 꽃처럼 피어오른 그 아름다운 모습에 감탄하고 만다. 유럽어권에서 말미잘을 '바다의 아네모네(Sea anemone)'라는 낭만적인 이름으로 부르는 것도 어쩐지 자연스러워 보인다. 그런데 한국어의 '말미잘'은 다소 이질적인 어감을 품고 있다. '말(馬)'과 직장(直腸)을 뜻하는 고어 '미주알'이 합쳐진 이름으로, 어감만 놓고 보면 썩 유쾌하진 않다. 하지만 물 밖으로 나와 촉수를 움츠리고 있는 말미잘의 모습을 보면, 이보다 더 직관적인 작명도 없겠다는 생각이 든다.

 유명 애니메이션 속 주인공 '니모', 즉 흰동가리의 집으로 등장하면서 말미잘은 많은 이들에게 친숙해졌지만, 이 생물이 먹을 수 있는 식재료라는 사실을 아는 사람은 여전히 드물다.

 한편 기장 사람들은 말미잘을 다양한 방식으로 요리해 먹는다. 붕장어 주낙에 딸려 올라오는 천덕꾸러기 풍선말미잘도 마냥 버리기엔 아까웠으리라. 그리하여 꼬들꼬들한 식감과 고소한 내장 맛을 품은 말미잘은 탕이며, 수육이며, 전으로 거듭나며 기장만의 특별한 맛으로 자리 잡았다.

기장 시장에서 처음 말미잘을 만났다. 갯바위에서 보던 작은 말미잘과는 비교도 되지 않을 만큼 덩치가 컸고, 빨간 공처럼 생긴 모습에 '정말 말미잘이 맞나?' 싶어 한참을 들여다봤다. 새빨간 고무 대야에 담긴 주홍빛 말미잘은 그 오묘한 움직임만큼이나 직업인의 호기심을 은근히 자극했고, 동시에 머릿속에는 앞으로 주방에서 펼쳐질 고난의 순간들이 그려지기 시작했다.

누가 그러라고 시키지도 않았건만, 이번에도 내 마음은 쉬운 길을 향하지 않았다. 이런 '사서 고생'은 자랑거리도 아닐뿐더러, 그 기저에는 부끄러움과 자기반성이 깔려 있다. 십수 년째 요리를 해 오고 있음에도 여전히 국내에 내가 모르는 식재료가 이토록 많다는 사실, 그 '면목 없음'이 늘 나를 고생길로 이끈다. 그리고 그때마다 반사적으로 던지는 질문이 있다. "너는 어느 나라 요리사인가?"

이는 사실 해묵은 질문이다. 아주 오래전, 일본에서 요리학교를 다닐 때였다. 늦깎이 요리사 지망생이었던 내 눈에는 죽순·산초·은어·곤이·고사리·해조류·야생화, 그리고 각종 산채 등의 자국 식재료를 이용해 새로운 프랑스와 이탈리아 요리를 만들어 내던 일본 요리사만큼 빛나 보이는 존재는 없었다. 그들은 다른 나라의 전통 위에 작은 혁신을 차곡차곡 더해 자국의 새로운 전통을 만들고 있었다. 그 결과물이 이른바 '뉴노멀(new normal)'과 '뉴트래디션(new tradition)'이라면, 일본인만큼 그 작업에 충실한 민족은 없는 듯했다.

나는 그런 그들의 방식을 배우기 위해 일본에 와 있었지만, 정작 우리 고유의 식재료에는 무지했다. 그때부터 지금까지, 나는 일종의 책임감과 자격지심을 안고 한 우물을 파고 있다. 물론 말미잘을 요리할 줄 모른다고 해서 '한국인 요리사'라는 지위가 흔들리는 것은 아니다. 하지만 "모른다"라는 말은 여전히 나에게 개운치 않은 대답이다.

  스테인리스 용기에 담겨 꾸물럭거리는 말미잘을 앞에 두고 나는 정말 많은 요리책을 뒤지고, 정말 많은 유튜브를 검색하고, 정말 많은 테스트를 했다. 행사를 며칠 앞둔 어느 밤에는 꿈에서도 말미잘로 요리하고 있었다. 다행히 녀석들은 명이 길어서 내가 구도의 길을 걷는 동안에도 냉장고 안에서 꽤 오랫동안 버텨 줬다.

  총체적으로 난감했던 이 연체동물의 손질법이 의외로 간단하다는 사실은 그나마 고무적이었다. 흐르는 물에 진흙과 꽤 많은 양의 진액을 닦아 내면 요리할 준비가 끝난다. 단, 낚싯바늘을 물고 있는 경우가 많아 조심해야 한다. 낚싯줄이 대부분 몸 밖으로 나와 있어 정신만 바짝 차리면 놓칠 일은 없지만.

  말미잘의 외피는 개불과 흡사한 식감을 가졌고, 열을 가하면 더욱 꼬들꼬들해진다. 흥미롭게도 과하게 익혀도 그 질감이 무너지지 않는다. 마치 신축성을 가진 연골 같다. 내장은 홍게 내장이나 대구 곤이를 연상시키는 진하고 고소한 풍미를 가졌다. 다만 선입견 없이 본연의 맛을 음미하려면 분해한 원물은 가급적 보지 않는 편이 낫다.

  녹진하고 고소하지만, 수분이 많고 점성이 진액처럼 진해 입에서 느끼는 질감이 낯설 수 있다. 그 낯선 질감을 줄이기 위해 나는 전처리 과정에 공을 들였다. 주스를 졸여 리덕션(reduction, 졸임 액)을 만들 듯, 달군 팬에서 말미잘을 약한 불에서 오랫동안 볶아 수분을 날리면서 풍미를 응축시켰다. 그 과정을 거치면 진액은 꾸덕꾸덕한 페이스트의 물성으로 변한다.

  이제는 꼬독꼬독한 식감의 외피와 녹진한 내장의 조합이 어떤 요리에 어울릴지 결정할 차례다. 기장에서

말미잘을 활용한 향토 음식인 말미잘 전에 주목하던 중, 문득 대만식 파 전병인 총유빙(蔥油餠)이 떠올랐다. 주재료인 파 대신, 마침 제철을 맞은 아씨정구지('초벌 부추'를 뜻하는 경상도 사투리)를 대입하면 제격일 것 같았다.

총유빙은 파 기름을 바른 밀가루 반죽을 여러 번 접어 번철이나 화덕에서 굽는 음식으로, 반죽이 익는 과정에서 마치 파이 같은 식감을 형성한다. 이는 말미잘의 식감과 좋은 대비를 이룰 것 같았다. 여담이지만, 유라시아 대륙의 양 끝에서 파이와 총유빙처럼 복잡다단한 조리 과정을 통해 유사한 결과물에 도달하는 방식이 공존한다는 사실이 참 흥미롭다. 동서고금을 막론하고 미식을 희구하는 인간의 열정과 집착은 때론 경이로울 정도다.

곁들일 소스로는 마라 초간장을 준비했다. 말미잘에는 특유의 쿰쿰한 향이 있는데, 이는 중국 술 사오싱주(紹興酒)의 보리누룩 향이나 라우천추*의 훈증 향과 닮았다. 그리하여 손님이 요리를 맛볼 때, 라우천추로 시작해 '말미'에는 말미잘로 끝맺으며 유사한 향이 반복되도록 설계했다. 익숙한 조화 속에서 낯선 향은 더 이상 위화감을 주지 않을 테니. 라우천추로 산미를, 마자오(麻椒, 청초피)와 화자오(花椒, 홍초피)로 화사하고 얼얼한 향신감을 더했다.

말미잘은 붕장어의 부수 어획물이다. 그저 '먹을 수 있게'가 아니라 '맛있게' 먹으려면, 단점을 가리고 장점을 부각하는 기술적인 숙고가 필요하다. 그래야만 식재료로서 현세대를 지나 다음 세대에서도 살아남을 수 있다. 부수 어획물인 말미잘의 지속 가능성은 지금,

* 라오천추(老陳醋)는 수수를 주재료로 하는 중국 산시(山西)성의 대표적인 숙성 흑식초로, 수개월에서 수년에 걸친 숙성 과정을 통해 깊고 복합적인 신맛을 형성한다. 국내에서는 한자를 한글식으로 읽은 '노진초'라는 이름으로도 불린다.

요리하는 이들의 상상력과 고민 위에 놓여 있다. 이 식재료의 운명은 그들의 손끝에서 결정될 것이다.

　나는 이제 바닷속이나 갯가에서 말미잘을 만나면 생물로서뿐 아니라 '바다의 먹을거리'로서 가치를 덧입혀 바라본다. 이렇듯 식재료를 통한 세계관의 확장은 로컬 오딧세이를 준비하면서 내가 얻는 또 다른 수확이다.

기장에서 발굴한 식재료 4
곰장어

네 번째 요리
봄동 스프링 롤과 스파이시 피넛 소스

지속 가능성 포인트: 종 다양성, 전통 식재료의 재해석
곰장어 요리는 가죽을 얻고 남은 부산물을 활용하기 위해 고안한 음식이다. 산 채로 불에 굽는 엽기적인 조리 방식과 껍질을 벗긴 독특한 외형 탓에 호불호가 갈리지만, 곰장어 역시 우아하고 아름다운 음식으로 변모할 수 있다. 식재료는 그 고유한 맛과 풍미 자체로 평가받아야 한다. 또한 다양한 식재료의 활용은 우리 밥상을 더욱 풍요롭게 만드는 가장 단단한 토대다.

'장어'라 불리는 어종들은 사실 형태상의 유사성을 제외하면 분류학적으로는 전혀 다른 생물이다. '장어'라는 명칭은 '길 장(長)'자에서 알 수 있듯, 몸이 길게 뻗은 생김새에서 유래했다. 그중 민물에서 서식하는 뱀장어는 비늘이 피부에 묻혀 있어 촉감이 미끄럽다. 주로 구이로 소비되는 뱀장어는 오래전부터 강장 음식으로 인식되어 여름철에 특히 소비가 급증한다.

    한편 바다에서 잡히는 장어로는 붕장엇과에 속하는 붕장어가 있다. 민물 장어보다 값이 저렴해 대체제로 취급되며, 국내에서는 주로 회로 먹는다. 바다 건너 일본에서는 이를 '아나고'라 부르며, 튀겨서 밥에 올리는 텐동(天丼)의 재료로 주로 활용한다. 또 다른 바닷장어인 갯장어는 주둥이가 뾰족하고 이빨이 날카로운 것이 특징이며, 일본에서는 '하모'라는 이름으로 알려져 있다.

    하지만 이번 행사에 사용한 장어는 이들이 아닌, '곰장어'라 불리는 종이다. 정식 명칭은 '먹장어'이며, 턱과 비늘, 눈이 없다. 이 때문에 '눈이 먼 장어'라는 의미의 이름이 붙었다. 몸에 있는 분비샘에서는 점액을 내뿜어 표면이 끈적하다. 턱이 없어 입이 좌우로 열리는데, 이때 드러나는, 흡사 철조망처럼 생긴 여러 개의 이빨로 작은 생물을 잡아먹는다.

 1970~80년대 신문에는 뱀장어 가죽이 수출 유망 품목으로 심심찮게 등장하는데, 사실 이는 먹장어 가죽을 손질해 만든 것이었다. 수출 지향적 경제 성장을 추구하던 당시, 먹장어 가죽과 그 가공품은 상당한 외화 수입원으로 부상하며, 정부의 적극적인 지원도 끌어냈다. 장어 가죽으로 만든 지갑 같은 제품은 당시 신문의 영어 교육 코너에도 등장할 정도로 대표적인 수출품으로 인식됐다.

> 점원: 어서 오세요, 손님. 오늘은 뱀장어 가죽으로 된 제품을 보여 드릴까요?
> 손님: 네, 저는 뱀장어 가죽으로 된 가방을 항상 갖고 싶어 했답니다.
>
> '민병철 영어(257)', 『경향신문』, 1983. 05. 20.

 『한일 피시로드, 홍남에서 교토까지』를 쓴 일본 학자 다케쿠니 도모야스는 원래 제한적으로 사용되던 먹장어 가죽이 제2차 세계대전 발발 이후 군수물자로 수요가 급증하면서 활용이 확대됐다고 주장한다. 또 전쟁으로 인한 식량 부족이 먹장어를 식재료로 소비하게 된 배경이 됐다고 부연한다. 이러한 변화가 정확히 언제부터 시작됐는지는 여전히 더 많은 연구가 필요하지만, 확실한 것은 먹장어의 식용화가 가죽 수요와 맞물려 영향을 주고받으며 발전해 왔다는 사실이다.

 특히 먹장어 요리가 가죽 가공 공장이 많던 부산 지역에서 포장마차를 중심으로 인기를 끈 것도 이를 방증한다. 한번 식재료로 자리 잡자, 먹장어의 조리 방식은 지역별로 다양하게 분화했다. 부산 자갈치 시장에서는 빨간 양념으로 볶은 곰장어볶음이, 기장에서는 짚불에 구운 짚불 곰장어가 발달해 오늘날까지 이어지고 있다.

개인적 성향에서 비롯한 것인지, 일종의 직업적인 사명감 때문인지는 모르겠지만, 나는 사람들이 '못생겼다'거나 '징그럽다'라고 여기는 식재료일수록 오히려 더 멋지고 아름답게 꾸며 주고 싶다. 예전에 운영하던 업장에서는 번데기 요리를 모든 메뉴 중 가장 화려하게 장식해 내기도 했다. 메뉴의 이름도 '호접몽(胡蝶夢)'이라 지어 번데기의 희망을 담아 봤다.

메뉴판에서 '번데기'라는 글자를 발견하고 적잖이 당황하던 손님들이 막상 접시에 담긴 요리를 보고 반색하며 기꺼이 사진을 찍는 모습을 지켜보는 일은 내게 매일의 작은 낙이었다. 곰장어를 처음 봤을 때도 그러한 마음이 일었다. 이름에 장어가 들어가지만, 분류학적으로 장어와는 거리가 멀고, 심지어 어류조차 아닌 이 녀석의 생김새는 아주 특이하다. 사람의 기준에서 봤을 때 다분히 험한 평가를 받을 외모다.

곰장어는 부산과 기장을 대표하는 먹을거리며, 특히 기장의 짚불 곰장어는 지역 특산물로 자리 잡고 있다. 로컬 오딧세이에서 지역 식재료를 분석할 때 가장 먼저 살피는 것은 그 재료의 용례(用例), 즉 오랜 시간 그 지역에서 소비되어 온 방식이다. 그 전통적인 방식은 해당 식재료를 다루는 데 있어 최우선으로 참고할 지점이 된다. 이 프로젝트의 궁극적인 목적이 '지금 이 시대를 사는 사람들이 지역 식재료에 관심을 두고 즐겨 먹을 수 있도록 현대적으로 재해석하는 것'에 있는 만큼 전통적인 용례를 살피는 일은 일종의 오마주기도 하다.

이번 요리의 아이디어는 기장에서 답사를 위해 방문한, 한 짚불 곰장어 전문점의 상차림에서 비롯됐다. 짚불에서 새까맣게 태우듯 구운 곰장어를 점원이 먹기 좋게 손질해 주면, 상에 놓인 여러 부재료를 곁들여 쌈으로 싸 먹는 방식이었다. 특히 기억에 남은 것은 함께 내어 준 '재래기(경상도 사투리로 '겉절이')'였다. 참나물의 향,

양배추의 식감, 새콤달콤한 초간장 베이스에 살짝 매콤한 맛까지 더해져, 고추나 편 마늘 등을 곁들였을 때의 조화가 매우 훌륭했다. 그 자리에서 쌈의 형태를 가진 요리가 몇 가지 떠올랐고, 최종적으로 스프링 롤에 마음이 가 닿았다.

나의 첫 곰장어 경험은 어릴 적 자갈치 시장에서였다. 산 채로 머리를 못에 박아 껍질을 벗기는 것도 모자라, 피가 묻은 몸통에 시뻘건 양념을 묻혀 연탄불에 올리면 곰장어가 춤추듯 꿈틀거렸다. 각종 혼잡하고 터프한 시장의 분위기와 함께 당시의 그 그로테스크한 장면은 지금까지 뇌리에 깊이 박혀 있다. 그래서 언젠가 곰장어를 요리로 낸다면, 최대한 정갈하고 '딱 떨어지는' 형태의 요리로 만들어야겠다고 다짐했다. 그런 면에서 스프링 롤은 외형상으로 그 조건에 완벽하게 부합했다.

플래닛랩으로 돌아와 곰장어의 맛과 향, 질감을 분석하고, 연상되는 키워드들을 색인을 펼치듯 늘어놓고 조합을 시작했다. 어느 정도 메뉴의 윤곽이 잡히면, 현장에서 영감을 준 키워드들을 바탕으로 하나씩 요소를 세밀하게 다듬으며 요리를 정교하게 완성해 나간다. 곰장어처럼 익숙하지만 여전히 제 쓰임을 찾지 못한 재료에 어울리는 자리를 찾아 주는 이 작업은 지난한 테스트의 연속이지만, 그만큼 성취감과 뿌듯함이라는 달콤한 보람을 안겨 준다.

곰장어는 제 몸을 보호하기 위해 점액을 분비하는데, 이를 제거하려면 껍질을 완전히 벗기거나 불로 태우는 과정이 필요하다. 진액과 껍질을 태우는 작업은 속살이 타는 것을 막는 동시에, 독특한 훈연 향을 더하는 역할을 한다. 그러니까 이 과정에서 진액과 껍질이 산화하면서 새로운 맛의 형성에 이바지하는 것이다. 테스트를 통해 알게 된 흥미로운 사실은, 곰장어 진액을 팬에서 오래

볶으면 닭 간처럼 감칠맛이 단단하게 응축된 풍미가 난다는 점이다.

내가 생각하는 곰장어의 가장 큰 매력은 식감이다. 오독거리는 근육의 식감에 다른 식감의 층위를 더하면 그 매력을 더욱 부각할 수 있다. 이번 행사에서는 스프링 롤의 쫄깃함에 봄동의 아삭함, 생 목이버섯의 탱글탱글함, 튀긴 샬롯의 바삭함을 더해 식감의 층위를 풍성하게 형성했다. 초간장의 자리는 태국의 해산물 소스인 '남찜탈레(น้ำจิ้มทะเล)'로 대체해 맛의 균형에 방점을 찍고, 버미셀리(vermicelli) 쌀국수 면에 버무려 풍미가 고르게 퍼지도록 했다.

스프링 롤을 찍어 먹는 디핑 소스는 마지막으로 남은 맛의 빈자리를 채우는 화룡점정 같은 존재다. 주재료의 맛과 조리 방식이 묵직한 만큼 소스에도 무게를 실어야 했다. 몇 가지 소스를 테스트한 끝에 인도네시아 요리에서 사용하는 스파이시 피넛 소스(saus kacang)를 선택했다. 곰장어 껍질을 태우는 과정에서 사라지는 지방의 자리를 피넛 소스가 메우며, 제철 맞아 물오른 민물 장어나 바닷장어의 고소한 풍미에 근접할 수 있었다.

내용물이 많은 스프링 롤을 단단하게 말기 위해서는 김밥 말 때의 요령이 필요했다. 적당히 물기를 머금은 라이스 페이퍼가 질척해지기 전에 신속하게 작업을 마쳐야 했고, 이를 위해 꽤 많은 연습이 필요했다. 다행히 그 지난한 과정 끝에 완성한 스프링 롤은 손님들의 입에 들어가자마자 미소를 불러냈다. 예전 업장에서 번데기 요리를 냈을 때처럼, 주방 너머로 퍼지는 그 미소를 조용히 보자니 그간의 피로가 눈 녹듯 사라졌다.

기장에서 발굴한 식재료 5

군소·개상어·삿갓조개
모자반·미역·톳

다섯 번째 요리

기장 한 상 차림

지속 가능성 포인트: 지역의 전통 반찬 알리기, 음식의 다양성
바닷가에 인접한 지역의 향토 음식에는 갯가에서 쉽게 채집할 수 있는 재료의 활용이 두드러진다. 한때 가난의 산물이었던 이 식재료들은 반세기도 지나지 않아 사람들의 기억에서 사라지고 있다. 이에 따라 낯선 곳을 여행하며 즐기던 식도락의 경험도 무미건조해질 수 있다. 모든 지역에서 비슷한 재료로 만든, 비슷한 음식만을 먹게 된다면 그만큼 슬픈 일이 없겠다.

한식 파인다이닝의 권위자인 조희숙 셰프는 『중앙일보』 서정민 기자와의 인터뷰에서 "한 상 차림으로 차려 내는 공간 전개형 한식"이라는 표현을 통해 한식의 고유성을 설명한 바 있다. 시간의 흐름에 따라 순차적으로 요리가 제공되는 서양의 일반적인 다이닝 방식과 달리, 한식은 하나의 공간에 밥과 반찬이 동시에 펼쳐지는 구조를 가진다. 이는 무엇을 먹는가만큼이나, 음식을 어떻게 차리고 먹는가가 한식을 정의하는 본질적인 요소임을 일깨우는 발상의 전환이다.

    이를 단순히 서비스 방식의 차이로 치부할 수도 있다. 하지만 코스 순서에 따라 선형적으로 진행되는 식사 경험과 하나의 공간 위에 다양한 음식을 펼쳐 두고 밥이라는 주식을 중심으로 각자가 자신의 방식대로 식사를 구성해 나가는 경험 사이에는 근본적인 차이가 있다. 이러한 경험을 극대화하기 위해, 요리사는 각 반찬이 서로 겹치지 않도록 재료의 선정과 조리법에 세심한 주의를 기울여야 한다. 날음식인지 익힌 음식인지, 마른반찬인지 국물이 있는 음식인지, 나아가 색감의 조화까지 고려하며 하나의 식탁을 하나의 공간으로 연출해야 한다.

그리하여 기장을 주제로 한 행사에서는 '한 상 차림'이라는 이름 아래, 주식인 쌀밥을 중심으로 기장에서 나는 다양한 재료로 만든 반찬을 함께 모았다. 그 안에는 양념한 나물 요리·해조류 요리·채소 발효 요리·생선 요리까지, 기장의 식문화를 입체적으로 보여 주는 다채로운 맛이 담겨 있다.

한 상 차림의 반찬 1: 개상어 조림

스티븐 스필버그의 영화〈조스〉에 등장하는 교활하고 흉포한 식인 상어의 이미지는 오랫동안 인간의 상상계를 지배해 온 상어의 전형적인 모습이다. 하지만 실상은 '상어'라는 이름 아래에 다양한 특성을 가진 수많은 종이 묶여 있다. 이른바 돔발상어목에 속하는 투명상어나 랜턴상어 중에는 다 자라도 길이가 20cm에 불과한 종이 있는가 하면, 2001년 인도양 북서쪽에서는 18.8m에 달하는 고래상어가 발견된 바 있다.

표준명이 두툽상어인 개상어는 전라남도에서는 '범상어' '돔바리', 제주에서는 '존다니' 등으로 불리며 오랫동안 지역 별미로 소비되어 왔다. '두툽'은 두꺼비의 옛말인 '두텁'에서 유래한 말로, 이를 풀어 보면 '두꺼비 상어'라는 의미가 된다. 실제로 머리 부분의 생김새가 두꺼비를 닮기도 했다. 일본에서는 무늬에서 호랑이를 연상했는지 '토라사메(虎鮫)', 즉 '호랑이 상어'라 부른다.

우리나라에서 상어 고기를 식재료로 활용한 역사는 깊다. 신선한 생선을 구하기 어려웠던 대구, 영천 등 경상도 내륙지역에서는 상어를 토막 내 염장하고 숙성한 뒤 구워 제사상에 올렸으며, 이 독특한 식문화는 지금까지도 이어지고 있다. 이때의 '토막'이라는 말이 사투리로 바뀌면서 '돔박', 다시 '돔배기'가 되었고, 상어 고기는 경상도 일대에서 '돔배기'라는 이름으로 널리 불리게 됐다.

ⓒ 윤민호

하지만 상어는 오늘날 해양 생태계에서 가장 심각하게 생존을 위협받는 어종 중 하나다. 그 주된 원인은 상어 지느러미 요리, 더 구체적으로는 고급 중식 요리인 샥스핀 수프의 수요 때문이다. 누군가의 부와 명예를 과시하기 위해 상어 전체 체중의 3%에 불과한 지느러미만을 취하고, 나머지는 바다에 버리는 '샤크피닝(sharkfinning)'이라는 잔혹한 관행이 세계적으로 성행하고 있다. 다행히 두툽상어는 번식력이 높고 생존력이 강해, 멸종 위기의 기로에 놓인 다른 상어와 달리 안정적인 개체군을 유지하고 있다.

상어류 손질은 내게도 처음이었다. 기장 시장에 취재차 방문했을 때, 횟집 사장님께 과외를 받으며 손질법을 익히기 시작했다. 그 과정에서 조금씩 나만의 비결도 더해 갔다. 뭐랄까. 상어를 다룰 때의 감각은 여느 어류와는 사뭇 달랐다. 마치 파충류나 양서류를 만지는 듯한 묘한 이질감이 들었다. 상어는 언뜻 보기에 매끄럽고 부드러운 것 같지만, 실제로는 고운 사포처럼 까슬까슬하다. 고양이 혓바닥의 조금 부드러운 버전이라고 할까. 껍질을 완전히 벗기지 않고 끓는 물에 데쳐 까슬한 겉껍질만 벗겨 내면, 약간의 점액과 특유의 향을 지닌 내피가 드러난다. 이 내피는 상어 요리 특유의 호불호를 결정짓는 지점이자, 어떻게 조리하느냐에 따라 이 생선이 지닌 매력의 강도가 달라지는 핵심 요소다.

기장에서 상어를 먹는 대표적인 방식은 붕장어회, 즉 아나고 회처럼 살을 얇게 썰어 꼬독꼬독한 식감을 즐기는 것이다. 객관적으로 회의 풍미만 놓고 보자면 높은 점수를 주긴 어렵지만, 꼬들꼬들한 식감을 즐기는 방식이라면 이해할 수 있다. 전라도에서는 개상어를 꾸덕꾸덕하게 말려 석쇠에 구워 먹는다 하여 그 방식도 시도해 봤고, 도톰하게 썰어 세비체로도 만들어 봤지만, 두 가지 다

썩 마음에 들지 않았다. 수육도 해 보고, 그냥 구워도
봤다. 그렇게 여러 조리법을 맞춰 보던 끝에, 남은 재료로
반찬이나 만들어 보자는 생각으로 조림을 해 봤는데,
졸였을 때의 식감이 의외로 좋았다. 그래서 행사에는 한
상 차림의 반찬 중 하나로 개상어 조림을 올렸다.

더불어 나는 기장의 '개상어 세꼬시' 문화와 그 속에
담긴 정서를 꼭 소개하고 싶었다. 그래서 말미잘과 함께
가장 공들인 재료가 바로 개상어였다. 아마도 대부분의
손님은 이 행사를 통해 개상어를 난생처음 접하겠지만,
그만큼 좋은 인상을 남길 수 있는 절호의 기회기도 했다.

이처럼 특별한 식재료로 만든 요리에 천천히 젓가락을
갖다 댈 때 사람들의 얼굴에는 호기심과 긴장감 속에
생애 최초의 맛과 조우하는 어린아이 같은 천진함이
깃든다. 주방 너머로 그 귀한 표정을 훔쳐볼 수 있다는
것, 그것이야말로 로컬 오딧세이가 내게 선사하는 멋진
선물이다.

한 상 차림의 반찬 2: 군소를 넣은 매집찜

군소는 바위나 암초를 기어다니며 해조류를 먹고 사는
해양 연체동물이다. 껍질이 없어 민달팽이처럼 보이며,
머리에는 두 쌍의 더듬이가 달려 있다. 이런 생김새
때문인지 영어권에서는 '바다 토끼(sea hare)'라 부른다.
자극을 받으면 보랏빛 먹물을 뿜는 특성이 있으며, 이
점은 오래전부터 주목받아 왔다. 프랑스 소설가 쥘 베른은
『해저 2만리』에 이렇게 썼다.

> 이 바다는 말입니다, 아로낙스 교수님. 이 거대하고,
> 끝없는 바다라는 존재는 먹을 것만 주는 것이 아니라
> 입을 것도 줍니다. 당신이 입고 있는 그 옷은 (…) 지중해
> 군소에서 추출해 낸 보라색 물로 물들인 것입니다.

갯가에는 도시 사람에게는 낯선 별미가 많다. 군소도 그중 하나다. 봄에서 가을 사이 바닷가에서 기어다니는 돌멩이 같은 생물을 봤다면 아마 군소였을 것이다. 울릉도에서 만난 또래 주민은 어릴 적 군소를 장난감처럼 가지고 놀았다고 했다. 자극을 받으면 보랏빛 액체를 뿜어내는 군소가 아이들 눈엔 물풍선 같았다고.

군소는 수온이 오르는 봄과 여름 사이에 몸집을 불린다. 다 자라면 어른 머리통만 해지지만, 데치면 한 손에 가볍게 쥐어질 정도로 허무하게 쪼그라든다. 기장 시장에서는 데쳐서 살짝 말린 군소를 노끈에 줄줄이 꿰어 두름 단위로 판다.

이렇게 손질한 군소는 마치 고탄력 스펀지를 씹는 듯한 식감을 가지는데, 인내심을 가지고 질겅질겅 오래 씹다 보면 말린 다시마 같은 풍미가 스며 나온다. 이 독특한 식감과 풍미가 군소라는 식재료가 지닌 매력 포인트지만, 누군가에겐 확실한 '불호'의 이유가 되기도 한다.

이 매력을 살리고 싶어 두 시간 단위로 끊어 가며 건조 시간을 조절해 봤지만, 너무 질겨져 쓸 수가 없었다. 향도 개성이라고 하기에는 거북할 정도로 튀었다. 튀겨도 보고, 향신료와 볶아도 보고, 별별 방법을 다 써 봤지만, 이렇다 할 성과가 없던 차에, 기장에서 여전히 먹고 있는 '매집찜'이라는 향토 음식이 떠올랐다.

매집찜은 여러 나물에 쌀가루와 들깻가루를 넣어 걸쭉하게 만든, 기장 스타일의 나물찜이다. 기장에서는 나물보다 해산물이 더 흔하고 손쉽게 구할 수 있기에, 매집찜에도 해초·고둥·소라·삿갓조개·군소처럼 바닷가를 한번 훑으면 손에 잡히는 재료가 아낌없이 들어간다. 바닷가나 섬 지역의 여러 음식이 대개 그렇듯, 매집찜 또한 귀한 곡식은 조금만 넣고 지천으로 널린 해산물로 양을 불려 먹던 '빈자의 음식'이다. 그럼에도 불구하고 지금도 기장에서는 대소사나 잔칫날에 이 음식을 내고 있다.

주방이라는 공간에서 과거와 현재를 잇는 방법에는 여러 가지가 있다. 지역 재료를 현대적인 조리법이나 다른 퀴진의 문법으로 재해석하는 작업도 있지만, 오래도록 이어져 내려온 전통 그대로를 동시대 사람들에게 소개하는 것도 '지속 가능한 식탁'이라는 관점에서 매우 중요하다. 우리가 시나브로 잃어버리고 있는 연결 고리를 되살리고 다시 이어 가는 일이야말로 지속 가능성의 본질이기 때문이다.

서울에 자리한 현대적인 공간에서 지역색 짙은 향토 음식을 별다른 손질 없이 그대로 내는 일은, 낯선 식재료라는 어려운 주제를 선인의 지혜를 빌려 가장 쉽게 풀어내는 방법이 될 수 있다. 그리고 그것은 만드는 사람뿐 아니라 먹는 사람에게 생소한 식재료일수록 더 효과적이다. 양쪽 모두가 이 오래된 음식을 통해 많은 것을 이해하고 배우는 것이다.

응용은 언제나 기본이라는 토대 위에 설 때 비로소 빛을 발하기 마련이다. 어떤 재료나 음식의 지속 가능성을 고민하기 이전에, 우선 그것이 과거부터 현재까지 어떻게 쓰였는지를 살펴야 한다. 그렇게 전통의 흔적을 따라가면, 새 음식을 창조해야 하는 고통은 면할 수 있다. 하지만 그 대신, 이 오래된 음식이 현대 도시인의 입맛에 잘 맞는지는 요리사가 세심하게 살펴야 할 지점이다. 동시에 조리법의 현대적인 개량도 수반해야 한다.

식재료도, 음식도 끊임없이 생겨나고 사라진다. 지난 수십 년간, 사회 전반에 걸쳐 다양한 영역에서 진보가 동시에 진행되면서, 사람들은 과거에서 빠르게 멀어져 갔다. 새로운 환경은 사람들과 그들의 삶뿐 아니라 경험과 생각, 감정의 방식까지 바꿨고, 그 결과 과거는 점점 낯선 풍경이 되어 버렸다. 산업화와 민주화의 시대를 관통하며

우리는 대부분 먹고 살기 위해 한 방향으로만 전진해야
했고, 그것은 과거와 오래된 것들과의 단절을 가속했다.
미래를 위해 과거를 돌아보고 보듬으며 달려야 한다고
생각할 여유가 없었던 시기였다.

그 결과, 우리 식탁의 다양성을 이루던 많은 식재료와
음식은 지금 존폐의 기로에 서 있다. 어쩔 수 없는
일이라고 여기면서도, 모든 지역의 밥상이 점점 비슷해져
가는 '음식의 공동화 현상'을 바라보면 안타깝고 씁쓸한
마음이 든다. 그 차오르는 감정을 묵과하는 일은 결국
요리사인 나 스스로 밥그릇의 크기를 줄이는 일이 아닐까.
이러다가 결국 모두가 비슷한 음식을 만들며 그 편협한
울타리 안에서만 피 터지게 경쟁하게 될지도 모른다.

그리하여 이번엔 내 기술을 드러내는 요리보다, 긴 시간
이 재료와 음식을 지켜 온 이들에 대한 오마주로 매집찜을
선택했다. 기장 사람들의 오래된 음식이야말로, 풍요롭고
지속 가능한 식탁을 향한 우리의 애정과 염원을 담기에
더 알맞은 그릇이 되어 주리라 믿었기 때문이다. 동시에
요리를 업으로 삼은 사람으로서 사회적 책임에 대해서도
다시금 생각했다. 하고 싶은 일도, 해야 할 일도 많지만,
'진보'라는 이름의 잰걸음 속에 놓치고 있는 위대한
유산을 살피고 보듬는 것 역시 우리에게 주어진 소중한
몫이라는 것을 거듭 되새겼다.

기장에서 발굴한 식재료 6
다시마

여섯 번째 요리
시오콘부를 더한 꽈배기와 제주 감귤 쿨리

지속 가능성 포인트: 지속 가능한 수산물
해조류는 광합성 과정에서 나무보다 수 배에서 수십 배 더 많은 탄소를 흡수한다. 또한 생장 속도가 빠르고 오랫동안 탄소를 가두어 탄소 흡수원으로서 잠재력이 크다. 나무 심는 것처럼 우리가 해조류를 더 많이 소비하면 그만큼 바다 숲도 넓어진다. 그렇게 늘어난 바다 숲은 바다의 탄소 흡수력을 높이는 데 이바지한다. 해조류를 먹을 때마다 조금씩 푸르러지는 바다를 상상해 보자.

다시마를 뜻하는 일본어 '콘부'는 한자로 '곤포(昆布)'라 표기된다. 곤포에 대한 기록은 고려 시대 송나라 사신이 개경을 방문하고 남긴 기행서 『선화봉사고려도경(宣和奉使高麗圖經)』까지 거슬러 올라간다. 다만 이때 언급한 곤포가 오늘날 우리가 말하는 다시마와 완전히 일치하는지는 불분명하다. 이후 우리 문헌에서 곤포뿐 아니라 '다세마(多絲丁)' '탑사마(塔士麻)', 심지어 때로는 미역을 뜻하는 '해채(海菜)'와 같은 단어가 동의어로, 때로는 별개의 단어로 함께 등장하는 경우가 빈번했기 때문이다. 어쨌든 분명한 것은, 이러한 해조류가 우리의 식생활에 매우 오랜 시간 함께했으며, 지역에 따라 다양한 종류로 나뉘어 불려 왔다는 사실이다.

　로컬 오딧세이 행사에서 디저트 메뉴는 대체로 지역에서 나는 과일을 활용해 구성하지만, 겨울에서 봄으로 이어지는 계절에는 사용할 수 있는 과일의 종류가 제한적이어서 다른 방식의 접근이 필요했다. 예를 들어 지역 전통 디저트를 현대적으로 응용하거나, 지역적 연고가 없는 일반적인 디저트에 특산 재료를 넣는 것이 흔한 방식이다. 이번 기장 편에서는 기장 시장에서 이름난

한 꽈배기 집에서 힌트를 얻었다.

꽈배기라는 요리는 특별하지 않다. 뚜렷한 지역성도 없고, 제법 또한 단순하다. 밀가루 반죽을 원하는 점도로 반죽해 성형하여 튀겨 낸 음식은 세계 어디서나 공통으로 존재한다. 그중 대표적인 것이 이제는 우리에게도 익숙한 추로스(churros)다. 이 음식은 겉면에 설탕을 묻혀 낸다는 점까지 꽈배기와 닮았다. 이번 행사에서는 추로스를 참고하여 꽈배기 반죽에 부재료를 넣어 지역색을 더한 후 찍어 먹을 소스를 곁들여 하나의 플레이트 디저트로 재구성해 보기로 했다.

앞선 요리에 쓰지 못한 기장의 대표 특산물, 다시마를 꽈배기 속에 넣을 부재료로 선택했다. 달콤한 꽈배기를 씹을 때마다 다시마의 감칠맛이 입안에서 은은하게 퍼지기를 바랐다. 그러기 위해서는 다시마에 약간의 조미를 해야 했다. 일본 요리에 쓰이는 염장 다시마 '시오콘부'는 다시마를 얇게 채 썰어 간장·미림·설탕 등으로 만든 용액에 졸인 뒤 재차 건조해 감칠맛을 응축한 재료다. 시오콘부는 밥이나 양배추처럼 빈 캔버스 역할을 하는 재료와 어우러졌을 때 특히 매력이 증폭한다. 꽈배기 반죽과의 조화도 기대해 볼 만했다.

ⓒ 윤민호

하지만 실제로 테스트해 보니 간장의 풍미가 기대한 만큼 다른 재료와 잘 어울리지 않았다. 단순히 짠맛에만 집중해 다시마를 5% 염도의 소금물에 담가 절이는 방식으로 조리법을 수정했다. 튀긴 꽈배기 겉면에는 추로스처럼 시나몬 파우더와 설탕을 묻혀, 익숙한 꽈배기 맛에 변주를 줬다.

　때로는 맛을 보완하기도, 대비를 이루기도 하는 소스의 자리에는 튀김의 묵직함을 상쇄할, 산뜻한 풍미가 요구됐다. 경쾌한 산미, 과일의 향취 같은 것이 필요했다. 고민 끝에 유기농 감귤을 착즙한 주스를 그대로 졸인 쿨리(coolis)가 소스의 자리를 차지했다. 달콤한 꽈배기에 점점이 박힌 다시마, 그 '단짠'의 맛 사이에 한 번씩 스치는 시나몬 향, 거기에 상큼한 감귤 소스가 어우러지며 낯익은 간식에 기장의 바다 풍미를 더한 새로운 조화를 완성할 수 있었다.

II. 속초

신산한 삶에 헌정하는 녹진한 바다의 맛

설악산과 동해 바다, 영랑호와 청초호 같은 석호가 어우러진 독특한 지형은 속초만의 생태적 다양성을 만들어 내고, 이를 바탕으로 속초 사람들은 풍요로운 식문화를 키워 냈다. 홍게, 부새우, 감자떡, 골뱅이, 송순, 고리매, 지누아리와 같은 낯선 재료들, '맛집'만을 쫓는 여행자 시선에 포착되지 않는 속초의 진짜 맛을 찾아 현지인들의 식탁으로 향한다.

셰프의 한 장면

아마도 그전까지의 인생을 통틀어 가장 우울했던 날,
나는 속초행 버스에 올랐다. 가방에는 뜯지도 않은 수능
성적 통지서가, 옆자리에는 데칼코마니처럼 내 우울함을
복제한 친구 녀석이 말없이 앉아 있었다.

한겨울의 해변은 텅 비어 있었다. 칼바람 속에서
갈매기만 종종거리며 발자국을 찍고 있었다. 시원하게
트인 수평선 너머로 바다가 묻는 것 같았다. "이제
어떡할래?"

'이 짓거리를 1년 더 해야 하나'라는 암담한 생각에,
모처럼 찾은 바닷가에서도 기분을 맘껏 누릴 수 없었다.
가슴 속에는 허옇게 산화한, 하지만 아직 불씨가 살아
있는 연탄 덩이 하나가 남아 있는 기분이었다. 거울을
보듯 수심 가득한 표정을 한 친구를 보자 술 생각이 확
났다.

얼른 이 화상과 함께 지난 몇 년간의 고생을 위로하고,
앞으로의 인생에 대해 찬찬히 술잔을 주고받으며
이야기를 나누고 싶었다. 아직 학생 신분이긴 했지만,
별다른 죄책감 없이 술집에 드나들 수 있다는 것이 시험의
족쇄를 풀고 얻은 유일한 보상 같았다.

우리는 동명항 근처에 있는 포장마차 거리로
향했다. 취하기로 작정한 밤이었기에 안주는 아무거나
상관없었지만, 메뉴판에 적힌, 서울에서는 보지 못한
낯선 이름이 눈길을 사로잡았다. 도루묵 구이야 그렇다
쳐도, 장치찜·도치탕·곰칫국 같은 것은 생전 처음 듣는

이름이었다. 물론 수능에도 나오지 않은지라 어떻게 생긴 생선인지조차 짐작할 수 없었다. 결국 안전하게 골뱅이무침을 시켰다.

곧이어 상에 오른 골뱅이무침은 종로 바닥에서 먹던 그것과는 사뭇 달랐다. 거무튀튀하고 손톱만 한 골뱅이 조각 대신, 하얗고 통통한 소라 살 같은 게 뻘건 양념에 무쳐져 나왔다. 김이 모락모락 피어오르는 그 살점은 부드럽고 쫀득하고 고소했다. 치아를 타고 침샘을 거쳐 뇌까지 도파민이 퍼져 나갔다. '진짜 골뱅이는 이런 맛이었구나.' 잠시나마 모든 번민을 멈추게 할 만큼 큰 울림이었다. 친구의 칙칙한 얼굴에도 생기가 돌았다. 그날 나는 처음으로 '안주가 좋으면 술맛도 달라진다'라는 진리를 체감했다.

별것도 아닌데 호들갑을 떠는 우리가 귀여웠던 걸까? 주인장이 싱글싱글 웃으며 주방에서 뭔가를 들고나왔다. 물컹한 공처럼 생긴 생물을 보여 주며, "이놈이 도치"라고 자랑하듯 말했다. 속초의 겨울 별미란다. 두 호구는 홀린 듯이 도치탕을 추가 주문했다.

조금 전 봤던 그 공 같은 놈이 자잘하게 손질되어 뻘건 육수 안에서 끓고 있었다. 냄비 속에는 온통 작고 영롱한 비비탄 같은 알이 흩어져 있었다. 전혀 새로운 알탕을 마주한 기분이었다. 도치 살의 부드러운 식감, 알의 탱탱한 탄력은 또 한 번의 충격이었다. 세상에 존재하는 식감이라는 식감은 전부 그 냄비에 들어 있는 듯했다.

무작정 떠나온 속초에서의 첫날 밤은 그렇게 예상하지 못한 발견과 감각의 각성을 반복하며 차츰 부옇게 흐려져 갔다. 음식이 주는 위안이 무엇인지, 제철의 산지 재료를 챙겨 먹는 기쁨이 어떤 것인지, 체득하는 밤이었다. 그 짧은 평화 속에서 하루가 저물어 갔다.

부처님 말씀처럼 인생은 본디 고통이어서 쓰디쓰지만, 그 쓴맛을 달래 줄 사탕 같은 존재가 일상의 틈마다 숨어

있다는 사실을 그날 밤 우리는 어렴풋이 깨달았다. 이런 소소하지만 확실한 기쁨으로 어른들은 신산한 삶의 순간을 위로하는구나 싶었다. 확실히 내 앞에 이전과 다른 세상이 펼쳐져 있었다.

속초에서 발굴한 식재료 1
건포

첫 번째 요리

시소 향의 두 가지 치즈, 건포 튀각 샌드

지속 가능성 포인트: 종 다양성, 지속 가능한 수산물

해조류 소비를 늘리는 것만으로도 우리는 바다 숲을 가꾸는 데 이바지할 수 있다. 건포는 한때 속초를 비롯한 영동 지방 사람들에게 익숙한 식재료였지만, 지금은 점점 기억 저편으로 밀려나고 있다. 이번에 건포 요리를 선보인 것도 단순한 재료 선택을 넘어, 지역의 잊힌 식문화를 다시 떠올려 보고자 하는 마음에서였다. 다양한 식재료의 활용은 식탁을 풍성하게 한다.

건포는 '곰피'라고도 불리는 쇠미역의 강원도 방언이다. 잎 표면에는 주름과 혹이 오돌토돌하게 나 있고, 구멍이 뚫려 있는 경우도 있다. 같은 갈조류인 미역보다 쫄깃하면서 특유의 감칠맛이 살아 있다. 가볍게 데쳐 쌈으로 먹거나 무쳐 먹기도 한다.

처음 시장에서 건포를 봤을 때는 처음 보는 해조류인가 싶었다. 그런데 지역 어르신께 여쭤보니 다름 아닌 쇠미역이었다. 다만 건어물 가게에서 파는 '곤포', '건포'라 불리는 것은 주로 쇠미역을 여러 장 겹쳐 말린 형태로, 예전에는 작게 잘라 튀겨 간식으로 먹었다고 한다. 파는 분 말씀으로는 "요즘은 찾는 사람도 없고, 파는 곳도 드물어 귀하다"라고. 그 한마디에 '이거다' 싶어 덥석 사긴 했지만, 어떻게 요리로 풀어낼지 한참을 고민했다.

다행히 예전에 일본에서 공부하던 시절 종종 가던 이자카야에서 먹은 음식 하나가 떠올랐다. 간장에 졸인 다시마에 치즈를 끼워 술안주로 낸 요리에서 아이디어를 빌렸다. 일본은 해조류의 활용과 상품화에 있어 우리보다 한발 앞서 있다는 생각을 잠깐 하기도 했다.

건포 튀각에 설탕을 뿌려서 먹었다는 여러 사람의 이야기를 참고해, 건포를 튀긴 뒤 기름을 제거하고 설탕 대신 슈거 파우더를 소량 뿌렸다. 단맛은 살리되 설탕 양은 줄이고, 두 가지 다른 바삭함을 연출하기 위해 구운 춘권 피도 함께 준비했다. 춘권 피와 튀각의 사이에는 마스카르포네 치즈와 크림치즈를 섞은 필링을 시소 잎과 함께 끼워 넣었다.

이 요리의 '킥'은 시소의 사용이었다. 시소는 한국의 깻잎처럼 유독 일본에서 사랑받는 허브로, 깻잎과 마찬가지로 외국인에게는 다소 진입장벽이 있다. 화장품 같은 향이 난다며, 우리나라 사람들 사이에서도 호불호가 갈린다. 그럼에도 불구하고 시소는 잡내, 특히 어패류의 비린 맛을 잡는 데 탁월하다. 냄새를 가리는 데에 그치지 않고, 비린 맛이 감도는 입안을 깔끔하게 정리한 뒤 그 자리에 특유의 우아한 잔향을 남긴다. 말린 다시마의 경험에서 짐작할 수 있듯, 말린 쇠미역도 바다 향이 강하게 난다. 그런 식재료일수록 시소처럼 향으로, 적극적으로 균형을 잡아 주는 허브가 필요했다.

초창기 로컬 오딧세이에서는 종종 지역의 양조장에서 나온 술 한두 종을 페어링 주류로 사용했다. 같은 자연환경에서 자란 재료로 만든 술과 음식을 매칭해 보자는 취지였다. 하지만 회차를 거듭하면서 적당한 지역 양조장을 찾기 어려운 경우가 생겼고, 섬 지역처럼 양조장이 아예 없는 곳도 있어 주류 페어링은 점차 행사에서 빠지게 됐다.

이번 행사에서 사용한 '양지백주'는 속초와 인접한 양양에 있는 '양양술곳간'에서 제조하는 탁주다. 전통 누룩을 사용해 삼양주 방식으로 빚으며, 양양 지역의 쌀과 물, 누룩 외에는 아무것도 첨가하지 않는다. 쌀의 풍미 위에 은은한 단맛이 감돌고, 균형 잡힌 산미가 인상적이다. 삼양주답게 무게감이 느껴지며, 15도의 도수에서 오는 은은한 쌉싸름함이 기름에 튀긴 해조류와

치즈의 풍성한 맛과 무게감과도 무리 없이 잘 어우러졌다. 혀에 들러붙는 매우 고운 쌀의 입자가 전하는 부드러운 질감이 바삭한 튀김과 기분 좋은 대비를 이뤘다.

속초에서 발굴한 식재료 2

홍게

두 번째 요리

홍게살과 내장, 초당옥수수 가스파초

지속 가능성 포인트: 지속 가능한 어업 방식, 수산물 소비

국내에서는 홍게와 대게의 어획 금지 기준이 법으로 명시돼 있다. 암컷은 연중 내내 잡을 수 없으며, 수컷은 매년 7월 초부터 8월 말까지 어획이 금지된다. 현재의 법망이 완벽하다곤 할 수 없지만, 자원 보호에 대한 인식이 점차 개선되고 있으며, 이러한 규정은 현장에서 지속 가능한 어업 관리와 해양 자원 보존을 위한 중요한 기반이 되고 있다.

일반적으로 'crab'이라는 영어 단어는 '게'로 번역되며, 반대로 한국어 '게'도 영어로는 'crab'으로 번역된다. 하지만 이렇게 통칭하는 '게'는 크게 두 부류로 나뉜다. 하나는 몸통에 비해 큰 집게발을 가지고 있으며, 나머지 여덟 개의 다리로 좌우로 움직이는 종이다. 꽃게나 참게가 여기에 속한다. 이들은 주로 찌개를 끓이는 등 가열해 먹지만, 간장이나 양념장에 절여 게장으로 즐기기도 한다.

다른 하나는 집게발이 상대적으로 덜 발달한 대신, 열 개의 다리가 모두 마치 거미처럼 길게 뻗은 형태다. 이들은 '대게과'에 속하는데, 이때 '대(竹)'는 '크다'라는 뜻이 아니라 대나무처럼 길고 속이 빈 다리를 가졌다는 의미다. 꽃게의 '꽃'이 식물의 꽃이 아니라 '곶(串)'처럼 튀어나온 형태에서 유래한 것과 비슷한 사례다.

이 두 부류의 차이는 단지 모양에만 있지 않다. 꽃게는 서해에서, 참게는 호수와 바다가 만나는 기수역에서 주로 잡힌다. 반면, 대게과에 속하는 홍게는 훨씬 깊은 바닷속, 특히 속초를 비롯한 동해의 심해에서 서식하고 포획된다.

대게는 국내에서 귀한 대접을 받는다. 제철이 되면 전국의 포구 도시에서 대게 축제가 열리고, 항구는 대게를 찌는 찜통에서 뿜어져 나오는 수증기와 익어 가는

대게 향기로 들썩인다. 먼 도시에서 대게를 먹으러 부러
찾아온 무리와 그들이 끌고 온 차량으로 항구는 북새통을
이룬다. 하지만 이상하게도 같은 대게과에 속한 홍게는
그런 대접을 받지 못한다. 오히려 '대게의 저렴한 대체품'
정도로 여겨지는 경우가 많다.

    이번 행사에서 사용한 홍게는 홍준원 선장님이 보내 준
것이다. 선장님과의 인연은 장민영 대표에게서 비롯됐고,
그녀가 방송국에서 일하던 시절로 거슬러 올라간다.
그녀의 말에 따르면, 어렵사리 섭외한 홍게잡이 배의
촬영이 갑자기 취소된 날이었다고 한다. 발을 동동 구르며
이미 조업을 나간 홍 선장님께 위성 전화로 연락드렸다.
    "선장님, 촬영하기로 한 배가 출항을 안 하게 됐대요.
혹시 다른 배 없을까요? 선장님은 조업 나가셨죠?"
    "배 돌려 나갈게. 촬영팀더러 중간에서 만나자고 해."
    그 말 한마디가 얼마나 대단한 결정인지, 바다
일을 모르면 짐작하기 어려울 수 있다. 일명 '한국의
원양어선'이라 불리는 홍게잡이 배는 한 번 출항하면
일주일 가까이 바다에서 조업한다. 애초에 촬영을 위해
배를 섭외하는 것 자체가 쉽지 않으며, 이미 조업하러
나간 배를 도중에 돌려 나오도록 하는 일은 불가능에
가깝다. 그날 배를 돌려 속초로 돌아오겠다는 선장님의
결정은 촬영팀에게는 기적 같은 일이었다.
    홍게는 빛도 들지 않는 깊은 바다에서 살기 때문에
엄청난 수압을 견디기 위해 몸 안에 바닷물을 채우고
지낸다. "홍게는 살이 없고 짜기만 하다"라는 오명이 생긴
이유다. 흔히 길가 트럭에서 저렴하게 파는 홍게는 보통
수심 1,800m 이하에서 잡힌 개체다. 홍게 중에서도, 깊은
곳에서 서식하는 그들은 바닷물을 많이 품어 살이 적고
짠맛이 강해 주로 가공용으로 쓰인다. 문제는 이러한
가공용 홍게가 길가 트럭에서 싼값에 팔리면서 전체

홍게가 저평가받게 된 것이다.

사실 제대로 된 홍게는 수심 500~1,000m 사이에 서식하는 개체다. 이들을 찌면 살이 꽉 차 달큰하고도 짭조름한 맛이 나며, 날로 먹으면 탱글탱글한 식감과 청량한 바다 향에 반할 수밖에 없다. 홍 선장님은 예전엔 홍게를 날로 먹는다는 건 상상도 못 했다고 했다.

"하도 깊은 데 사니까 옛날엔 알 리가 있었나. 어쩌다가 정신 나간 홍게가 올라오면 쪄 먹곤 했는데, 옛날에는 다 죽어서 올라오니까 익혀 먹는 거 말곤 엄두도 못 냈어. 지금이야 기술이 좋아져 다 살려서 들고 오지. 홍게가 사는 곳이 수온이 연중 2℃ 정도 된다고. 그래서 냉장 시설 갖춘 배가 나가서 그 온도에 맞춰 들고 와. 그러니까 요샌 날로 먹지. 날로 먹으면 살이 탱글탱글하고 맛이 좋아."

속초에 간다면 꼭 맛봐야 할 메뉴 중 하나가 홍게 무침이다. 껍질이 비교적 말랑말랑해 싱싱한 홍게를 껍질째 토막 내 매콤한 양념에 무쳐 낸다. 내장의 녹진한 감칠맛이 여느 게보다도 매력적인 홍게는 국물 내기에도 제격이다. 통째로 넣고 끓인 홍게 장국 또한 놓칠 수 없는 속초의 별미다. 홍 선장은 이렇게도 말한다.

"된장만 푼 홍게 장국은 밥 말아 먹으면 아침에 속이 시원하게 풀리고, 고추장을 같이 푼 홍게 장칼국수는 묵직한 국물 맛이 또 좋지. 뭐가 더 좋으냐고 묻지 마. '엄마가 좋냐, 아빠가 좋냐' 같은 거야. 옛날엔 죽도 자주 끓여 먹었는데, 고추장 한 숟갈 넣고 먹으면 그게 또 별미지."

아바이 마을 어귀의 한 음식점 앞에 할머니들이 옹기종기 모여 앉아 대야 가득 홍게를 쌓아 놓고 살을 바르고 있다. 다리 살의 곱고 촘촘한 결이 마치 인공 게맛살 같다. 다리 살은 달걀 하나 톡 깨서 전으로 부치고, 몸통은 따로 모아 조려 밥반찬으로 낸다. 달짝지근한 그 맛이 술을 부르는 풍미다.

속초 편을 확정하고 리스트에 가장 먼저 올린 식재료는 단연 홍게였다. 장 대표를 통해 소개받은 홍준원 선장님과의 오랜 인연도 한몫했지만, 무엇보다 나에게 홍게는 속초를 대표하는 식재료다. 홍게는 남다른 짠맛 때문에 상대적으로 맛이 떨어진다는 오해를 받지만, 수율이 좋은 개체를 선별해 찌기 전 몇 가지 전처리와 찜의 요령만 잘 지키면 대게 못지않은 맛을 끌어낼 수 있다. 부드럽고 달큰한 살, 알맞게 간이 밴 크림 같은 내장의 조합은 개인적으로 대게보다 낫다고 본다.

다만 종을 불문하고, 찐 게는 손질에 높은 인내심을 요한다. 신문지를 넓게 펼치고 TV 앞에 앉아 네 시간 동안 열두 마리를 손질한 끝에 겨우 전채요리 20인분 분량의 살과 내장을 얻었다. 가식부율, 즉 먹을 수 있는 비율이 처참할 정도로 낮은 수준이다. 그래도 남이 발라 주는 게살 맛은 언제나 진리다.

갑각류는 일반적으로 과즙이 풍부하고 청량한 과일과 잘 어울린다. 이탈리아에서는 새우에 오렌지와 펜넬을 곁들이고, 태국에서는 게살에 망고·파인애플·코코넛을 매치한다. 우리에게는 대하와 배, 잣의 조합이 익숙하다. 이번 행사에는 이 과일의 자리를 초당옥수수에게 맡겨 보기로 했다.

행사가 예정된 6월 초는 이미 무더웠다. 옥수수는 여름을 알리는 식재료일 뿐 아니라, 바람에 흔들리는 옥수수밭은 러닝셔츠, 잠자리채, 수박, 매미 소리와 함께 여름의 서정을 불러일으킨다. 플래닛랩이 있는 수성동계곡까지 힘겹게 올라온 이들에게 시원한 물 한 잔을 건네는 마음으로 나는 차가운 수프를 준비했다.

스페인의 차가운 수프인 가스파초(gazpacho)는 보통 토마토를 주재료로 삼지만, 토마토가 지닌 맛의 구조를 다른 재료로 대체할 수 있다면 충분히 새로운 해석이 가능하리라. 잘 익은 토마토를 덩어리째 베어 물었을 때 느껴지는 시원하고 싱그러운 맛은, 단맛이 강한 초당옥수수를 생으로 씹을 때도 경험할 수 있다. 이런 '과일다운' 면모는 초당옥수수가 가진 강점이다.

최근 들어 초당옥수수는 과일처럼 달고 청량한 과즙이 풍부해 큰 인기를 끌고 있다. 옥수수는 원래 콘 치즈, 콘 샐러드, 나초처럼 감칠맛과 짠맛이 함께 있는, 세이버리(savory)한 요리에서 두각을 나타내므로 가스파초에 들어가는 다른 재료인 파프리카·마늘·양파와도 잘 어우러지리라 믿었다. 초당옥수수와 토마토를 일정 비율로 섞되, 질 좋은 셰리 식초에 옥수수와 잘 어울리는 라임즙을 더해 산미를 보강했다.

다음은 홍게살 무침. 게 한 마리 분량의 살과 내장을 크넬* 모양으로 단정하게 눌러 담았다. 게살은 내장과 직질히 섞고 요거트로 산미와 깊이를 더했다. 샬롯·차이브·케이퍼 같은 클래식한 조합으로 향미의 균형을 잡고, 테스트 후반에는 차이브 대신 바질을 사용해 여름의 경쾌함을 더욱 살려 봤다.

실제로 맛을 보기 전에, 나는 머릿속으로 옥수수 가스파초와 홍게살 무침을 입에 넣는 순간을 상상하며 시뮬레이션을 거듭했다. 혀끝에서 입의 중앙, 목구멍으로 넘어가기까지 변화하는 맛과 향, 식감과 치감, 끝맛과 잔향이 사라지기 전 페어링한 와인이 바통을 이어받아 입안을 산뜻하게 정리하고 리셋하는 과정까지 끊임없이 그려 봤다. 이러한 미각 시뮬레이션을 반복할수록 실제 테스트 시 더하거나 뺄 요소가 더 명확해진다.

이 한 접시 안에서 홍게살 무침은 가스파초라는 냉 수프의 고명이 될 수도, 가스파초가 무침의 소스처럼

---

* 크넬(quenelle)은 프랑스 요리에서 육류나 생선의 다진 살코기를 타원형으로 빚은 요리를 총칭한다. 아이스크림과 같은 재료를 타원형으로 성형하는 작업도 '크넬'이라고 부른다.

기능할 수도 있다. 구성상 가스파초의 비중이 더 크지만, 나는 이 두 요소가 대등한 존재감을 갖기를 바랐다. 한편 행사에서 두 번째로 등장하는 요리였지만, 사실상 정찬의 시작을 알리는 음식이었다. 내가 이 음식에 부여한 과제는 궁극적으로 홍게라는 재료의 맛을 옥수수로 상징되는 여름의 분위기로 장식하는 일이었다.

속초에서 발굴한 식재료 3

부새우, 골뱅이

세 번째 요리

부새우젓으로 맛 낸 타이풍 골뱅이무침

지속 가능성 포인트: 탄소 발자국 줄이기, 전통 식재료 사용

골뱅이는 국내산을 사용한다. 친숙한 나머지 "골뱅이는 당연히 국내산 아니냐"라고 반문할지 모른다. 하지만 우리의 넘치는 골뱅이 사랑은 해마다 수천 톤의 골뱅이를 외국 바다에서 들여오게 한다. 수요가 지나쳐 영국과 아일랜드 정부는 자원 고갈을 우려해 어획 규제에 나설 정도다. 수산물을 편중되지 않게 소비하되, 바다에서 들려오는 소식에 귀 기울여야 한다.

골뱅이

한국인이 술과 함께 가장 즐겨 먹는 안주 중 하나인 골뱅이는 이른바 '바닷달팽이'라 통칭하는 고둥류의 한 종이다. 가장 널리 알려진 조리 방식은 단연 골뱅이무침. 살을 조가비에서 꺼내 데친 다음, 소면과 채소, 매콤새콤한 양념과 한데 버무려 먹는 방식이다.

사실 골뱅이는 한때 대표적인 수출 품목 중 하나였다. 1960~70년대 신문에서 심심찮게 골뱅이 통조림의 수출 소식을 접할 수 있었다. 하지만 1970년대 후반, 소비 사회가 본격화하고 생맥주 문화가 확산하면서 골뱅이는 빠르게 국민 안주로 자리 잡기 시작했다.

수요가 공급을 따라가지 못할 정도로 폭증하자, 결국 우리나라는 골뱅이 수출국에서 수입국으로 전환됐다. 오늘날 우리가 대중식당이나 술집에서 흔히 접하는 골뱅이무침에는 유럽, 그중에서도 영국 웨일스와 아일랜드 연안에서 잡히는 '유럽물레고둥(Buccinum undatum)'을 통조림으로 가공한 제품이 주로 사용된다. 수요가 많다 보니, 때로는 전혀 다른 종의 고둥류가 '골뱅이'라는 이름 아래 유통되며 혼란을 주기도 한다.

동해안 일대에서 연간 약 400톤이나 잡히고 있는
골뱅이의 대일 수출이 올해 활기를 띠고 있다. 이곳
강구에 각종 수산물 가공 처리 공장을 갖고 있는
조일산업은 지난 70년에 상당량의 골뱅이 통조림을
일본 태양어업에 시험 수출한 것을 계기로 71년에는
1만 5천 달러, 72년 8만 달러, 올해는 15만 달러의 수출
목표를 세웠으며, 3월 말 현재 4만 달러의 수출 실적을
올렸다.

『매일경제』, 1973. 04. 10.

  속초는 동해 앞바다에서 갓 잡아 올린 골뱅이가
시장 좌판에 바로 오르는 몇 안 되는 곳 중 하나다.
백골뱅이·흑골뱅이·참골뱅이 등등 그 종류가 워낙 많아
이름만 들으면 고개가 갸웃해지기 마련이다. 간단하게
정리하면 이렇다. '백골뱅이=참골뱅이=물레고둥',
'흑골뱅이=깊은골물레고둥' 이 정도만 기억해도
기본 분류는 가능하다. 간혹 '황골뱅이'라 불리는
고운띠물레고둥까지 백골뱅이로 판매되기도 한다.
  흑골뱅이는 백골뱅이보다 개체 수가 많아 가격이
비교적 저렴한 데다 백골뱅이와 같이 독이 없고 맛이
좋다. 한편 서울의 여느 포장마차에서 흔히 접하는
골뱅이탕의 주인공은 대부분 서해에서 어획되는
큰구슬우렁이다. 납작하고 동그란 외형이 우리가 흔히
떠올리는 고둥이나 소라와는 달라 한눈에 구별할 수 있다.
  이처럼 골뱅이류는 종이 제각각인 만큼, 조리 방식
또한 다양하게 시도할 수 있다. 따라서 꼭 무쳐 먹을 것이
아니라, 날것 내지 살짝 데친 것도 충분히 맛있다. 다만
관건은 어떤 것을 날로 먹을 수 있는지, 데친다면 어느
온도와 시간에서 최상의 맛이 나는지를 아는 것이다.
종류, 크기, 조가비의 두께, 살의 물성 등에 따라 조리
시간이 미세하게 달라진다. 날로 먹을 수 있는 종이라면

푹 익은 상태보다 살짝 덜 익었을 때 더 흥미로운 식감과 풍미를 느낄 수 있다.

물론 날로 먹을 수 없는 종은 충분히 익혀야 한다. 하지만 익히는 시간이 조금만 길어져도 식감과 풍미를 잃기 쉽다. 따라서 자신만의 경험과 반복 실험을 통한 데이터를 바탕으로 최적의 온도와 시간을 찾아야 한다. 또 하나, 일부 고둥류에는 독성이 있지만, 살 내부에 있는 타액선을 제거하는 등의 방법으로 쉽게 없앨 수 있다. 그럼에도 만약 현지에서 잘 알려진 종 외에 독특한 고둥, 소라류를 구매할 때는 상인에게 독성 여부를 반드시 물어보는 것이 좋다.

골뱅이 요리에 '태국풍 무침'이라는 이름을 붙이며 두 가지 욕심을 부렸다. 하나는 한식에서 '무침'이라는 조리 방식이 지닌 보편성과 정체성을 드러내는 것이고, 다른 하나는 전 세계에 존재하는 무침 요리 중 '태국풍'이라고 할 만한 특징을 포착해 그것을 극대화하는 것이었다.

한식에는 다양한 무침 요리가 존재한다. 따라서 이 단어가 정확히 어떤 의미를 가지는지를 설명하기 위해서는 그 정의부터 들여다볼 필요가 있다. '무침'은 '무치다'라는 동사의 명사형이며, 한영사전은 이를 'season' 혹은 'mix'로 풀이한다. 하지만 엄밀히 말하면 이 두 가지 행위가 결합해야 비로소 '무치다'의 의미에 도달한다. 즉, 특정한 재료를 양념과 함께 뒤섞는 행위이며, 더 정확히는 섞는 과정에서 재료의 표면이 일부 으깨지고, 그 틈으로 양념이 스며들면서 재료와 양념이 결합하는 작용까지를 내포한다.

우리는 특히 이러한 무침 요리를 이야기할 때, 요리하는 사람의 '손맛'을 자주 언급한다. 이는 다른 문화권에서는 찾을 수 없는 개념일 뿐만 아니라, 우리끼리도 공통의 정의를 내리지 못하는 모호한 표현이다. 하지만

© 정석원

무침이라는 조리법 안에서 손은 단순한 도구가 아니다. 손은 양념과 재료의 결합을 조율하는 중간자 구실을 한다. 이 과정에서 음식은 새로운 맛의 층위, 즉 손맛을 갖게 된다. 이 손맛은 단순한 역학적 차원을 뛰어넘는다. 양념과 재료를 조화롭게 결합하는 동시에 재료의 마우스필(mouthfeel), 즉 입에서 느껴지는 질감과 느낌이 지나치게 변질되지 않도록 조율하는 미묘한 감각까지 포함한다. 다시 말해, 손은 음식에 맛을 더하는 동시에, 재료 본연의 감각을 존중하는 역할까지 수행한다.

    이러한 무침이라는 조리 방식은 한 가지 형태로 명확히 규정하기 어렵지만, 범아시아권의 식문화 전반에서 공통으로 발견되는 조리 문법이기도 하다. 예컨대 일본의 아에모노(和え物)는 '한데 합쳐 만든 음식'을 뜻하는 조리법으로, 깨·식초·간장·맛국물 등으로 만든 타레*에 다양한 재료를 섞어 만드는 음식을 통칭한다. 이때 타레는 다양한 조합이 가능하다. 부드럽게 으깬 두부를 섞은 시라아에(白和え), 무즙을 섞은 오로시아에(おろし和え) 등이 대표적인 응용 사례다. 한편 중국의 전채 요리인 마라황과(麻辣黃瓜)는 오이를 칼등으로 내리쳐 으깬 다음, 식초와 고추기름, 마라 소스를 한데 섞은 양념에 버무린 음식으로 언뜻 오이 샐러드를 연상시킨다.

    그린파파야로 만드는 동남아시아의 대표 무침 요리인 솜땀(ส้มตำ)도 같은 원리를 따른다. 태국을 비롯한 동남아시아를 여행한 이라면, 노점 상인이 절구에 연두색 파파야와 피시 소스, 갖가지 향신료를 넣고 공이로 으깨며 연신 내리치는 모습을 한 번쯤 봤을 것이다. 한식에서 손이 하는 역할을 이 요리에서는 절구와 공이가 대신한다.

---

*   타레(垂れ)는 일본 요리에서 간장을 기본으로 만든 소스로 주로 구이 요리에 사용한다. 초밥이나 나베모노, 교자를 찍어 먹거나, 야키토리와 같은 구이 요리에 바르는 용도로도 쓰인다. 라면용 육수를 만들 때 복합적인 맛을 위해 넣거나 고기 삶을 때도 활용한다.

이 조리 과정은 단순한 요리법을 넘어선다. 재료를 찧을 때 울리는 경쾌한 소리, 재료가 으깨지며 퍼지는 향이 어우러져 복합적인 경험을 선사한다. 여행자는 그 한 그릇을 통해 태국이라는 장소를 미각과 청각, 후각으로 동시에 느끼게 된다. 특히 태국식 그린파파야 샐러드인 솜땀타이(ส้มตำไทย)는 설탕의 단맛, 고추의 매운맛, 피시 소스의 짠맛과 감칠맛, 라임의 신맛이 절묘하게 균형을 이루며, 강렬한 맛의 조화를 보여 준다.

부새우

'새우'라는 이름은 매우 널리 쓰이는 말이지만, 그 안에는 생각보다 훨씬 다양한 종이 뒤섞여 있어 혼란을 일으키기 쉽다. 새우는 기본적으로 '열 개의 다리를 가진 동물'을 뜻하는 십각목(十脚目)에 속한다. 이 범주에는 가재·게·소라게 등 다양한 갑각류가 포함되는데, 일반적으로 가재·게·소라게를 제외한 나머지 갑각류를 통틀어 '새우'라 부른다. 하지만 이 '새우'라는 명칭 아래 묶은 생물들은 이름 외에는 뚜렷한 공통점이 없는 경우가 많다. 우리가 흔히 새우 하면 떠올리는 모습은 몸이 마디로 나뉘고, 단단한 석회질 껍질에 싸여 있으며, 열 개의 다리와 한 쌍의 눈과 더듬이를 지닌 형태다. 그런데 국내에서 식재료로 쓰이는 새우 중에는 이러한 묘사에 들어맞지 않는 종이 더 많다.

대표적인 예가 젓갈에 쓰이는 소형 새우다. 이들은 크기가 매우 작고 유영성의 부유 생물에 가까우며, 젓새우과에 속한다. 참고로 젓새우과는 젓갈로 쓰이는 새우의 과(科)며, 십각목에 속한다. 그런데 부새우는 아예 학계에서 십각목이 아닌 곤쟁이목으로 분류한다. 부새우는 머리 부분에 있는 주머니에서 알을 품고 부화시키는 독특한 생식 방식을 지니며, 민물과 바닷물이 만나는 석호 같은 곳에서 서식하는 것으로 알려져

있다. 속초와 강릉 등 동해안 지역에는 이러한 석호가
존재했으며, 이곳에서 부새우를 채취해 왔다. 하지만
근대화 과정에서 석호를 준설하며 부새우를 채취하는
전통도 점차 사라지고 있다.

> 영동고속도로 개통을 앞두고 준설이 한창인 경포호.
> 이곳의 민속놀이 부새우잡이가 사라지게 됐다. (…)
> 이 호반에서의 부새우잡이는 이 고장에서는 예부터
> 내려오는 일종의 민속행사. 벚꽃, 복숭아꽃이 만발할
> 때면 으레 새우가 하얗게 떼지어 떠오른다. 이때가
> 되면 아낙네들은 두 사람씩 짝지어 호수에 뛰어들어
> 손잡이그물로 새우를 건지는데 봄철의 미각으로 식탁에
> 오를 뿐 아니라 낚시꾼의 미끼로도 인기.
>
> 『경향신문』, 1975. 04. 29.

생선은 부패하기 쉬운 식재료인 만큼 발효를 통해
감칠맛을 극대화하는 과정과 부패하여 먹을 수 없게 되는
과정 사이에는 종이 한 장 차이밖에 없다. 이처럼 생선을
발효해 만든 결과물을 한식에서는 통칭하여 '젓갈'이라
부르며, 재료 이름에 '젓'을 붙여 명명한다.

젓갈은 크게 두 종류로 나뉜다. 하나는 발효한 재료를
걸러 액체만 남긴 '액젓', 다른 하나는 재료의 형태가
건더기로 남아 있는 '육젓'이다. 우리가 일상적으로 먹는
새우젓은 후자에 해당한다. 새우젓에 쓰이는 새우는
지름이 1cm 전후로 매우 작고 껍질이 연한 젓새우속의 한
종이다. 이 새우들은 발효 과정에서도 소금에 의해 완전히
해체되지 않고, 거의 본래의 형태를 유지한 채 남아 있다.

액젓은 까나리처럼 이보다 큰 생선을 소금에 절여
완전히 분해될 때까지 발효한 후, 체에 걸러 액체만
추출하는 방식으로 만들어진다. 한편 '젓'이라는 단어가
붙긴 하지만, 부새우젓은 우리가 익히 아는 액젓도,

육젓도 아닌, 그 어느 쪽에도 뚜렷이 속하지 않는
방식으로 만들어진다.

부새우젓은 요즘처럼 '귀차니즘'이 팽배한 시대에 자연
소멸하기 십상인 음식이다. 봄 한 철에 석호나 습지에서
수면에 둥둥 뜬 작은 새우를 떠내고, 딸려 올라온 모래를
일일이 골라낸 다음, 씻어서 양념에 버무려 숙성한,
그야말로 시간과 정성으로 완성한 귀한 음식이다.

2000년대 초반만 해도 부새우가 잡힐 철이 되면 뜰채로
잡은 것을 행상하듯 팔거나 손수레에 싣고 다니며 사람이
많이 모이는 곳에서 팔았다고 한다. 하지만 이제는
추억하는 사람도, 찾는 사람도 보기 힘들다. 우리도
행사를 앞두고 여러 곳을 수소문해 식당을 운영하는 한
어머님으로부터 부새우젓을 겨우 구매했다.

부새우젓은 새우가 워낙 작고 투명하여 언뜻 하나의
양념 덩어리처럼 보일 수 있다. 그 맛은 언뜻 새우젓을
양념에 무쳐 놓은 것 같으면서도, 더 부드럽고 투명한
맛에 가깝다. 짠맛보다는 감칠맛이 도드라지며, 잘근잘근
씹었을 때 입안에서 톡톡 터지는 식감이 재미있다.

단새우를 먹을 때처럼 달큰하고 시원한 맛도 은근하게
감돈다. 양념에 버무려 숙성한 것이지, 새우젓처럼 발효한
게 아니어서 그런지 젓갈 특유의 군내도 거의 없다.
무엇보다 새우 수십 마리가 한꺼번에 씹히면서 입안에서
증폭되는 감칠맛은, 익숙한 양념과 어우러져 밥도둑이
된다. 그 맛을 곱씹다 보니 슴슴하게 절인 새우장이,
뒤이어 태국의 민물새우 무침 꿍뗀(กุ้งเต้น)이 떠올랐다.

때마침 같은 속초 편의 또 다른 재료인 골뱅이를
우리에게 익숙한 조리법인 무침으로 내되, 이번에는
한식이 아닌 태국의 무침 요리인 꿍뗀과 골뱅이를 연결해
볼 수 있겠다는 생각이 문득 들었다. 무침 소스로는
태국 요리의 기본이자 만능 소스로 일컫는 남찜탈레를

사용하되, 피시 소스 대신 부새우젓의 국물을 사용해
감칠맛을 더했다.

　나는 오래전, 속초의 한 선술집에서 골뱅이무침을 시킨
날을 잊지 못한다. 익숙한 통조림 무침을 생각했건만,
주방에서 생골뱅이를 즉석에서 데치고 무쳐 내왔다.
생골뱅이무침이 식탁에 놓이는 순간, 술기운이 확
달아났다. 당시 나는 대입 시험을 망치고 세상이 무너진
듯한 심정이었다. 그런데 그 생생한 골뱅이의 식감과
감칠맛에 압도되어, 잠시나마 슬픔도 잊은 채 맛있게
먹었더랬다.

　나는 그 기억을 잠시 곱씹으며 바로 데쳐 낸 생골뱅이와
통조림 골뱅이 사이에서 타협점을 찾기로 했다. 멸치와
가쓰오부시를 우린 육수에 미림, 간장을 넣고 일식
간장 소스를 한식 스타일로 변형해 희석한 뒤, 손질한
생골뱅이와 함께 진공 봉지에 담았다. 그 상태로 72℃에서
30분간 수비드*로 조리했다. 이렇게 익히면 골뱅이를
차갑게 내도 육질이 지나치게 단단해지지 않는다.

　소스와 가니시 재료로 토종 고수를 사용할 수 있어
기뻤다. 몇 해 전, 주로 향신채를 재배하는 농부님께 토종
고수 씨앗을 구해 드린 적이 있다. 그것이 인연이 되어
이번 행사에서 귀한 토종 고수의 풍미를 많은 분들과
나눌 수 있게 됐다. 토종 고수는 일반 고수보다 맛과 향이
은은하고 부드러워, 고수를 처음 접하는 사람에게도
진입장벽이 낮은 편이다.

　이 요리에서 내가 바란 것은 부새우가 다른 재료와
만나 기대하지 못한, 기발한 시너지를 내는 것이
아니었다. 오히려 지역성과 시대성을 품고 있지만,
요즘 사람들에게 잘 알려지지 않은 부새우를 골뱅이와

---

*　수비드(sous vide)는 프랑스어로 '밀봉된' '진공 하에서'라는 의미로,
밀봉된 봉지에 담긴 음식물을 정확히 계산된 온도의 물에 넣고 천천히
가열하는 조리법이다.

태국식 무침처럼 보다 익숙한 재료와 조리법 안에 녹여 자연스럽게 받아들여지기를 바랐다.

    부새우의 사진을 찍다 보니 '어쩌다 이런 것까지 구해다가 젓갈로 만들어 먹었을까'라는 궁금증이 일었다. 지역마다 이런 의문을 품게 하는 식재료가 종종 있다. 그 작고 여린 생물을 일일이 잡아 손질하는 전처리 과정까지 상상해 보면 정말이지 먹을거리가 귀하던 시절의 음식이었음을 새삼 실감한다. 그만큼의 수고를 감수할 사람도 이제는 드물며, 무엇보다 부새우는 환경 오염과 서식지 변화로 점차 사라져 가는 자원이 됐다.

    그저 이 행사를 통해 부새우를 처음 접한 분들이 언젠가 강릉이나 속초, 양양의 시장 한 귀퉁이에서 조용히 양은 냄비에서 끓고 있는 부새우탕이나 부새우젓과 마주쳤을 때, 예전보다 조금 더 반가워해 줬으면 하는 바람이 있다. 그 마음으로 나는 부새우에게도, 부새우를 음식으로 만들어 낸 이들에게도 누가 되지 않는 요리를 만들고 싶었다.

속초에서 발굴한 식재료 4

고리매, 지누아리

고리매

네 번째 요리
복어 정소 소스를 곁들인 동해 바다나물 리소토

지속 가능성 포인트: 종 다양성, 해녀 직군 응원하기
우리나라 근해에는 수많은 해조류가 자생하며, 그중 식용할 수 있는 종류만 해도 50여 종에 달한다. 하지만 막상 우리가 떠올릴 수 있는 해조류는 손가락에 꼽을 정도. 특히 양식하지 않는 해조류는 이제 바닷가 어르신들의 기억 속에만 존재하는 경우가 많다. 이 세대가 저물면 역사 속으로 사라질 운명에 처한 해조류 역시 잊히기엔 아까운 먹을거리이자, 지역 식문화의 소중한 일부다.

"동해에서는 고리매가 김이라. 구워도 먹고, 튀겨도 먹고, 국에도 넣어 먹고."

'고리매가 김'이라는 말은, 뒤집으면 고리매와 김은 별개라는 뜻이 된다. 고리매는 바위에 붙어 자라는 갈조류며, 김은 오래된 양식 역사를 가진 홍조류다. 우리는 이렇듯 해조류를 생김새나 서식 방식에 따라 세세하게 구분하고, 다양한 방식으로 요리하여 섭취해 왔다. 이런 전통을 지닌 우리에게, 온갖 해조류를 영어권에서는 그저 '시위드(seaweed)'라는 이름으로 통칭하는 것은 다소 당황스러운 경험이다.

우리의 해조류 사랑은 오랜 역사를 갖는다. 19세기 초 다산 정약용은 정책서인 『경세유표(經世遺表)』에서 미역(藿)과 태(苔)를 구분했다. 그는 태를 다시 붉은 태와 푸른 태로 나눴는데, 이는 각각 홍조류인 김과 녹조류인 감태를 의미하는 것으로 보인다. 조선 시대 분류 체계가 현재의 그것과 상당 부분 일치하고 있었던 셈이다.

그보다 앞서, 16세기 문신 허균은 『도문대작(屠門大嚼)』에 청각(靑角), 세모(細毛), 감태(甘苔) 등 다양한 해조류를 특산지와 함께 세세히 기록했다. 허균은 아마도 우뭇가사리로 추정되는 우모(牛毛)에는 '열을 가하면

녹는다'라는 설명을, 남해에서 나는 감태에는 '달기가
엿과 같다(甘如飴)'라는 관능 표현을 붙였다.

　15세기로 거슬러 올라가면, 문인 성현이 쓴
『용재총화(慵齋叢話)』에 흥미로운 대목이 나온다.
남해산 감태(苺山)를 두고 한 친구가 "천하제일의
맛(天下之至味)"이라 하자, 성현은 "그것은 궁궐 부엌에서만
나니 궐 밖 사람들은 맛볼 수 없다"라고 답한다. 수백 년
전, 조선 사람이 붙인 이름과 지금의 분류 체계가 완전히
일치한다고 단정하기는 어렵다. 그럼에도 그 시절 이미
해조류의 품질과 맛을 세밀하게 구분하고 있었음을
방증하는 문헌상의 언급이라 하겠다.

　이름이 무엇이든 해조류는 모두 광합성을 한다.
다만 서식하는 수심에 따라 색이 달라진다. 깊은
곳에는 투과력이 강한 청색광만 도달하므로 해조류는
붉은색을 띠고, 얕은 곳에서는 적색광을 받아 녹색, 중간
수심에서는 황색광의 영향으로 갈색을 띤다.

　이 원리에 따라 김은 깊은 곳에 사는 홍조류, 파래는
얕은 곳에 사는 녹조류, 바위에 붙어 자라는 고리매는
갈조류에 해당한다. 한편 지누아리는 원통형부터 날개
모양까지 다양한 형태를 가진 홍조류를 통칭하는
이름이며, 수심 깊은 곳에 서식하는 만큼 해녀의 물질을
통해 채취할 수 있다.

　지누아리를 비롯해 바다에 서식하는 다양한 해조류를
채취하는 일은 전통적으로 해녀의 몫이었다. 양식이
보편화된 오늘날에도 모자반·톳·미역·고리매 등 자연산
해조류는 여전히 해녀의 손을 거쳐 밥상에 오른다.
해녀는 채취자인 동시에 바다 먹을거리의 전문가다.
김과 미역처럼 잘 알려진 해조류는 물론이고, 일반인이
이름조차 모르는 다양한 해조류에도 정통하다.

　먹을 것이 귀하던 시절, 바다가 내어 주는 모든 것이

전복희 여사가 갯바위에서 '소털김'을 채취하고 있다. 매우 고운 질감을 가진 해조류로 소의 등에 난 털을 닮았다 하여 붙여진 이름이다.

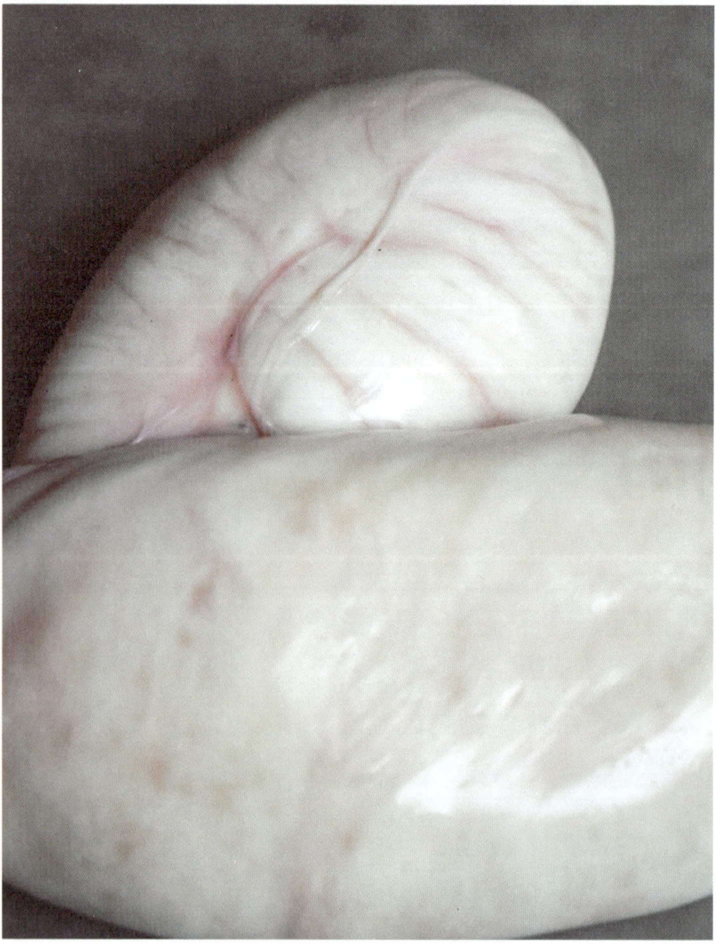

소중한 자원이자 식재료였다. 해녀는 물질을 업으로 삼기 이전에 한 가정의 살림을 책임지는 주부이자, 때로는 밭일을 겸하는 농부였기에, 바다가 내어 주는 것은 무엇이든 음식으로 만들어야 할 의무이자 능력이 있었다. 그래서 해녀는 산과 들, 바다에서 나는 나물을 세심하게 구분했고, 해조류를 '바다나물'이라 부르며 각각에 걸맞은 요리법을 개발하고 대대로 전승해 왔다. 이렇게 축적된 이들의 지식은 채취법은 물론 각 해조류의 생태적 특성과 조리법까지 아우르는 종합적인 해양 식문화의 보고라고 할 수 있다.

안타깝게도 평균 연령이 70~80대에 이른 해녀들은 머지않아 물질에서 은퇴하게 될 것이다. 계승자가 부족한 현실에서 이 직군이 사라지면 해녀를 통해 전승되어 온 식문화 역시 함께 사라질 수밖에 없다. 앞서 말했듯 해녀는 우리 사회에서 다층적인 역할을 수행해 왔다. 따라서 해녀의 부재는 단순히 일부 해양 생물에 대한 분류학적 지식을 잃는 데에 그치지 않는다. 그것은 지역적 환경과 계절, 다른 재료와의 궁합을 고려해 해조류를 먹음직한 음식으로 빚어내는 창조적 요리인의 부재며, 수 세대에 걸쳐 그 문화를 만들고 지켜 온 어머니들의 지혜·손맛·이야기가 동시에 소멸하는 일이기도 하다.

바다에서 나는 풀이 식재료가 되고, 식문화가 되며, 나아가 민족의 정체성에 이바지하는 문화적 자원이자 전 세계로 뻗어 나가는 우수한 자원이 될 수 있다는 사실은 미역과 같은 사례를 통해 익히 알고 있다. 이름이 불리지 않는 해조류는 의미 없는 바다의 잡초가 될 것이다. 이들을 다시 밥상으로 불러오기 위한 첫 번째 노력은, 그들에게 관심을 갖고 이름을 불러 주는 일이다.

해녀들이 해조류를 바다나물이라 부르듯, 이 식재료들은 조리에 있어 육지의 나물만큼이나 무한한 가능성을 품고 있다. 이번 행사의 첫 코스로는 갈조류인

ⓒ 정석원

곰피와 쇠미역을 말려 튀각으로 만든 뒤, 치즈를 샌드위치처럼 끼워 넣어 웰컴 푸드로 냈다. 속초에서 현직 해녀로 활동하는 어머님과 함께 갯바위에서 채취한 여러 해조류는 저마다 다른 짭조름한 맛과, 때로는 부드럽고 때로는 꼬독꼬독한 식감을 살려 리소토에 사용했다.

    리소토에 곁들일 소스의 주재료는 복어 정소였다. 유학 시절, 일본에서 처음 접한 이 재료는 복어를 더욱 대중적으로 소비하며, 어종과 부위에 따라 다양하게 활용하는 일본 식문화의 한 면을 보여 줬다. 복어 정소는 일본에서 샤부샤부와 튀김의 방식으로 주로 조리된다.

    신선한 복어 정소는 열을 가했을 때 비린 맛이 사라지며 마치 유제품처럼 크리미하고 고소한 풍미와 질감이 살아난다. 그러므로 해산물 요리에서 우유나 생크림의 대체재로 활용할 수 있다. 청주를 넣고 끓인 찜기에 참복어 정소를 쪄 익힌 후, 약한 불에 천천히 볶아 단맛을 끌어낸 양파와 함께 곱게 갈아 소스를 완성했다. 여기에 타마린드* 페이스트로 자연스러운 산미를 보탰다.

*   열대 아프리카가 원산지인 타마린드(tamarind)는 콩과 식물로 분류되며, 향신료로 널리 사용된다. 열매는 자두를 연상시키는 새콤달콤한 맛을 지니며, 페이스트나 주스 형태로 가공해 시판된다. 동남아시아와 서남아시아에서 폭넓게 활용된다.

속초에서 발굴한 식재료 5

주먹물수배기(일명 '감자떡'),
섭(자연산 홍합)

다섯 번째 요리

감자떡 구이와 섭 벨루테

지속 가능성 포인트: 부수 어획물의 활용

부수 어획물은 탕이나 건조 같은 가장 단순한 방법으로만 소비돼 왔다. 하지만 맛있는 동시에 저렴하기까지 한 이 생선을 매력적인 요리로 탈바꿈하는 일 또한 요리사에게 주어진 사회적 책임 중 하나라고 생각한다. 바다 식재료가 점점 귀해지는 오늘날에는 더욱 그렇다. 다양한 시도가 쌓일수록 소비가 편중되는 현상을 완화하고, 남획과 혼획을 줄이는 데도 도움이 될 것이다.

감자떡의 라틴어 학명은 말라코코투스지베르(Malacocottus gibber)다. 말라코코투스는 북태평양에 서식하는 물수배깃과의 속명(屬名)으로, 물수배기는 머리가 크고 둥글어 '팻헤드(fatheads)'라고도 불린다. 이 과에 속한 대표적인 종으로는 호주 연안에서 흔히 발견되는 블롭피시(blobfish)가 있다. 끈적끈적한 점액으로 뒤덮인, 바람 빠진 풍선처럼 생긴 블롭피시는 2013년 영국의 '못생긴 동물 보존 협회(Ugly Animal Preservation Society)'로부터 '세계에서 가장 못생긴 동물 1위'로 선정되기도 했다.

물수배깃과에 속하는 감자떡은 해저를 기어다니는 갑각류를 주로 먹고 산다. 이런 서식 환경 때문에 부레가 거의 발달하지 않았고, 대신 체액의 밀도를 물보다 살짝 낮춰 부력을 조절한다. 감자떡은 비늘이 없는 대신 점액질이 발달했으며, 몸체는 비정형이다. 이렇듯 낯선 특성은 새로운 음식을 만들어 보려는 요리사들에게 엄청난 도전으로 작용하기도 한다.

"배 타는 함경도 남자를 만나 속초에서 녹초가 됐다"라는 농을 던지는 이귀하 할머니는 이 동네에서

'홍게 아마이'로 통한다. 남편인 아바이는 북에서도 남에서도 평생을 배 위에서 살았다고. "옛날에는 홍게가 워낙 귀해 살 발라 손님한테 팔기 바빴고, 우리는 감자떡을 먹었어. 여기가 죄다 판잣집이었는데, 집집이 감자떡을 쭉 내걸고 말려서 먹었더랬어. 생긴 건 이래도 찌면 얼마나 쫀득하고 맛있는지 몰라. 없으면 식사를 안 할 정도였으니 상에 매일 올렸어."

감자떡은 홍게 통발에 우연히 걸려들어 뱃사람의 배를 채워 주던, 기특한 생선이다. 까맣고 투명한 생김새가 꼭 감자떡을 닮았다고 하여 주먹물수배기를 그리 불렀다. 값싸고 맛까지 좋아 주머니 사정이 어려운 이들에게 늘 든든한 한 끼가 되어 줬으니, 누군가는 그 못생긴 얼굴마저 정겹고 귀엽게 여겼을지도 모른다.

주먹물수배기는 학명에 가까운 명칭이어서, 파는 사람도, 사는 사람도 거의 쓰지 않는다. 심지어 속초 출신이라고 이 생선을 다 잘 아는 것도 아니다. "어떻게 먹느냐?"라고 어르신께 여쭈면 여느 잡어처럼 "그냥 탕으로 끓이거나 말려서 쪄 먹는다"라는 뻔한 답이 돌아올 뿐이다.

물수배깃과는 쏨뱅이목에 속하며, 이 목에 속하는 생선은 국물 요리에서 특히 진가를 발휘한다. 쏨뱅이·쑤기미·삼세기·물메기·우럭·주먹물수배기가 이에 해당하며, 이들 모두 탕거리로 사랑받는다. 특히 '세미탕'이라 불리는 쑤기미탕·삼세기탕·물메기탕은 지역의 향토 음식으로 확고하게 자리 잡았다. 이런 맥락에서인지, 주먹물수배기를 두고 '구워 먹는다'라는 발상은 애초에 고려되지 않았던 듯싶다.

서울로 돌아와 주먹물수배기를 말리고 굽고 튀기고 찌고 볶는 테스트를 해 보며 의외의 매력을 발견했다. 우선 뼈를 넣고 끓이니 사골처럼 뽀얀 육수가 우러났다. 비리지 않으면서 깊고 묵직한 풍미를 지닌 이 육수로 리소토를 조리했다. 구웠을 때의 탱탱한 육질과 아귀 같으면서도 훨씬 기름지고 고소한 풍미는 비범하기까지 했다.

　식감에 있어서 또 하나의 장점은 열을 가하면 껍질이 탱탱해진다는 것이다. 별명처럼 진짜 감자떡의 식감으로 변한다. 특히 주먹물수배기를 꾸덕꾸덕하게 말렸다가 구우면 이 탱탱한 질감이 배가돼 이에 닿았을 때 기분 좋은 저항감을 선사한다.

　혹시나 해 얻어 온 주먹물수배기의 간은 아귀나 쥐치 간보다도 맛이 깊었다. 전혀 비리지 않으면서 고소함이 입안에서 부드럽고 온화하게 퍼졌다. 그대로 쓰레기가 되었다면, 나 또한 평생 모르고 살았을 맛이었다. 주먹물수배기는 그야말로 맛도 좋고, 버릴 것 하나 없는 녀석인 셈이다. 이제야 알아본 것이 미안할 정도였다. 속초 시장에서 홍게·대게·오징어 같은 슈퍼스타에는 물론이고, 물곰, 도치 같은 신흥 세력에도 밀려 늘 매대 한 귀퉁이에서 잡어 신세를 면치 못하는 주먹물수배기가 이제야 사뭇 달라 보인다.

　녀석의 손질은 극강의 난이도를 요했다. 미안하지만 여태껏 손질해 본 생선 중 최악이었다. 아이들이 가지고 노는 슬라임 같은 몸통은 도마에 고정하기조차 힘든 데다, 점액이 뒤덮은 껍질은 끈적끈적하고 흐물흐물해 칼을 대고 쓱쓱 비벼 대야만 겨우 포를 뜰 수 있었다. 예상치 못한 곳에서 예상치 못한 뼈와 가시가 등장했고, 평균 25~30cm 정도 되는 작은 체구에 비해 대가리가 커 갖은 노력 끝에 한 마리를 잡아 봤자 코스 요리의 1인분에 해당하는 살이 나올까 말까 했다. 수율이 절망적인 수준이었다.

　홀로 외로이 주방에 불을 밝히고 새벽까지 50마리 포를 뜨면서 문득 예전에 함께 일하던 헤드셰프

김병일이 생각났다. 그때도 비슷한 행사 때문에 망챙이니 삼식이 같은 듣도 보도 못한 생선을 손질하느라 주방 직원들이 고생했더랬다. 시키는 일에 늘 불평 없이 묵묵하던 그 친구도 가끔 술자리에서 이 난해하고 허망한 작업을 이야기하곤 했다. 숱한 한숨을 내쉬며 내가 직접 그 작업을 하고 보니 '새삼 그 친구가 점잖은 사람이었구나'라는 생각이 든다.

사흘간의 행사를 잘 마무리한 후 인스타그램 피드 여기저기서 감자떡 이야기가 등장하는 것을 봤다. "인생 생선을 만났다" "놀라운 발견이었다"라는 찬사를 보며 행사를 마친 후련함, 먹을 만한 요리를 완성했다는 보람보다 뿌듯함이 앞섰다. "평생을 알아 왔는데 이런 맛인 줄 난생처음 알았다. 충격적인 경험이다"라고 하신 속초에서 오신 한 어머님의 말씀은 그 어떤 칭찬보다 기뻤다.

시장통 쟁반 위에 무더기로 널브러진 모습이 아닌, 조명까지 받으며 SNS에 '힙'한 독사진으로 올라온 감자떡의 올망졸망한 얼굴도 인상 깊었다. 우리가 행사에 이처럼 한낱 잡어를 사용한 취지는 지역 생선을 소개함으로써 식탁 위의 다양성을 확보하고, 특정 어종에 쏠린 소비를 완화하려는 데 있다. 남획과 치어 소비를 줄이고자 하는 우리의 시도에 공감하는 반응은 그간의 노고와 압박감을 위로하기에 충분했다. 우리의 눈에는 그 반응이 변화의 시작을 알리는 작은 파동처럼 느껴졌다. 비록 세상은 쉽게 변하지 않지만, 포기하지 않는 사람들의 분투가 결국 세상을 바꿔 왔음을 잊지 않으려 한다.

남획으로 씨가 마르는 생선, 공급이 수요를 넘어선 양식 생선, 수조에서 옴짝달싹 못하는 생선 대신, 이번 행사에 참여한 분들이나 그들로부터 이야기를 전해 들은 사람들이 동해안의 시장에서 감자떡 같은 녀석을 알아보고, 그 진미를 직접 경험해 보길 바란다. 젊은 사람들이 지역의 잡어를 보고 반겨 주면 상인들도 덩달아 신이 날 것이다. 나를 보며 속초의 상인들이 그랬듯이.

속초에서 발굴한 식재료 6
송순

여섯 번째 요리

라임에 재운 참외와 참외 소르베, 송순 젤리

지속 가능성 포인트: 오래된 식재료와 식문화의 계승

속초에서 설악동으로 들어가는 길목에는 500년 수령의 소나무 한 그루가 있다. 마을을 지키는 서낭나무로서 예부터 설악동 주민들이 금줄을 걸고 안녕을 비는 제사를 지내던 대상이었다. 송홧가루나 송순을 음식에 사용하는 전통이 속초에 국한한 것은 아니지만, 오랜 세월 이곳을 굽어봤을 그 나무를 떠올리며 이번 코스 요리에는 소나무가 내어 준 재료를 꼭 담고 싶었다.

침엽수이자 상록수인 소나무는 참나무와 함께 우리나라 삼림의 상당 부분을 차지하고 있다. 소나무는 건조하거나 지력이 낮은 곳에서도 잘 자라기 때문에, 산성 토양이나 고산의 화강암 지대에서도 번성한다. 그런 까닭에 소나무는 전통 건축에서 중요한 재료 중 하나며, 현대에 지어진 건물에도 조경수로 중요하게 쓰인다. 또 소나무는 우리의 문학적 상상 속에서 군자 혹은 절개의 가치를 내포하는 상징물로 자주 등장한다. 이는 소나무가 계절과 기후의 변화에도 불구하고 제 빛깔을 유지하는 상록수라는 점에서 비롯했다.

    흥미로운 점은 이처럼 계절성과 거리가 먼 소나무가 동시에 봄을 상징하기도 한다는 사실이다. 늦봄, 즉 4월에서 5월 초면 밝은 노란색 가루가 사방으로 휘날린다. 바람을 매개로 수정하는 소나무는 그 꽃가루가 바람에 날릴 만큼 입자가 작고 가볍다. 소나무꽃을 물에 담갔다가 여러 차례 걸러 불순물을 제거하고 수면에 뜬 것을 말린 것이 바로 송홧가루다. 이러한 송홧가루로 티푸드, 즉 다식을 만드는 오랜 역사를 지닌 몇 안 되는 나라 중 하나가 바로 우리나라다.

    송홧가루에 꿀이나 조청 같은 재료를 섞어 반죽한

다음, 틀에 눌러 모양을 내면 다식이 완성된다. 또 꿀물에
송홧가루를 풀어 시원하게 마시는 송화밀수도 송화를
활용한 대표적인 전통 음료다. 이 요리들은 조선시대 의궤
같은 궁중 문서는 물론, 다양한 민간 조리서에도 상세하게
그 조리법이 언급돼 있다. 그만큼 송화는 우리 생활과
밀접한 식재료였다는 뜻이다.

> 송화가 피어 버리면 (가루가) 날리고 떨어져 모으기
> 어렵다. 송화가 피려고 할 때 가지째 꺾어서 깨끗한
> 자리에 펴 말린다. 저절로 떨어진 것은 취해서 물에 넣고
> 휘저어 씻었다가 (水飛) 햇볕에 말린다.
>
> 『증보산림경제(增補山林經濟)』, 1766

  1년 내내 푸른빛을 띠는 바늘 모양의 솔잎은, 그
자체로도 훌륭한 식재료다. 솔잎을 따서 깨끗이 씻은 뒤,
끓였다가 식힌 설탕물을 부어 창호지로 봉하고 서늘한
곳에 수개월 두면, 천천히 발효가 일어난다. 마지막에
솔잎을 걸러 내면 특유의 향이 살아 있는 송차가 완성된다.
  우리 조상은 소나무 몸통에서 나오는 끈끈한 송진을
전통 공예나 건축에 널리 썼을 뿐 아니라, 가루 내 떡이나
지짐을 만들기도 했다. 달콤하면서도 톡 쏘는 소나무
특유의 풍미를 지닌 솔잎·송진·송화는 예부터 우리의
식문화 속에서 다양하게 활용됐다.
  아, 소나무가 주는 또 하나의 선물을 빼놓을 뻔했다.
바로 송순. 송화가 진 다음 새롭게 돋는 연한 순이다.
소나무 향이 고스란히 배어 있는 이 재료는, 예부터
지역을 막론하고 양반가에서 가양주를 빚을 때 풍미를
더하는 용도로 널리 쓰였다.

  우리 산하를 수놓고 있는 소나무는 그 자체로도
아름답지만, 솔잎, 씨앗, 속껍질인 송기, 봄에 돋아나는

송순과 송화까지 모두 약재 또는 식재료로 유용하게 활용된다. 요리사의 길을 걸으며 향이 음식에 더하는 즐거움과 그 무한한 변주를 체감하면서 국내의 허브와 스파이스에도 자연스레 관심을 두게 됐다.

그중에서도 소나무에서 비롯되는 향은 한국을 대표하는 향기라고 해도 과언이 아니다. 시판되는 솔잎 음료는 그 향이 다소 과장됐지만, 코 깊숙이 스며드는 은은한 풀 내음과 송진의 향은 부드러우면서도 강인하다. 다른 어떤 것으로도 대체할 수 없는 이 우아한 향기는, 오래도록 한국인의 정서에 뿌리내린 만큼, 한국적 정체성을 대변하는 감각적 소재로 손색이 없다.

솔향기를 오래 붙들 수 있는 몇 가지 방법 중 나는 효소를 택했다. 4~5월경, 소나무 앞 가지에서 돋아나는 10~15cm 길이의 송순을 사용했다. 소나무는 흔한 식물이지만, 도심에서는 대기 오염이나 병충해 방제를 위한 약제 문제로 채취가 어렵기에, 믿을 수 있는 생산자가 채취한 송순을 사용하는 것이 중요하다. 우리는 다행히 강원도의 깊은 산자락에서 장뇌삼을 재배하는 생산자로부터 매년 양질의 송순을 제공받고 있다.

송순은 가볍게 씻은 뒤, 남은 송진을 제거하기 위해 이틀간 물에 담가 둔다. 이후 물기를 제거하고 최소한의 당에 절여 상온에 두면 며칠 내 발효가 시작된다. 봄철이라면 6~8주 안에 적절한 산미가 깃든 효소가 완성된다. 강한 향이 누그러지고 감미와 산미가 더해진 솔향은 한층 더 부드럽고 편안하다. 이 효소를 단독 음용이 아닌 음식의 한 요소로 사용할 때만큼은 향이 입안에서 스치듯 빠르게 산개하기보다는 천천히 퍼지길 바랐다.

솔 향 못지않게 참외 향 역시 특별하다. 마찬가지로 대체 불가능한 한국적 향기다. 여담이지만 한류의 영향으로 요즘은 'oriental melon'보다 'Korean melon' 또는 'Chamoe'라는 표현이 더 자주 쓰이는 것도

ⓒ 윤민호

'못난이 참외', 'B급 농산물'이라고 불리는 '비규격 농산물'을 사용하였다.

흥미로운 현상이다. 두 재료 모두 섬세한 향을 지닌 만큼 조심스럽게 다뤄야 했다. 일부러 뽐내지 않아도 존재감 있는 재료들이지만, 두 향을 조합하는 시도는 흔치 않기에 균형을 잡는 데 고민이 따랐다. 식재료의 위상만 놓고 보면 소나무는 비주류에 속하므로, 이번에는 솔 향을 조금 더 부각해 그 존재감을 살리고자 했다.

송순 효소는 젤리 형태로 굳혀 솔향기가 입안에 머무는 시간을 늘렸고, 참외는 두 가지 질감으로 조화롭게 풀어내 존재감을 분산하는 동시에 입체감을 줬다. 젤리가 너무 탄력 있게 굳으면 참외의 식감이나 소나무의 차분한 이미지와 어긋날 수 있어, 펙틴과 젤라틴을 혼합해 물성을 조정했다. 입안에 오래도록 머무는 마지막 향이 은은한 송순의 것이기를 바랐다.

참외는 라임에 절여 산미를 더했다. 태국 요리에서 오이의 시원한 맛과 라임의 상큼함이 잘 어우러졌던 기억을 참고했다. 솔 향과 참외 향이 만나면 시원함에 또 다른 시원함이 더해지면서, 산들바람 부는 초여름 저녁의 송림을 거니는 듯한 상쾌함이 입안에 감돌기를 바랐다.

재료 간의 구성과 향의 조화, 맛의 구현까지 여러 차례 고민과 시도가 오간 메뉴였다. 너무나 익숙하지만 실용적으로는 소외돼 있던 한국의 향을 새삼 자각하고 감탄하게 되는 계기기도 했다. 이 고혹적인 향기가 주는 매력에 더 많은 이들이 빠져들게 될 날이 오기를 바란다.

진짜 바다를 만나면서

우리는 전체 면적의 70%가 바다로 이뤄진 푸른 행성에 살고 있다. 지구를 '물의 행성'이라 부르는 이유다. 지구 생명의 기원이 바다라는 점에서, 바다야말로 지구를 지구답게 만드는 요소라 할 수 있다. 오래도록 바다는 인류에게 미지의 세계이자 두려움의 공간이었다. 기계 문명의 눈부신 발달에 힘입어 지난 100여 년간 인류는 가 보지 못했던 곳들을 조금씩 탐험해 왔지만, 바다는 여전히 낯선 존재다. 지금까지 인류가 들여다본 바다는 전체 부피의 7%에 불과하다. 지구에 바다가 생겨난 이래 심해는 줄곧 미지의 세계로 남아 있다.

인간은 달보다 바다를 더 모른다. 바다가 두꺼운 책이라면 우리는 이제껏 고작 표지만 들춘 셈이다. 황폐해진 오늘날의 바다는 인간의 탐욕보다 더한 무심함으로부터 비롯된 결과며, 그 탐욕과 무심함의 근원에는 바다에 대한 거대한 무지가 자리하고 있다. 바다와 그 안의 생명, 그리고 바다의 먹을거리를 이야기하기 위해서는 먼저 바다에 대한 경외심부터 되찾아야 한다.

다이빙을 시작하고 나서야 나는 비로소 두 개의 세상을 제대로 인지하기 시작했다. 물 위의 세상과 물속 세상은 전혀 다르게 보이지만, 실은 무척 닮은 평행 세계다. 우리에게 익숙한 지상의 산맥과 봉우리·평원·들판·언덕·골짜기·초원·숲은 바닷속 세상에도 그대로 펼쳐져 있다. 그 세상 위를 수놓은 형형색색의 생명체가 존재한다는 점도 같다.

그곳은 인간 세계와 마찬가지로 온갖 생명이 내는 불협화음으로 가득 차 있어야 마땅하다. 하지만 실제로는 놀랄 만큼 고요하다. 지상에서의 생활은 때로 분노하고 슬퍼하고, 인간관계나 일에서 오는 스트레스로 감정의 파고를 넘나들지만, 물속에서는 온전히 내 숨소리에만 집중하며 오롯이 존재 그 자체에 몰입하게 된다.
그곳에서는 아름다움과 경이로움 외의 감정이 개입할 틈이 없다.
지상에 있을 때 나는 마치 명상하듯 그 시간을 떠올리며, 중독된
사람처럼 그리워한다.

다이빙이 내 삶에 안겨 준 가장 큰 선물은 자연을 향한 감수성,
특히 다른 종을 향한 생명 감수성을 내 안에 심어 준 것이다. 처음
바다에서 고래와 돌고래를 만났을 때 나는 머리를 얻어맞은 것처럼
큰 충격을 받았다. 우리만큼 자유를 갈망하는 존재이자 그 자유를
느끼고 표현할 줄 아는, 자의식과 개성을 가진, 비인간 인격체*의
감정에 공감할 수밖에 없었다. 동시에 그들과 반대의 삶을 살아가는
존재, 즉 전시 동물을 측은해하는 나 자신을 보며 흐릿해진 내면의
인간성이 조금씩 되살아나는 것 같았다.

땅에서 발을 떼고 액체 거울의 장막 속으로 들어가면 어떤 인간
세계보다 생동감 있는 공동체를 만날 수 있다. 물속 세상의 생명체는
사물이 아니라 존재며, 단순히 살아 있는 것이 아니라 우리와 같은
삶을 영위한다. 그 삶에서 그들은 계획과 학습, 인식과 혁신, 책략과
회유를 하며, 쾌락·공포·장난·우정·통증 등의 경험을 통해 하나의
사회를 이룬다. 나는 이 사실을 책이 아닌, 그들처럼 헤엄치며
그들과 비슷하게 생긴 두 눈을 통해 배우는 중이다.

나는 그들이 물고기라는 사물이 아닌 생명이라는 자명한 사실을
똑바로 인식하기 시작했다. 우리처럼 사회를 이루고 아픔과 공포를
느끼며 종족 보존을 위해 하루하루 치열하게 살아가는 존재라는
사실을 늦게나마 깨닫고 부끄러움과 미안함을 느꼈다. 우리
식탁에 오르는 모든 자연산 물고기는 전부 야생 동물이라는 사실을
인지하고서도 그러했다. 이 생명의 연결 고리는 어디서부터 소실된
것일까.

미안함이나 죄책감이라는 단어로 표현할 수 없는 그 묘한
감정으로 인해 나의 식단에서 생선이 제외되거나 더 이상 주방에서

---

* 비인간 인격체는 인간은 아니지만 자아를 인지하고, 의식과 도덕적 판단,
공감 능력 등 인격을 가진 지적 생명체를 일컫는다. 신경생물학·철학·동물
행동학·심리학 등에서 사용하는 개념으로, 오늘날에는 인공지능과 같은 '인공
의식'도 물리적 또는 유기적 실체가 없더라도 인격체로 간주할 수 있다고 본다.

생선을 다루지 않게 된 것은 아니다. 대신 그 귀한 각성은 인간의 먹을거리가 된 존재가 한때 지녔을 생명을 존중하고 그 값진 희생에 누가 되지 않도록 귀하게 다루고, 남김없이 먹을 수 있도록 내가 가진 모든 기술을 발휘하려는 노력으로 이어졌다.

육지에서 바다를 바라보는 시선도 달라졌다. 이제는 거북이·바닷새·물개·물범 등 바다를 삶의 터전으로 삼는 동물의 존재에 더 많은 관심을 둔다. 발 벗고 다니면서 부지런히 사진 찍고 엽서를 만들고 사람들에게 이 아름다운 생명을 알리는 일에도 전념하고 있다. 이 모든 변화는 진짜 바다를 만난 이후에야 시작됐다.

III. 태안

물과 뭍의 경계, 갯벌이라는 연금술사

복잡한 해안선이 특징인 태안의 지형은 조석 간만의 차가 8m에 달하는 서해와 만나 광활한 갯벌을 만들었다. 천체의 운행과 함께 호흡하는 갯벌은 온갖 생명의 보금자리이자 태안 사람들의 삶터다. 칠게·갯가재·망둥이·조개·자염·칠면초·박·레몬. 이 모든 것이 바다와 육지를 넘나들며 완성된 태안 식문화의 풍부한 스펙트럼을 연출한 주인공들이다.

셰프의 한 장면

어릴 땐 동해가 좋았다. 거친 함성과 함께 끊임없이 밀려드는 파도와 햇살에 부서지는 포말이 내 앞에 내미는 그 찬란함이 좋았다. 탁 트인 바다를 마주 보며, 수평선 너머에 태평양이 있다는 막연한 믿음처럼 아무런 보장도 없는 너른 세상으로 나아가고 싶었다. 그래서인지 서해는 오랫동안 진정한 바다로 느껴지지 않았다. 때 되면 드러나는 간조 무렵의 풍경은 서해 어디서나 적막하고 쓸쓸했다. 뻘밭에 박힌 채 반쯤 기운 배들은 조난당한 난파선 같았고, 파도도 푸른빛도 부재한 회색 바다는 생기 없는 이의 얼굴처럼 허전해 보였다. 모든 것이 가득 차고, 명쾌하게 반짝이는 것만이 좋아 보이던 시절이었다.

    대학생이 되어 지겨운 강촌과 대성리를 벗어나 처음으로 수도권 밖에서 만난 바다가 태안 안면도였다. 소년티는 벗었지만 아직 여물지 않은 청년의 눈에 비친 그 바다는 굳이 과장할 것도 없이 그저 고요하고 무료했다. 여전히 매력 없는 바다였지만, 이런 적막함을 좋아할 사람도 있겠구나 싶었다. 그 후에도 여러 번 태안을 찾았고, 그곳에서 만들었던 추억의 조각들을 이제 와 모아 보면 좋았던 기억만 남아 있다. 살면서 가장 많은 조개를 맛본 곳도, 해안과 이어진 신비로운 사구를 처음 본 곳도, 뻘밭을 기어다니는 다양한 생명과 처음 눈을 맞춘 곳도 태안이었다. 늘 바다를 가슴에 품고 사는 나 같은 도시인에게는 사실 그곳이 어디든 바다라는 공간이 주는 위안만으로도 충분했다.

그러다 어느 나이쯤에 이르자 쉼 없이 해안으로 밀려드는 동해의 파도가 이따금 숨차 보일 때가 있었다. 일상의 여유와 느림이라는 미덕에 후한 값을 쳐줄 줄 아는 나이가 되어서인지, 아니면 지난 시간 동안 바다를 향한 시선이 달라져서인지 이유는 알 수 없었다. 그사이 나는 여러 해 동안 바다에서 사람과 동물을 만나고, 그들과 같은 것을 먹으며, 온몸으로 물을 맞대고 바다의 품으로 거침없이 자맥질하는 시간을 보냈다. 바닷속 세상은 또 다른 우주였고 물 밖에서 보던 바다의 모습은 마치 수백 페이지짜리 책의 표지에 지나지 않았다는 사실에 신비로워했다. 여명에서 석양에 이르는 시간 내내 바다에 머무는 날들이 늘어 가면서 나는 점점 색도 경계도 없는 바다의 본질에 감화됐다. 생명을 비롯해 빛과 열, 파동을 모두 품은 물질이 바다를 이동하는 긴 여행을 떠올리곤 했다. 시나브로 동해와 서해, 남해는 서로 다른 바다가 아니라, 한 바다가 보여 주는 세 가지 다른 얼굴이라는 사실을 깨닫게 됐다.

직선처럼 흐르는 시간도 결국은 순환의 고리 안에 있다는 사실을 삶의 굴곡을 통해 깨우쳐 갈 무렵, 다시 태안의 바닷가에 섰다. 무심한 시선만 던지던 예전의 그 갯벌 위에서 이제 수많은 생명과 생의 흔적을 보기 시작했다. 작은 농게가 게워 낸 공 모양의 흙덩이, 새조개가 몸을 끌며 그려 낸 곡선, 도요새가 총총 지나간 발자국. 바닥 근처에서 귀를 기울이면 보글보글 숨을 내뿜는 조개와 바삐 움직이는 게의 걸음 소리가 들렸다. 썰물에 미처 빠져나가지 못한 조수 웅덩이 안에서 작은 생물들이 꼬물꼬물 물결을 일으키는 모습은 꽤 사랑스러웠고, 차곡차곡 쌓아 올리는 모래성처럼 차분하게 수위를 올리는 밀물은 그 작은 생명들을 위한 바다의 다정한 배려처럼 느껴졌다. 갯벌 위의 미물들이 마음속에 만든 파장은 '파도가 없는 해변은

쓸쓸하다'라는 먼지 쌓인 편견을 어느새 기억 저편으로 밀어내고 있었다.

해가 뜨고 지는 것처럼 순환과 반복을 이해하고, 있는 그대로의 자연을 마침내 자연스럽게 받아들이기까지 긴 시간이 걸렸다. 좀처럼 가까워지지 않던 그 마른 갯벌을 품은 바다는 이제 나에게, 보이거나 보이지 않는 무수한 생명을 품은 풍요의 공간으로 다가온다. 탄생과 죽음, 분해와 재생에 이르는 역동적인 에너지를 품고, 영원한 순환을 기다리는 공간. 변한 것은 나일 뿐, 본질은 언제나 그 자리에 있었다.

태안에서 발굴한 식재료 1
칠면초·자염·보라성게

첫 번째 요리

해녀 성게·레체 데 티그레·자염과 올리브유에 무친 칠면초

지속 가능성 포인트: 염생식물, 오래된 제염법

아워플래닛의 모든 요리에는 태안 자염을 사용한다. 자염(煮鹽)은 글자 그대로, '끓여서 만든 소금'. 태안 자염은 조수 간만의 차를 이용해 염도가 높은 소금을 만든다. 이 같은 전통 제염 방식은 채산성이 낮다는 이유로 점차 사라졌다. 그러던 중 2001년, 태안에서 50년 만에 복원해 상품화에 성공했다. 현재 갯벌 자염을 복원해 생산하는 지역은 태안과 고창, 순천에 불과하다.

자염

"옛날에는 자염을 화염이라 했어요. 천일염은 왜염이라 했지. 김치고, 젓갈이고 화염으로 해야 맛이 좋았어요. 그러다가 천일염 방식이 만들기도 쉽고 생산량도 많으니 점점 화염 만드는 사람이 줄어들었지. 화염 맛을 기억하는 사람들이 사라져 갔어요. 이렇게 우리 소금을 만드는 전통 방식도 없어졌어요. 천일염은 맛이 없다고 쳐도 안 보던 사람도 별 수 있나, 화염이 없는데…. 적응해야지. 그래도 이 문화가 영영 사라질까 봐 다시 만들고 있어요. 바닷물을 단순히 끓인다고 자염이 되는 게 아니에요. 갯벌에서 소금 흙을 만드는 것부터 시작이에요. 손이 많이 가지만 내가 안 하면 이 맛은 사라지는 거잖아요. 기후변화 탓에 이런 전통 방식도 10년 안에 영영 사라질지 몰라요. 진짜 얼마 안 남았어요. 그게 너무 아쉬워요." 전통의 맛이 사라지는 것이 안타까워 고집스레 태안 자염을 이어 가고 있는 '농부와 소금가마' 정낙추 대표의 설명이다.

18세기 대표적 지식인 박지원의 소설 『민옹전(閔翁傳)』에서 주인공 민 노인은 "세상에서 가장 훌륭한 맛을 본 적이 있느냐"라는 질문에 이렇게 답한다.

"하현달이 되면 조수가 빠져 갯벌이 드러난다. 그 땅을 갈아 염진을 만들고, 거기에서 나오는 소금기 있는 흙을 굽는다. 결정이 굵으면 수정 같은 소금이, 가는 것은 질박한 소금이 된다. 백 가지 맛을 조화시키는 것이 소금이니, 그 없이 어찌 맛을 내겠는가?"

민 노인이 말한 '가장 훌륭한 맛'은 바로 자염이었다. 끓여서 만드는 자염의 제조 과정은 매우 복잡하다. 겨울이 지나 날이 따뜻해질 무렵, 갯벌에 물이 빠지면 써레를 끌어 흙을 잘게 부순다. 그러면 '짠 흙'이라는 의미의 함토(鹹土)가 만들어진다. 이를 햇볕에 말려 수분을 날리고 염분을 농축시킨다. 이런 과정을 반복해 염도를 높인 후, 바닷물을 여과해 높은 염도의 함수를 만든다. 이를 가마에 끓이며 졸여 받아 낸 결정이 바로 자염이다.

20세기까지만 해도 우리나라에서 소금은 곧 자염을 의미했다. 앞서 인용한 장인의 말처럼 옛날에는 자염을 화염이라 불렀다. 하지만 천일염 생산 방식이 보급되며 연료 소모는 많고 생산량은 적은 자염은 자연스럽게 사양길에 접어들었다. 태안은 자염 생산의 명맥을 잇고 있는 몇 안 되는 지역 중 하나다. 21세기에 들어 그 방식과 맛을 기억하는 사람들이 제조 방식을 복원했다.

이런 자염의 내력을 살피다 보면, 음식에서 필수적이면서도 종종 그 존재 가치가 간과되는 소금의 의의를 다시 생각하게 된다. 이 기본적인 식재료가 하나의 요리에서 어떤 역할을 하는지, 그리고 그것을 지켜내는 일이 얼마나 소중한지 다시금 돌아보게 된다. 소금의 역할은 단순히 짠맛을 내는 것에 그치지 않는다. 다른 맛과의 복합적인 상호작용을 통해 요리 전체의 균형을 조율하는 중재자기도 하다.

소금이 지닌 이런 조율자로서의 면모를 가장 극명하게 보여 주기 위해 나는 페루 전통 음식인 레체 데 티그레(leche de tigre)를 선택했다. '레체 데 티그레'를 글자 그대로 옮기면 '호랑이의 젖'이다. 양파·마늘·생강·고수 줄기·고추·라임즙 등 이름만 들어도 강건한 맛이 느껴지는 재료들이 한데 어우러져 선사하는 맵고 알싸하고 쌉쌀하며 시큼한, 복합적이고 자극적인 맛을 강인한 호랑이의 인상에 빗대어 붙인 이름으로 보인다. 이 스파이시한 감귤류 기반의 절임 액은 전통적인 페루 요리인 세비체에서 생선을 절이는 데 사용한다. 사실상 세비체 맛의 정수라고 해도 과언이 아니다.

다른 음식과 마찬가지로, 레체 데 티그레와 이를 이용해 만든 세비체에서도 소금이 수행하는 다양한 기능과 역할을 확인할 수 있다. 기본적으로 소금은 단맛과 감칠맛에 대한 지각을 강화하고, 쓴맛과 신맛에 대한 감각을 완화한다. 세비체 안에서 소금은 라임즙의 산성이 음식 맛을 압도하지 않도록 조율하면서 신맛을 부드럽게 다듬어 준다. 이는 한식에서 초무침에 소금을 첨가해 신맛을 중화시키는 것과 유사한 원리다.

전통적인 조리법에서는 불규칙한 육면체 모양으로 자른 생선을 미리 소금에 절인 뒤, 레체 데 티그레에 버무린다. 산의 작용으로 단백질이 응고되기 전에 생선 살에 밑간을 해 두는 방식이다. 이 과정에서 소금은 최소 세 가지 이상의 임무를 수행한다.

먼저 생선 살 본연의 단맛을 끌어올린다. 소금이 생선 살에 은은하게 배어 있는 감칠맛과 단맛을 증폭시킨다. 동시에 소금을 뿌리면 비린내를 유발하는 주성분인 트라이메틸아민이 생선 살 밖으로 빠져나온다. 이 염기성 물질은 라임즙의 산과 만나면서도 중화되는데, 소금이 이 과정을 앞당기는 데도 이중으로 관여한다.

물론 소금은 생선 살에 고염도의 환경을 조성해 미생물의 성장과 부패를 억제한다. 이는 인류가 오랜 세월 의존해 온 방부 방법이다. 세비체가 본래 뱃사람의 음식이었던 점을 고려하면, 과거에는 이 기능이 가장 중요했을 것이다.

조금 더 미식의 관점에서 보면, 소금은 음식의 전반적인 풍미를 강화하는 데 있어 탁월한 역할을 한다. 음식 안의 다양한 풍미를 끌어내고 발현시킴으로써, 여러 맛에 대한 인식을 한층 높여 준다. 달리 말하면, 감각을 더욱 예민하게 열어 주는 자극제 역할을 한다고도 할 수 있다.

예를 들어 지방과의 관계를 살펴보자. 퀸아망(kouign-amann)·갈레트(galette)·크레프(crêpe) 같은 일부 프렌치 페이스트리는 가염 버터를 사용해 만든다. 질 좋은 소금을 첨가한 버터는 풍미가 더욱 깊고 진하다. 따라서 가염 버터로 만든 빵이나 과자는 무염 버터를 사용했을 때보다 한층 더 농도 짙고 풍부한 맛을 낸다. 간하지 않은 삼겹살을 먹을 때와 소금을 살짝 찍어 먹을 때 입안에 퍼지는 풍미의 차이를 떠올려 보면 금방 이해할 수 있다.

신선하거나 말린 허브·향신료·향신채만으로도 요리에 다양한 풍미와 깊이를 더할 수 있다. 하지만 여기에 소금이 더해지면, 서로 다른 향과 맛을 유기적으로 연결해 줄 뿐 아니라 각 재료가 지닌 풍미의 잠재력을 배가시킨다. 예컨대, 카레의 간이 약할 때보다 적절히 간이 맞았을 때 향신료 특유의 자극을 더 또렷하게 느낄 수 있다. 이와 유사하게, 향신채와 향신료의 혼합물인 레체 데 티그레를 만들 때도, 충분한 염도가 각각의 재료가 지닌 개성을 끌어내는 디딤돌 역할을 한다.

풍미의 극대화를 목표로 한다면, 재료가 염도를 버틸 수 있는 임계점 가까이 올리는 것이 바람직할 수도 있다. 하지만 보조적으로 작용하는 향, 다른 맛과의 조화, 음식의 온도 등의 요소도 간과할 수 없으므로 이 세심한 균형을 파악하고 조율하는 일은 전적으로 요리사의 경험과 역량, 감각에 달려 있다.

염생식물

"살기 위해 이런 것을 먹어야 한다니 측은하도다(食此爲生, 甚可惻也)." 『조선왕조실록(朝鮮王朝實錄)』에는 염생식물에 얽힌 흥미로운 기록이 등장한다. 영조 38년, 한 관리가 백성들이 먹는 것이라며 해홍채(海紅菜)를 진상하자, 영조가 이처럼 말한 것이다. 서기 1762년, 특히 삼남 지방은 끔찍한 가뭄에 시달렸고, 해홍채나 나문재 같은 염생식물은 농경 사회였던 조선이 위기에 처할 때마다 구황식물로 등장했다. 아이러니하게도 인간이 극한의 상황에 내몰릴 때 먹게 되는 식물은, 극한의 환경에서 살아남은 식물이었다.

소금은 인간에게 없어서는 안 될 존재지만, 그 농도가 지나치면 어떤 생명도 자라지 못한다. 특히 식물은 염분이 높은 토양에서 생존하기 어렵다. 하지만 그런 환경에서도 꿋꿋이 뿌리를 내린 식물이 있다. 염생식물은 갯벌이나 해안처럼 염도가 높은 지역에서도 살아남는다. 이들의 생존 비결은 줄기와 잎의 삼투압을 높여 바깥의 물을 강하게 끌어당기는 능력에 있다. 덕분에 이들은 일반 식물보다 줄기와 잎이 두껍고 단단하며, 수분을 머금은 생김새는 이미 그 강인한 생존력을 말해 준다.

우리나라의 바닷가 모래언덕과 갯벌에는 약 70종의 염생식물이 자생하며, 대표적으로 칠면초·함초(퉁퉁마디)·해홍채 등이 있다. 이들은 갯벌 생태계에서 유기탄소와 인산을 흡수하고 고정하는 1차 생산자로서, 유기물을 정화하여 건강한 생태계를 유지하는 데 핵심적인 역할을 한다. 그래서 염생식물의 존재 자체가 그 생태계가 건강한지를 판단하는 하나의 지표로도 활용된다.

지구온난화를 억제하는 것이 인류의 가장 시급한 과제가 된 지금, 염생식물은 탄소 중립을 위한 중요한 대안으로 조명받고 있다. 염생식물의 터전인 갯벌과 연안 습지는 동일 면적의 육상 생태계보다 수십 배 더

(상)나문재 (하)방석나물(어린순)

(상)칠면초 (하)방석나물

많은 이산화탄소를 흡수하는 것으로 알려져 있다. 앞서 설명했듯 염생식물뿐 아니라 맹그로브 숲, 해조류 등 바다 생태계가 흡수하는 탄소를 블루 카본이라 부르며, 그 가치를 재조명하고 있다.

이들이 자라는 갯벌은 다양한 생물의 서식처기도 하다. 여름과 가을, 염생식물이 무성한 갯벌을 찾아가 보면 식물 사이를 가로지르는 게, 망둥이 등 수많은 저서생물이 움직이는 모습을 볼 수 있다. 이들은 모래와 펄 같은 퇴적물을 삶의 터전으로 삼는다. 염생식물은 이러한 퇴적물을 고정해 해안 습지의 수직적 발달에 영향을 미치며, 해풍이나 조류, 집중 호우로 인한 범람으로부터 해안선을 보호하는 역할도 한다. 동시에 다양한 생물종이 공존할 수 있는 기반을 조성하며, 생물 다양성을 유지하는 데에도 이바지한다.

염생식물은 생태적 가치뿐 아니라 식재료로서의 잠재성도 크다. 앞서 언급한 『조선왕조실록』을 비롯해 다양한 역사 기록에 나타난 대로, 우리 민족은 오랜 세월 염생식물을 먹어 왔다. 신안·강화·무안처럼 갯벌을 품은 지역에서는 지금도 마트나 재래시장에서 염생식물을 손쉽게 구할 수 있다. 나문재나 함초는 나물로 무쳐 내면 특유의 짭조름한 감칠맛이 입맛을 돋운다. 도시의 대형 마트에서도 종종 볼 수 있는 세발나물 역시 갯벌에서 자란다.

무엇보다 염생식물은 농약이나 비료 없이 바닷물만으로 재배하는 해수 농법이 가능하다. 다른 작물이 자라기 어려운 염습지에서도 생장이 가능하다는 점에서 농지의 한계를 넓히는 동시에, 국토 면적 대비 긴 해안선을 지닌 우리로서는 재배 면적의 확장을 통해 탄소 감축 효과도 기대할 수 있다는 점에서 주목할 만하다.

하지만 간척 사업과 해안 개발로 습지 면적이 줄어들면서, 이곳을 삶터로 삼아 온 염생식물 역시 점점

태안군 근흥면 마금리 일대 칠면초 군락지

설 자리를 잃고 있다. 이 상황을 타개하기 위해서는
염생식물의 생태적 중요성과 함께, 미각적 가능성 또한
널리 알리고 키워 가는 노력이 필요하다.
　염생식물의 식재료로서의 매력을 더 많은 이들이
발견하고, 미식가들이 관심을 두고 소비를 늘려 간다면,

잡초로 치부되며 사라져 가는 이 식물의 퇴장 속도를 다소 늦출 수 있을 것이다. 그것이 칠면초라는 재료를 가지고, 멀고도 낯선 라틴아메리카 음식을 만들어 내는, 어쩌면 무관해 보일지도 모르는 우리의 시도 속에 담긴 진짜 바람이다.

태안에서 발굴한 식재료 2
박

두 번째 요리
박·청사과·토종 꿀·디종 머스터드·부라타 치즈

지속 가능성 포인트: 종 다양성

식재료로서의 박은, 다른 박과 식물과는 달리 점점 그 존재감을 잃고 있다. 오늘날 박은 전통 공예품으로만 기억될 뿐, 식재료라는 인식조차 희미해졌다. 소비자에게 낯선 재료는 요리사에게도 깊은 고민을 남긴다. 그럼에도 불구하고 하나의 식재료가 사라진다는 것은 그 안에 깃든 한 공동체의 문화 또한 소멸한다는 뜻이기에, 그런 절박함으로 이 재료를 마주했다. 먹어서 기억하자.

호박과 수박은 모두 '박(瓠)'이라는 어근을 공유하는 단어다. 이는 우리 조상이 오래전부터 이들이 같은 과에 속한 식물임을 인식하고 있었음을 보여 준다. 실제로 박은 호박과 수박뿐 아니라, 참외·수세미·오이 등과도 같은 박과에 속한다. 이들 박과 식물은 모두 덩굴을 뻗으며 자라는 특징이 있다. 이러한 성질은 이들의 열매가 어떻게 자라는지를 묘사한 한자에도 반영돼 있다. 예를 들어 오이를 뜻하는 '과(瓜)'자는 덩굴이 뻗어 나가며 열매를 맺는 형상을 본뜬 글자며, 박을 의미하는 '호(瓠)'자에도 '과'자가 포함되어 있다.

박은 우리 문화 속에서 가장 오래되고도 친숙한 문학적 상징이기도 하다. 판소리에서 출발해 고전소설로 전승된 『흥부전』을 떠올려 보자. 가난하지만 마음씨 착한 흥부는 다친 까치를 정성껏 치료해 주고, 이에 보답하듯 까치는 박씨 한 알을 물고 온다. 흥부가 그 박을 심어 키운 뒤 아내와 함께 조심스레 잘라 보니, 그 안에서 금은보화가 쏟아져 나와 가난을 벗게 된다. 흥미로운 점은 흥부 부부가 박을 자르며 기대하는 바가 그리 크지 않다는 것이다.

"우리가 이 박을 타서 박 속일랑 끓여 먹고 바가질랑은

부잣집에다 팔아다가 목심보명을 살아나세."

　이렇듯 '박'이라는 이름 자체는 친숙하지만, 정작 박이 어떻게 생겼는지, 어디에서 자라는지, 어떻게 먹는지는 그리 잘 알지 못한다. 속을 썰어 양념에 버무리는 박나물도 있지만, 박을 활용한 대표적인 음식은 태안에서 전통적으로 내려오는 음식인 박속 낙지다. 그 이름 때문에 박 속에 낙지를 넣고 익히는 음식으로 오해받곤 하지만, 실제로는 박의 하얀 속살을 썰어 넣고 끓인 국물에 낙지를 더한 음식이다.

　박을 쪼개면 그 시원한 향이 가장 먼저 코끝을 간지럽힌다. 그 특유의 향은 호불호가 있을 수 있겠지만, 향만큼이나 박의 매력은 식감에 있다. 이에 닿는 말캉하면서도 사각거리는 식감에 집중하다 보면, 어느새 시원한 과즙이 밀려 들어온다. 달지 않은 참외 같달까. '사근사근하다'라는 표현은 배 같은 식감에 쓰지만, 박에도 제법 어울린다.

　꽤 매력적인 식재료지만, 막상 어떻게 요리할 것인지를 고민하는 데엔 꽤 시간이 걸렸다. 박을 식재료로 써 본 경험이 전혀 없어서였다. 참신한 요리를 고민하던 찰나, 장준우 셰프님의 공간 '어라우즈'를 찾았다가 허브 오일에 인퓨징한 참외를 맛보고 번뜩 아이디어가 떠올랐다.

　박을 납작하게 수저로 떠낸 뒤 진공 팩에 드레싱과 함께 담아, 뜨거운 물에서 익힌다. 꿀과 사과, 치즈, 머스타드라는 고전적인 조합에 여름철 입맛을 돋우기 위해 드레싱의 산미를 평소보다 조금 더 높였다. 단, 꿀은 개성이 강한 식재료라 박의 시원한 향을 방해하지 않을 만큼만 조심스레 사용했다.

　조연으로 등장하는 청사과는 딱 7월 중순에서 8월 초까지만 잠깐 나오는 반가운 과일이다. 과일이 풍요로워지는 시기지만, 이 청사과만의 풋풋한

싱그러움은 다른 과일로 대체할 수 없다. 그래서 매년 청사과를 사용한 요리를 내고 있다. 플래닛랩을 마주 보는 커다란 느티나무, 인왕산의 풍광, 수성동계곡의 물소리와 함께, 손님들이 여름의 한 자락을 추억할 수 있는 한 그릇이 되기를 바랐다.

   익숙하지 않은 재료를 요리로 선보일 때는 그만큼 고민도, 연구도 많이 하지만, 손님 앞에 올리는 순간은 늘 긴장감이 감돈다. 요리 전에도, 서빙할 때도, 손님의 반응을 기다리는 시간은 주방 안의 셰프에게는 '진실의 순간'이다. 혹여 표정 관리를 하느라 애쓰는 얼굴이나, 겨우 손만 댄 흔적만 남은 접시를 마주할까 두려움이 엄습한다.

   그럴 때면 과연 무엇을 위해 요리하는지, 스스로에게 되묻는다. 안정된 조합이 이끄는 기분 좋은 포만감이나 짜릿한 내출보다 더 깊은 의미와 목표를 한 그릇에 담는다는 '지속 가능 미식 연구소'의 대의를 되새기며 다시 한번 용기를 낸다. 쉽지 않은 길일지라도 우직하게 걸어가 본다.

   하나의 식재료 안에는 요리법과 사용법뿐 아니라, 그 민족이 계승해 온 문화와 수많은 개인의 기억이 내재해 있다. 그래서 하나의 식재료가 사라지면, 그 재료가 품고 있는 세계도 함께 소멸한다. 따라서 아워플래닛에서 시도하는 이러한 음식은, 우리로부터 멀어져 가는 오래된 세상을 향한 오마주기도 하다.

   별이 사라진 후에도 그 빛은 시간을 타고 우주로 유영하듯, 내가 하는 음식 또한 꺼지지 않는 불빛을 향한 염원인 셈이다. 우리의 인생처럼 식재료나 문화도 자연스레 명멸하는 것이 섭리일지 모르지만, 'BUT NOT TODAY'라는 마음가짐으로 매번 행사에 임한다.

태안에서 발굴한 식재료 3
칠게, 갯가재

세 번째 요리

구운 갯가재 어묵·칠게 육수로 맛 낸 프레굴라·청레몬

지속 가능성 포인트: 종 다양성, 갯벌 생명들

지구상에 존재하는 산소의 많은 양이 갯벌에서 생성된다. 산소는 식물 플랑크톤의 광합성 과정에서 만들어지는데, 1g의 갯벌 흙에는 수억 마리의 식물성 플랑크톤이 존재한다. 삼면이 바다에 접한 우리나라의 갯벌 면적은 무려 전 국토의 2.5%에 달한다. 우리가 가진 갯벌의 가치와 지속 가능한 바다를 위해 반드시 행동해야 할 이유를, 어렴풋이나마 가늠해 볼 수 있다.

칠게

동해가 바다 바닥에 서식하는 대게로 유명하다면, 서해는 주로 갯벌이나 얕은 바다에 서식하는 꽃게나 칠게로 잘 알려져 있다. 그중에서도 칠게는 펄 바닥을 파고들었다가 나와, 갯벌의 해초나 다른 생물의 사체를 먹고 산다. 크기가 3~4cm에 불과할 정도로 작으며, 껍질도 부드러운 편이다. 서해안을 끼고 사는 충청도 사람들은 바다와 갯벌이 안겨 주는 풍요로운 자원을 이용해 다양한 요리를 개발해 왔다. 칠게는 껍질째 빻거나 갈아 젓갈을 담고, 간장에 재워 통째로 먹는 게장을 만들기도 한다.

    태안의 갯벌에서 나는 다양한 재료를 하나로 아우를 방법으로 내가 선택한 것은 프레굴라(fregula)였다. 프레굴라는 이탈리아 사르데냐 지방을 대표하는 파스타로, 우리가 흔히 아는 기다란 파스타 면과는 전혀 다른 형태를 띤다. 반죽을 크게 밀어내는 대신, 넓은 그릇에 밀가루를 담고 손으로 원을 그리듯 굴리며 달걀과 물을 섞은 액체를 조금씩 뿌려 가며 아주 작고 둥근 알갱이 형태로 반죽을 만든다.

    이 알갱이는 마치 곡식처럼 보이며, 일정한 크기로 만든 뒤 오븐에서 한 번 가볍게 구워 고소한 풍미를 더한다.

일반적인 파스타처럼 소스를 곁들이기도 하지만, 우리네 국밥처럼 자작한 국물 요리에 넣어 국물과 함께 퍼먹는 방식으로도 즐긴다.

프레굴라의 가장 큰 특징은 그 작은 입자 하나하나가 조리 과정에서 국물이나 소스, 그리고 다른 재료의 맛을 잘 흡수한다는 점이다. 태안의 해산물이나 염생식물처럼 향과 맛이 뚜렷한 식재료를 조화롭게 묶어 주는 매개체로 프레굴라는 탁월한 선택이 될 것 같았다.

"김밥은 믿음직스러워요. 재료를 한눈에 볼 수 있어 예상 밖의 식감이나 맛에 놀랄 일이 없습니다." 드라마 〈이상한 변호사 우영우〉에서 주인공이 한 말이다. 이 대사는 지중해 요리의 특징과도 맞닿아 있다. 사람들은 짙푸른 바다와 작열하는 태양 아래 우거진 신록이 만들어 내는 지중해의 풍광과 함께, 그곳의 화창한 날씨를 닮은 싱그러운 요리를 떠올린다. 하지만 그 요리 중 일부는 사실상 빈곤의 산물이었다. 온화한 기후가 안겨 준 신선한 재료를 이용해 복잡한 조리 과정을 배제하고, 빠르고 쉽게 만들 수 있는 직관적 요리들이 이 지역의 퀴진을 정의한다.

그래서 이 소탈한 요리들은 '우영우의 김밥'처럼 예상 밖의 것을 보여 주지 않는다. 꾸밈없는 단출한 방식으로 자연의 맛을 옹골차게 담는다. 이제는 고급 식당의 대표 음식이 된 봉골레 파스타처럼 이탈리아 남부의 숱한 파스타 요리들이 그런 역사를 품고 있다.

사르데냐에서도 이제는 직접 만들 줄 아는 사람이 드물어진 프레굴라는 '전통'과 '소멸'이라는 서로 다른 근간을 가졌음에도 어쩐지 필연적으로 얽힌 두 단어를 동시에 떠올리게 한다. 이런 프레굴라의 처지를 생각할 때, 나는 욕지도의 빼떼기죽이나 신안의 바위옷묵 같은 음식을 같은 선상에 놓는다.

그저 오래된 음식이 아니라, 누군가는 여전히 추억하고 그리워하는 정서를 담고 있는 음식들. 손이 많이 가고 시간이 오래 걸리며 효율마저 떨어지는, 현대 사회에서 외면받기 쉬운 요소를 두루 갖춘 까닭에 더 간절히 지키고 싶은 음식들. 프레굴라는 그런 심상 안에서 조용히 마음 깊은 곳을 건드린다.

칠게는 크기가 작아 세밀한 손질이 어렵고, 다른 게보다 껍데기가 부드러워 주로 통째로 먹는다. 이렇게 전체를 섭취함으로써 살과 내장, 껍질을 한 번에 입안에 머금을 수 있다. 갑각류로 스톡(stock, 육수)을 만들 때는 귀한 살코기 대신 머리와 껍질 같은 비가식부를 사용하는 것이 일반적이다. 육수란 본디 비가식부의 맛을 짜내기 위한 조리법이기 때문이다. 하지만 칠게의 경우는 예외다.

먼저 칠게를 통으로 으깬다. 그 과정에서 이뤄지는 불가피한 살생에 앞서, 나는 짧은 묵념으로 감사와 사과를 대신한다. 이는 도리상 반드시 거쳐야 할 과정이다. 쉬에*·파세**·포셰***·플랑베**** 같은 십수 년 전 선배들이 알려 준 단어의 울림을 떠올리며, 한때는 걷고 숨 쉬듯 체화됐던 동작을 수행하며 오랜만에 고전적인 제법에 충실한 육수를 만들었다. 내장과 살의 풍미까지 오롯이 담긴 이 육수에는 껍질만 사용하는 여타의 갑각류 스톡과는 다른 깊이와 밀도가 있다.

그 안에 들어간 생명들의 가치를 생각하면 응당

---

* 쉬에(suer)는 프랑스 조리 용어로 약한 불에서 색깔이 나지 않게 볶는 기술이다.
** 파세(passer)는 프랑스 조리 용어로 소스나 국물을 체나 여과기에 거르는 기술이다.
*** 포셰(pocher)는 프랑스 조리 용어로 팬이나 냄비에 기름을 약간 두르고 재료를 넣어서 굽거나 볶는 기술이다.
**** 플랑베(flamber)는 프랑스 조리 용어로 조리 중이나 마무리 단계에 와인이나 코냑 등을 넣은 뒤, 불을 붙여 알코올 성분을 없애고 향이나 풍미를 내는 기술이다.

그래야 마땅하다. 재료를 향한 감사의 마음이 클수록
요리사는 제 기량을 한껏 발휘하고 싶어진다. 칠게
육수를 머금은 프레굴라를 처음 테이스팅하던 순간,
지금 내 요리의 정체성을 이룬 그 시작점, 한때 내 심장의
일부였던 지중해 요리가 다시 의식의 수면 위로 떠올랐다.
창의적인 요리 앞에서 새로움과 놀라움으로 피어나는
손님의 미소를 보는 것도 물론 즐겁지만, 클래식이 주는
안정감과 편안함 속에서 나오는 미소는 언제나 정직하고
믿음직스럽다.

　익숙함 속에서도 변함없이 감동을 주는 맛,
그것이야말로 내가 늘 추구해 온 요리의 본질인지도
모른다. 본 행사 때는 여기에 초피나무 열매를 빻아 넣어
국물에 은은한 향을 입혔다. 한여름이 선사하는 자연의
향을 입안에서 느끼며, 이 한 접시가 단순히 맛있는
음식을 넘어, 여전히 매력적인 식재료로 가득한 우리의
땅과 바다가 내어 준 것임을 드시는 분들이 자연스레
인지하길 바랐다.

갯가재

'바다의 가재'라는 이름의 갯가재는 영어로는 '사마귀
새우'를 뜻하는 '맨티스 슈림프(mantis shrimp)'로 불린다.
흥미로운 점은, 한국어에서 '가재'라는 이름은 민물에
사는 꽃새우(crayfish)와 바닷가재(lobster)를 포괄하는 데
반해, 갯가재는 실제로 새우도, 가재도 아닌 전혀 다른
분류에 속한다는 것이다. 새우와 가재는 모두 십각목에
속하지만, 갯가재는 분류학상 구각목에 속한다. 십각목은
말 그대로 열 개의 다리를 가진 절지동물을 가리키지만,
구각목(口脚目)은 이름에서 드러나듯 입 주변에 다리가
달린 부류를 뜻한다. 갯가재는 앞다리가 입가에 붙어
있어 다른 갑각류와 전혀 다른 인상을 준다. 이 독특한
외형 때문에 영어권에서는 사마귀 새우라는 뜻의 맨티스

슈림프라 부르는 것이다.

내가 갯가재를 처음 본 것은 홍콩의 어느 식당에서였다. 경찰이었던 홍콩인 친구의 호기로운 발걸음에 이끌려 들어선 곳은 몽콕에 있는 한 허름한 식당이었다. 식당 주인은 손님이 미어터지는 홀을 잰걸음으로 돌아다니면서도 달관한 듯 시종일관 무표정했다. 마치 맞춰 입은 듯한 점원들의 늘어진 티셔츠에는 군데군데 둥그런 땀자국이 선연했다. 그 모든 정황이 '이곳은 진정한 현지인 맛집이구나'라는 확신을 들게 하는 증거처럼 보였다.

대표 메뉴라는 갯가재 요리가 매혹적인 마늘 향을 풍기며 등장했지만, 처음 마주한 그 생물의 괴기스러운 모양새에 고개를 살짝 뒤로 물릴 수밖에 없었다. 순간 영화 〈스타쉽 트루퍼스〉에 나오는 외계 생명체가 떠올랐다. 갯가재는 정말 딱 그 모습이었다.

절묘하게도 갯가재에서는 게 맛과 새우 맛이 반반씩 났다. 멍게 맛이 난다고 하는 일행의 말에는 좀처럼 동의할 수 없었지만. 아마도 그 순간 우리는 갯가재 살을 머금고 저마다의 바다를 상상하고 있었으리라. 특유의 달큰한 감칠맛이 마늘과 간장으로 맛 낸 양념과 유독 잘 어울렸다. 너무 맛있었던 나머지, 주인장 티셔츠에 밴 땀자국도, 갯가재의 경악할 만한 비주얼도 이내 이국의 맛과 정취의 일부로 여겨졌다. 이후 국내의 어시장이나 식당에서 갯가재를 다시 만날 때마다 나는 그날의 기억을 꺼내 짜릿했던 미식의 첫 경험을 되새긴다.

갯가재의 견고한 껍데기와 톱처럼 생긴 날카로운 옆면은 내부 기관을 보호하는 존재 이유에 충실하다. 요리의 향에 홀려 경솔하게 달려들었다가는 손 다치기 십상이다. 살아 움직이는 갯가재의 껍질을 가만히 들여다보면, 가야군의 비늘 갑옷인 찰갑이 생각난다.

바닷가재의 집게발이나 꽃게의 뾰족한 등딱지처럼
쉽사리 굴복하지 않을 것 같은 외형은 병장기를 떠올리게
한다. 꼬리의 요철과 뒷다리 끝의 색감은 어느 예술
작품의 배색 못지않게 아름답다.

    서울의 시장에서는 좀처럼 이 녀석을 만날 수 없다.
유통과 물류가 고도로 발달한 시대지만, 지역의 진미는
산지에서 먼저 소비되기 마련이다. 게다가 다른 바다
생물과 마찬가지로, 이제는 갯가재도 많이 잡히지 않는다.
그래서 낭만과 추억이 깃든 홍성·태안·평택·소래포구
등지의 항구나, 통영과 여수의 밥상에서 우연히 이 녀석을
만나면, 오랜 친구를 만난 것처럼 반갑다. 산지에서는
갯가재가 아닌 '딱새' '털치' 같은 별칭으로 불리기도
한다. 진정 어릴 적 친구의 별명 같지 않은가. 나는
죽기 전에 몇 번이나 이 달큰한 감칠맛을 다시 맛볼 수
있을지를 생각하며, 그 맛을 음미한다.

    열 손가락을 쪽쪽 빨며 손으로 발라 먹는 맛이 있는
재료지만, 정찬에 통째로 낼 수는 없는 노릇. 여러
방법을 고민하다 갯가재 살로 어묵을 만들기로 했다.
갯가재 본연의 맛에 집중하기 위해 다른 해산물은 섞지
않았다. 한 마리에서 나오는 살의 양을 생각하면, 과연
얼마에 팔아야 할지 걱정이 앞서는 고급 어묵이다.
뭉치는 역할을 할 전분으로는 '전분계의 마동석'이라 할
수 있는 타피오카 가루를 사용했다. 주로 동남아에서
사용하는 재료로, 과하게 단단해지는 것을 방지하기 위해
달걀흰자도 넣었다. 덧붙일 향으로 허브와 스파이스 중
고민하다가, 초피 가루를 선택했다. 농축된 바다 맛을
개운하게 해 줄 요량이었지만, 쫀득한 식감 사이에서 한
번씩 씹히는 초피 가루의 존재감이 또 다른 재미가 되리라
믿었다.

    이번 행사의 후보지로 태안이 거론됐을 때, 나는
〈스타쉽 트루퍼스〉와 홍콩의 밤 풍경이 뒤섞인 어느 날의

기억과 오래전 태안의 항구에서 펄떡이던 갯가재 수백 마리를 보고 소름이 돋았던 순간이 차례대로 떠올랐다. 물론, 그 거부할 수 없는 강렬한 맛과 함께. 갯가재 요리를 행사에 내면서, 오래 알고 지낸 친구를 여러 내빈에게 소개하는 듯한 설렘이 앞섰다. 나에게 그랬듯, 손님들에게도 이 만남이 부디 인생의 즐거운 순간으로 남기를 바라며.

태안에서 발굴한 식재료 4

망둥이

네 번째 요리
락사 소스의 망둥이와 코코넛 가루에 버무린 고구마 줄기

지속 가능성 포인트: 종 다양성, 갯벌 생태계 회복
앞서 언급한 대로 다양한 생명이 갯벌에 기대 살며, 갯벌을 면한 지역에서는 그들을 식재료로 활용해 왔다. 서해안을 여행하며 출신지가 갯벌인 식재료를 만난다면 생소하더라도 한 번쯤 두려움을 내려놓고 맛보기를 추천한다. 그 경험을 통해 수십 년 동안 알지 못했던 인생의 맛과 조우하게 될지도 모르니. 태안에서는 무엇보다 먼저 망둥이부터 맛봐야 한다.

망둥이
서해와 남해 연안에 서식하는 망둥이는 강과 바다가 만나는 하구 근처의 갯벌이나 얕은 물가에서 자주 발견된다. 이 어류는 지느러미를 마치 다리처럼 사용해 물 위를 기어다니듯 움직이는 독특한 습성을 지녔다. 그 이색적인 움직임은 예부터 사람들의 상상력을 자극해 왔다. 실제로 문헌 속에서 망둥이는 다양한 이름으로 불렸다.

　　조선 후기 문신으로 『임원경제지(林園經濟志)』를 집필한 서유구는 『난호어목지(蘭湖漁牧志)』에서 망둥이를 '망동어(望瞳魚)'라 기록하며, '눈이 튀어나와 멀리 보려고 애쓴다'라는 의미로 그 이름을 설명했다. 망둥이의 돌출된 눈에 주목한 이는 그뿐이 아니었다. 정약전 역시 『자산어보』에서 망둥이를 '철목어(凸目魚)' 즉, '불거진 눈을 가진 물고기'라 소개했다. 서유구는 훗날 『임원경제지』에서도 망둥이를 언급하며, 이번에는 "갯벌 위를 날듯이 움직인다"며 '탄도어(彈塗魚)'라는 이름을 제시했다.

　　또 다른 조선 후기 학자 김려는 유배지에서 집필한 박물지 『우해이어보(牛海異魚譜)』에서 망둥이를 '잠을

좋아하는 습성이 있어 잠들면 손으로 건드려도
모른다'라고 설명했다. 이러한 생태적 관찰은 망둥이가
비교적 쉽게 포획되는 어종임을 시사한다. 김려가 유배
시절을 회상하며 쓴 시에서도 그 특성이 생생하게 묘사돼
있다.

검푸른 진흙 언덕이 갈라진 바다 어귀에 (黲泥岸圻海門隈)
밤새 관솔불 수 개를 밝혀 두었네 (五夜松明數點開)
긴 자루 대나무 통발 높이 들고서 (長柄高挑編竹桶)
마을 아이들 망둥이 잡아 돌아오누나 (村童捕得睡鮫回)

김려, 「우산잡곡(牛山雜曲)」

이처럼 망둥이는 오랜 세월에 걸쳐 우리 선조가 남긴
기록에 등장하지만, 종종 다른 어종과 혼동되기도
한다. 행사 동안 자주 받은 질문은 "망둥이와 짱뚱어가
같으냐"라는 것이었다. 영어로는 둘 다 '머드 스피커(mud
skipper)'라 불리기 때문에 생기는 흔한 오해다. 눈이
위로 튀어나왔으며, 물 밖에서 공기 호흡을 하는 특별한
능력으로 갯벌을 뛰어다니는 쪽이 짱뚱어다. 반면
망둥이는 물 밖에서 살지 못한다. 식재료로는 짱뚱어보다
망둥이가 더 친숙하여 '숭어가 뛰면 망둥이도 뛴다'라는
속담이 전해지기도 한다.

갯벌 위를 지느러미로 딛고 기어다니는 이들의 모습은
인류 진화의 기원을 설명하는 한 학설을 떠올리게
한다. '인간의 손에 다섯 개의 손가락이 달린 것은
데본기(Devonian period)에 번성했던 지느러미뼈가 다섯
개인 '틱타알릭(Tiktaalik)'이라는 어류에서 유래했기
때문'이라는 학설이다. 틱타알릭은 네발 동물의 진화에서
멸종한 가장 가까운 근연종들의 특징을 알려 준다. 물론
이 가설은 일부 논란이 있지만, 물과 땅의 경계에서
살아가는 어류의 독특한 생존 방식은, 인류가 바다에서

육지로 첫발을 내디뎠던 진화의 순간을 상상해 보는 데 충분한 단서를 제공한다.

망둥이는 갯벌에 흔한 데다 쉽게 잡히다 보니 귀한 대접을 받지 못한다. 그럼에도 식재료로서의 잠재력은 충분하다. 지방이 적어 감칠맛은 다소 부족하지만, 담백하게 먹는 요리에서는 빛을 낸다. 많은 잡어가 그렇듯, 망둥이도 탕거리로 쓰이거나 말려서 조림으로 요리하는 경우가 대부분이다. 달리 요리해 본 사람은 많지 않다. 이번에도 역시, 직접 포 뜨고 토막을 치고, 지지고 볶고 삶고 튀기며 그 가능성을 살펴봐야 했다.

망둥이 살의 질감과 맛은 장어류를 연상시킨다. 민물장어처럼 은근한 흙 내음도 있다. 이는 부족한 기름기와 함께 해결해야 할 숙제였다. 적당한 조리법을 고민하다가 예전 말레이시아 페낭에서 먹은 락사(Laksa)가 떠올랐다. 생선 대가리를 넣고 끓인 지역 명물 요리다. 뜨끈하고 향긋한 락사 국물은 삼륜차 트라이클의 경적과 각국에서 온 관광객의 서로 다른 언어로 번잡한 페낭의 분위기와 대비되는, 묘한 안도감과 평화를 안기는 맛이었다. 오래된 도마와 반질반질한 주물 냄비, 나이 든 요리사의 무심한 듯 섬세한 손놀림이 한 그릇 안에 모두 담겨 있었다.

락사를 참고하여 각종 스파이스와 허브를 활용해 흙냄새 위에 쌓을 향을 조합하고, 코코넛 밀크로 망둥이에 부족한 지방질을 보완하기로 했다. 보통 락사에는 국수가 들어가지만, 앞뒤 코스의 구성상 탄수화물을 생략해야 했다. 장고 끝에 제철인 고구마 줄기와 애호박을 면의 형태로 손질해 미리 양념한 코코넛 가루에 덮듯 볶아 냈다. 이는 인도네시아의 전통 채소 요리인 우랍(Urap)의 조리법을 응용한 방식이었다.

태안에서 발굴한 식재료 5
각종 조개

다섯 번째 요리

포르투갈 알렌테주풍 돼지고기 조개찜

지속 가능성 포인트: 종 다양성

'조개'라고 뭉뚱그려 말하지만, 실제로는 종마다 뚜렷이 다른 맛을 지닌다. 모시조개는 시원한 맛, 바지락은 감칠맛, 맛조개는 단맛이 인상적이다. 다양한 조개와 돼지고기를 넣고 쪄 또 하나의 층위를 연출해 봤다. 이렇게 각기 다른 조개의 맛이 기억 속에, 식탁 위에 하나씩 쌓일 때마다 우리의 미각 세계는 확장된다. 그렇게 우리는 미식가가 된다.

조개

조개는 껍데기를 만드는 과정에서 공기 중의 이산화탄소를 흡수하고, 갯벌 생태계 내 다양한 생물의 먹이사슬 속에서 바다의 자정 능력을 높이는 역할을 한다. 3cm 크기의 바지락 한 마리는 한 시간에 평균 1L의 해수를 여과한다. 또 조개류는 환경 변화의 지표가 된다. 수온이 상승하거나 바다가 오염돼도 조개는 물고기처럼 그 지역을 벗어나지 못하므로 주변의 환경 변화에 민감하게 반응한다.

    조개는 종마다 서로 다른 무늬를 지닌다. 같은 종이라 해도 그 무늬는 일정하지 않고, 사람의 지문처럼 개체마다 고유한 무늬를 가진다. 수만 개의 바지락을 채취해도 조개껍데기에 새겨진 무늬는 하나같이 다르다. 단 하나의 중복도 없는 디자인. 자연은 이렇게 반복 속에서도 결코 동일함을 허락하지 않으며, 조개는 같은 종 안에서도 서로 다른 무늬를 지닌 채 다양성을 구현해 낸다. 민들조개의 세밀한 줄무늬에서는 어느 아웃도어 브랜드 셔츠의 체크무늬가 떠오르고, 새꼬막의 깊게 파인 골에서는 시골 마을의 슬레이트 지붕이, 돌조개의 조가비에서는 정성스럽게 닦아 놓은 육상 트랙의 곡선이 연상된다.

우럭조개의 조가비를 확대해 보면 토성의 고리처럼
아득한 타원의 궤적이 보인다.

    적지도, 많지도 않게 경험한 나의 미식 세계에서
가장 인상 깊었던 조개 요리는 포르투갈 여행 중 맛본
한 끼 식사였다. '알렌테주풍의 돼지고기(Carne de porco
à alentejana)'라는 요리였는데, 녹진한 국물 한 방울까지
빵으로 깨끗이 훔쳐 먹을 만큼 훌륭한 맛이었다. 거기에
포르투갈을 상징하는 검은 닭이 그려진 투박한 그릇,
손때 묻은 나무 테이블, 소박한 인테리어가 더해져 그날의
기억은 더욱 선명하게 남았다. 마치 어느 포르투갈 가정에
초대받아 함께 식사하는 듯한 푸근함이 깃들어 있었다.
태안 행사에서는 다양한 조개의 맛을 한 요리에 담고
싶었다. 가능하다면 익숙한 조개 요리의 틀에서 벗어나고
싶다고 생각하던 중, 이 포르투갈 음식이 떠올랐다.

    조개는 흔하고 익숙한 식재료지만, 그 많은 종류에
비해 실제로 소비되는 종은 한정적이다. 조개 구이를 먹을
때를 제외하면 다양한 종류를 접할 기회가 많지 않다.
그보다 안타까운 것은 해수 온도 상승으로 인해 이 생물이
직면한 암울한 현실이다. 지구온난화로 인한 수온 상승은
많은 생물이 서식지를 옮기게 했지만, 특히나 복족류나
조개류처럼 정착성 생물은 변화하는 수온에 빠르게
대응하기 어렵다.

    실제로 이상 고수온 현상으로 남해안 양식 전복이
폐사한 사례도 여러 차례 발생했다. 봄철에 즐겨 사용하는
미더덕 역시 주산지인 마산 진동에서의 생산량이 해마다
줄고 있다. 요리하는 사람으로서 이런 현실은 외면할 수
없는 문제다. 기억에 오래 남을 요리를 통해 이 생물과
먹을거리의 현실에 대한 작은 관심이라도 환기할 수
있다면, 그것 또한 나의 책임이자 소명이라 생각한다.

    행사에서 사용한 우럭조개·돌조개·생합은 태안반도의

북쪽에 있는 모항항 수산물 직판장에서 공수했다. 이 시장은 현지 어민들이 직접 잡은 수산물을 판매하는 곳이어서, 신선도는 물론 가격 면에서도 믿을 만하다. 특히 이번 행사에 망둥이를 공급해 준 '광해호' 정진형 선장님의 부모님이 이곳에서 조개와 생선을 판매하고 계신다. 현지에서 1차로 해감한 조개를 서울로 받아 사용했다.

돼지고기

이 요리에 고유명사처럼 붙은 '알렌테주'라는 수식어는 사실 포르투갈 중남부의 지역 이름이자, 그곳의 특산물인 알렌테주 흑돼지를 지칭하는 대명사처럼 사용된다. 하지만 이 요리의 기원은 포르투갈 최남단 알가르브 지방에 있다. 알렌테주산 흑돼지의 명성이 더해지면서 뒤늦게 요리 이름에 알렌테주가 붙은 것이다. 맛있는 조개만큼이나 좋은 돼지고기의 선택 또한 이 요리를 완성하는 데 있어 중요했다.

 아워플래닛에서는 '탈 육식'이라는 이상향을 강조하기보다, 채식의 횟수는 늘리고 육식의 빈도를 줄이며, 육식할 경우에는 잘 기른 고기를 선택하자고 제안한다. 육식을 위한 가축 사육이 환경에 끼치는 막대한 영향을 부정할 수는 없지만, 그렇다고 축산을 악의 근원으로 간주하고 채식을 그 반대편, 선의 자리에 두는 이분법적 사고를 지양한다. 대신 우리는 보통의 사람이 일상의 작은 실천으로 이어 갈 수 있는 방식을 제시하고자 노력한다.

 여기서 말하는 '잘 기른 고기'란 동물 복지를 고려한 사육 환경과, 환경적 피해를 최소화한 방식으로 길러진 고기를 의미한다. 지구와 환경을 고민하기에 앞서 우리는 그동안 관행적으로 이어져 온 파괴적 방식과 그 지나침을 성찰해야 한다. 전근대적 세계관처럼 인간이 다른 종보다

우월하며 타종을 지배할 권리가 있다는 인식은 더 이상 설 자리를 찾기 어려운 시대가 도래했다.

인권 못지않게 동물권에 대한 논의도 활발해진 지금이야말로, 지구에서 함께 살아가는 동물과의 관계를 새롭게 고민하고 정립해야 할 때다. 새로운 관계 정립을 통해 우리가 직면한 환경 위기의 원인을 제대로 다뤄 나간다면, 우리 생애 안에 일어날지도 모를 재앙을 막고, 그에 따르는 고통을 최소화할 수 있을 것이다. 궁극적으로는 지금보다 조금 더 건강한 세상을 만들 수 있으리라 나는 믿는다.

사실 축산 자체는 문제의 본질이 아니다. 기르는 방식에 따라 문제의 경중이 달라진다. 환경에 미치는 영향을 줄이고 동물권을 고려한 양돈 방식인 자연 양돈은 돼지에게 풀과 직접 만든 발효 사료를 먹인다. 이빨을 뽑거나 꼬리를 자르는 등의 인위적인 처치를 하지 않고, 생식 주기에 맞춘 자연 교미를 유도한다. 일반 양돈에서는 출산 2주 후 새끼와 어미를 분리하지만, 자연 양돈에서는 출산 후 2개월 동안 새끼를 어미와 함께 지내게 하며 젖을 먹인다. 이러한 사육 방식은 돼지의 스트레스를 줄이고 면역력을 높여, 항생제 없이도 사육할 수 있다.

반면, 현대의 집약적 축산은 사육 과정에서 자연을 최대한 배제한다. 넉넉하고 폭신한 공간에서 햇빛과 바람을 맞으며 느리게 자란 돼지고기의 맛은, 다행히도 환경 문제에 무관심한 사람조차 그 차이를 느낄 정도로 훌륭하다. 로컬 오딧세이에서 드물게 고기 요리를 코스에 포함할 때면, 가능하면 자연 양돈 방식으로 사육한 돼지고기를 사용하고자 한다.

이 요리는 찌는 방식으로 여러 부위를 한꺼번에 조리해 낼 수 있다는 점에서도 적합했다. 이렇게 정성껏 키운 돼지가 오직 삼겹살과 목살로만 소비되는 현실은

무척 안타깝다. 비선호 부위를 맛있게 소비하는 방법을 제시하는 일 또한 요리사와 같은 전문 직업군이 감당해야 할 사회적 책임이라 생각한다.

 우선 구운 파프리카와 고추, 마늘에 훈연 향이 나는 파프리카 파우더, 소금, 식초를 더해 곱게 갈아 페이스트를 만든다. 돼지고기의 앞다릿살·목살·등심 덧살·삼겹살 등 다양한 부위를 두툼하게 썰어 페이스트와 함께 버무려 하룻밤 재워 밑간(marinade)한다. 바닥이 두꺼운 주물 냄비를 달궈 향신채를 볶다가 재워 둔 돼지고기를 넣고 한 시간가량 푹 익힌다. 감자는 중간에, 조개와 화이트와인은 요리가 완성되기 5~7분 전쯤 넣는다. 조개가 입을 벌리면 요리는 완성된다.

 해산물과 고기가 비슷한 비중으로 들어가는 '서프 앤드 터프(surf and turf)' 방식은 우리 식문화에서는 다소 낯설 수 있다. 하지만 재료 간의 서로 다른 식감과 기름진 정도, 감칠맛의 농도 차이 등을 보완하며 맛의 층위를 쌓는 데 특히 탁월하다. 이질적인 듯 보이는 재료가 서로의 부족함을 채워 가며 새로운 균형을 만들어 낸다. 태안에서 온 또 다른 재료인 홍감자는 요리가 완성되는 동안 앞서 언급한 모든 재료의 맛을 고스란히 흡수한다. 맛의 맥락 안에서 보충이자 완충 기능을 하는 셈이다.

 상당한 정성과 시간을 요하는 느린 요리시만, 주물 냄비의 소박한 외관에서부터 전해지는 감동과 위안은 생각보다 크다. 계절을 특정하지 않는 음식이지만, 국내에서는 조개의 맛이 오르고, 겨울의 한기가 아직 남아 있는 늦겨울이나 초봄에 특히 잘 어울린다. 여기에 잘 어울리는 와인을 곁들인다면, 더 이상 부러울 것이 없는 만찬이 된다.

태안에서 발굴한 식재료 6
아말피 레몬

여섯 번째 요리

다크 럼 레몬 케이크·아말피 레몬 커드·코코넛 머랭

지속 가능성 포인트: 종 다양성, 기후변화가 바꾼 식재료 지도

지구온난화로 과일 산지가 점점 북상한다. 과거에는 사과를 전국 어디서나 재배했다면, 지금은 강원과 충북 등으로 좁혀지고 있다. 반면 망고·구아바·패션프루트 같은 열대 과일의 재배 면적은 늘고 있다. 파파야로 김치를, 오크라로 장아찌를 담그리는 상상이 점점 현실이 되고 있다. 기후 위기에 경각심을 갖되, 새롭게 도입한 식재료를 우리 식탁의 구성원으로 품을 시간이 왔다.

귤·오렌지·레몬·자몽 등 우리가 잘 아는 감귤류는 세계 각지에서 수많은 품종으로 다채롭게 분화했다. 이들은 포멜로·만다린·시트론 등 몇 가지 원종이 자연적으로 교잡하면서 만들어진 결과다. 국내에도 오래전부터 귤이나 유자 같은 토착 감귤류가 있었으며, 이들 역시 오랜 세월에 걸쳐 자연 교잡과 변이를 거쳤다. 유난히 쉽게 성질이나 품종이 변하는 감귤류의 특성은 우리 속담에서도 잘 드러난다. "귤이 회수를 건너면 탱자가 된다"라는 말은 좋은 것도 환경에 따라 나쁘게 변할 수 있다는 의미지만, 동시에 감귤류가 환경 변화에 민감하게 반응하며 다양한 품종으로 바뀐다는 사실을 은연중에 담고 있다.

    레몬은 우리에게 친숙한 감귤류 중 하나지만, 국내에 레몬의 존재가 처음 알려진 것은 상대적으로 최근 일이다. 조선이 영국과 맺은 통상조약의 관세 관련 세칙에 레모네이드가 등장한 것이 레몬과 관련된 최초의 기록이다. 즉, 19세기 후반에야 조선에 레몬이 소개됐으며, 그마저도 생과가 아닌 '레모네이드'라는 음료 형태로 알려진 것이다.

    생과로서 레몬이 한반도에 도입된 시점은 정확히 알

수 없다. 하지만 1920년대에 들어서면서 레몬은 식민지 조선의 중요한 수입품 중 하나이자, 미디어에 자주 등장하는 과일로 등극했다. 카스텔라와 같은 서양식 빵을 만드는 재료, 피부 미백을 위해 바르는 미안수(스킨로션)의 성분, 심지어 옷의 기름때를 제거하는 세척제의 재료로서 레몬은 여러 방면에서 맹활약했다.

이육사 시인은 7월에 고향에서 익어 가는 청포도를 노래했지만, 같은 시기 나는 청레몬을 떠올린다. 내게 7월은 레몬이 익는 계절이다. 아직 덜 익은 청레몬의 껍질을 손톱으로 꾹꾹 누르고 두 손에 감싸 코끝 가까이 가져가면, 황홀하다는 말로는 부족한 그 향기에 스르르 눈이 감긴다. 이맘때 누리는 나만의 작은 사치다.

태안에서는 특별한 레몬이 자란다. 이름에서부터 파랑과 노랑이 더해진 바다의 낭만이 연상되는 아말피 레몬이다. 독보적인 향을 품은 이 과일의 껍질과 즙을 탈탈 털어 넣어 레몬 커드를 만든다. 주방 가득 퍼지는 레몬 향을 맡으니 지금 당장 클래식 오픈카를 타고 아말피 해안을 달리고 싶어진다. 뜬금없이 올드 머니 패션으로 치장한 주드 로의 말쑥한 얼굴도 스쳐 지난다. 기껏 레몬 향 좀 맡았을 뿐인데, 어느새 나는 영화 〈리플리〉의 장면 속에 들어와 있다.

태안에서 아말피 레몬을 키우는 '아람농원' 임대근 농부님은 "한여름보다 과육이 무르익은 가을에 향이 더 좋다"라며, 과일이 제 퍼포먼스를 다 보이지 못하는 것을 내내 안타까워했다. "이미 충분히 훌륭했다" "손님들도 만족했다"라는 말로 겨우 안심시켜 드렸다. 실제로 완숙하지 않은 청 아말피 레몬은 특유의 화사하고 싱그러운 향으로 공간을 황홀하게 물들이며, 그 자리에 있던 모두의 얼굴에 환한 웃음을 번지게 했다.

"남이 안 하는 걸 해야죠. 아말피 레몬을 하는 사람은

국내에 나밖에 없어. 그런 자부심을 가지고 하는 겁니다. 아말피 레몬을 키운 지는 10년도 더 됐지만, 중간에 한번 크게 나무가 상해서 규모가 많이 줄었어요. 한번 맛본 사람은 이 향을 잊지 못해 계속 연락이 와요. 그래도 아쉬운 것은 내가 농사만 지을 줄 알지, 홍보 같은 건 할 줄 모르니 판로가 늘 아쉬워요. 이태리서는 이걸로 술도 만들고, 디저트도 만들고 그런다던데, 우리는 잘 모르니 지금은 셰프님들만 찾더라고." 농부님의 말씀이다.

평소 소비자와 만날 기회가 적은 1차 생산자는 현장의 반응에 몹시 목말라 있다. 우리가 이런 행사를 통해 소비자와 생산자를 잇는 가교 구실을 충실히 해야 하는 이유다. 유튜버에게 '구독'과 '좋아요'가 큰 힘이 되듯, 현장에서 전하는 긍정적 반응이 고된 농사일에 단비 같은 동력이 되기를 진심으로 바랐다. 통화를 마치고도 한동안 농부님의 얼굴이 마음에 잔상처럼 머물렀다. 레몬 커드를 플레이팅하는 손끝에도 조금 더 정성이 실린다.

다문화 가정과 이주 외국인이 증가하며 이제는 국내산 레몬그라스도 제법 눈에 띈다. 라임, 구아바 같은 열대 과일을 재배하는 농장도 늘고 있다. 다양한 외래 작물이 국내에서 재배되며 국내산 식재료의 폭이 넓어지고 있다는 점은 작세나마 탄소 발사국을 줄일 수 있다는 희망을 품게 한다. 동시에 요리하는 사람으로서 이보다 더 설레는 일도 없다. 여름이 지나면 우리의 식탁은 분명 한층 더 향기로워질 것이다.

레몬그라스는 잘게 다져 크림에 넣고 천천히 향을 우려낸다. 레몬그라스의 경쾌한 향이 밴 이 크림은 소프트피크(soft peak)를 확인할 만큼만 보드랍게 거품을 올려, 레몬 파운드케이크 위에 살포시 얹었다. 코코넛 머랭까지 곁들여 한입 크게 떠먹으니, 마치 태국의 어느 마사지숍 하나를 통째로 입안에 넣은 듯한 착각이

인다. 농부님이 이 음식을 맛보면 어떤 표정을 지을지 궁금해진다. 가까이 있다면 당장이라도 한입 떠 넣어 드리고 싶다.

IV. 제주

옥빛 바다에 해녀의 숨 스미고
우영팟에 바람의 맛 여물고

제주에서는 외국어처럼 생경한 방언에 한 번, 화산과 바람이 빚은 토양, 그리고 바다가 함께 길러 낸 식재료들의 맛에 두 번 놀라게 된다. 시트러스·방풍나물·초피·메밀·독활·고사리·재래돼지·풋마늘·멸치·뿔소라·옥돔·과즐. 수백 년간 차곡차곡 쌓여 온 미묘하고 복합적인 맛의 언어는 제주만의 독립된 미각 세계다.

셰프의 한 장면

철없던 시절, 나는 제주를 뜨겁게 추앙했다. 훗날 내 업장을 차린다면 시작은 제주에서 하리라 다짐했다. 산과 바다, 숲과 습지, 곶자왈과 화산토에 이르는 독특하고 유려한 자연이 내어 주는 산물은 뭐라도 할 수 있고, 해야만 할 것 같던 젊은 요리사의 마음을 들썩이게 했다.

하지만 여러 현실적인 이유로 제주에서의 창업은 꿈으로 남겨 둬야 했다. 돌이켜 보면 실력도, 경험도 짧았던 시절, 연고 하나 없는 낯선 땅에서의 성공은 로또에 당첨될 확률만큼 요원한 일이었다. 아름다운 제주를 떠올릴 때마다 지난 애환에 사로잡히지 않게 된 것이 지금에 와서는 오히려 다행이지 싶다.

서울에서 자영업자로 팍팍한 삶을 이어 가는 동안에도 이따금 '제주'라는 단어를 들을 때면, 지치고 파삭해진 마음에 촉촉한 바닷바람이 불어오는 듯했다. 그럴 때면 회귀하는 물고기처럼 홀연히 섬을 향했다. 이루지 못한 짝사랑처럼 미련을 부리는 그런 나만의 의식이 한동안은 주기적으로 필요했다. 그러다 재작년에 드디어 제주에서 한 달살이를 감행했다.

2월의 제주. 그중에서도 바람이 많아 '바람의 고장'이라 불리는 한경면에 여장을 풀었다. 육지와는 결이 다른 섬의 겨울을 제대로 경험할 기회였다. 우리는 한 달 동안 매일 바다로 나가 돌고래를 기다리고, 곶자왈을 산책하고, 갯바위에서 방풍나물·거북손·삿갓조개·보말 같은 것을 채집해 숙소 텃밭에서 자란 채소와 함께 정성껏 한 끼를 차려 먹었다. 소소하고 행복한 그날들의 장면은 지금도 내 마음속에서 반짝이고 있다.

무분별한 개발로 몸살을 앓는 제주 해안가, 후미진 중산간 구석까지 난립한 카페와 펜션, 각종 문화 공간, 감당할 수 없는 인파에 허덕이는 제주공항도 더 가까이서 볼 수 있었다. 나를 포함한 많은 이에게 단순한 여행지를 넘어 어떤 상징이 된 이곳에서, 자연과 생명이 무참히 망가지는 '공유지의 비극'을 내부자의 시선에서 목도하는 일은, 외부인으로서 뒷짐을 지고 바라볼 때보다 훨씬 더 고통스러웠다.

그 혼란의 종식에 이 섬을 간절히 바라 온 나의 열망 따위는 하등 도움되지 않으며, 섬이 간신히 지탱하고 있는 부담이라는 짐 더미에 나까지 올라탈 순 없다는 자각이 들었다. 그렇게 간헐적으로 지나가는 유행병처럼 온몸을 들쑤신 해묵은 제주 앓이도 그 한 달을 끝으로 자연스레 사그라들었다. 성찰은 경험으로부터 깊어지고 완성된다더니. 그리움 온 때로 해소하는 것이 능사가 아니라, 그 자체로 둘 때 더 애틋하고 진솔하게 무르익는다는 것을 새삼 깨달았다. 이제는 그리움에 대한 항체를 적당히 품고, 먼발치에서 그 섬을 차분히 바라볼 수 있게 됐다.

처음 제주에 뿌리내리겠다는 꿈을 품었을 때로부터 십수 년이 흘렀다. 그간 제주를 방문한 횟수도 십수 번에 이른다. 두어 번은 그 푸른 바닷속으로도 들어가 봤다. 계절마다 다른 매력을 뽐내는 섬에 깊숙이 들어가, 그 땅의 사람과 생물과 교감하며 긴 시간 여러 방향에서 바라본 끝에, 나는 제주를 달리 보기 시작했다. 예전에는 일종의 '식재료 보물섬'으로 여겼다면, 이제는 그 너머를 보고, 그 이상의 매력을 느낀다. 비록 많이 망가지고 상처 입었지만, 여전히 제주는 내 마음에서 보석처럼 빛난다.

이번 행사를 준비하며 유독 각별한 감정이 든 데는

셰프의 한 접시

그런 사정이 있었다. 긴장감도 남달랐다. 오랫동안 품어
온 순정을 진지한 고백의 문장으로 풀어내기 직전의
떨림을 닮았달까. 섬의 영혼을 품은 재료들이 접시 위에서
하나의 요리로 완성되기까지, 매 순간이 지난 세월 나에게
무한한 영감과 치유, 위안을 안겨 준 제주의 자연에
바치는 헌사였다.

제주에서 발굴한 식재료 1

하귤·블러드 오렌지·레몬
댕유지·금귤·뿔소라

첫 번째 요리

다섯 가지 제주 시트러스와 방풍나물, 뿔소라 안티파스토

지속 가능성 포인트: 종 다양성·해녀 문화·공동체 문화

제주에서 나는 다양한 감귤류는 이 지역의 고유한 생물 다양성을 보여 주는 동시에, 레몬이나 라임 등 수입산 식재료의 의존도를 줄일 가능성을 제시한다. 남획으로 인해 바다 생태계 전체를 위협하는 딱새우 대신, 제주 바다에 자생하는 뿔소라를 선택한 이유도 같은 맥락이다. 지속 가능성이란, 결국 자원을 얼마나 절제력 있게 선택하느냐에서 출발한다는 메시지를 전하고 싶었다.

제주 시트러스

귤·유자·자몽·오렌지 등 운향과 귤속(citrus)에 속하는 과일은 이름만으로는 서로의 관계성을 알기 어렵다. 분류학적으로는 모두 귤속에 해당하지만, 정작 일상에서는 귤보다는 영어명을 그대로 음역한 시트러스로 더 자주 불린다. 게다가 일부는 일본어에서 유래한 명칭이 굳어져, 그 기원이나 계통을 알기 더욱 힘들다. 그 대표적인 예가 자몽이다. '자몽'이라는 이름은 일본어에서 유래한 것으로, 실제 영어명인 그레이프프루트(grapefruit)나 프랑스어 이름인 팜플무스(pamplemousse)와는 전혀 연관이 없다.

    이러한 혼란은 시트러스류가 여러 대륙과 문화권으로 퍼지며, 각 지역에서 고유한 이름 체계를 가지게 된 데에서 비롯됐다. 게다가 이들 시트러스류는 자연 상태에서도 교잡이 매우 활발하게 이뤄진다. 그 복잡한 교잡의 역사로 인해 시트러스 과일의 기원과 계통을 명확히 밝히기 더 어려워졌다.

    그럼에도 불구하고 2010년대 후반부터 시트러스류 간의 계보를 그리려는 과학적 시도가 본격화했다. 그중 하나가 미국 에너지부 산하 '합동

게놈연구소(JGI)'의 연구다. 그들은 다양한 시트러스 품종의 염기 서열을 해독하고, DNA 변이 정보와 화석 기록 등을 종합적으로 분석해 재배종의 유래를 추적했다. 그 결과, 오늘날 우리가 접하는 시트러스류 대부분이 시트론·만다린·포멜로라는 주요 조상종의 교배로부터 유래했으며, 이들 조상종은 약 800만 년 전 동남아시아에서 분화되기 시작해 다양한 경로로 전파되며 진화했다는 사실이 밝혀졌다.

이러한 발견은 결국 오늘날의 시트러스류가 단순히 자연이 혼자 만든 산물이 아님을 시사한다. 이들은 자연에서 일어난 교잡과 인간의 의식적인 선택이 오랜 세월에 걸쳐 서로 작용한 결과물이다. 그 형태와 색, 맛까지도 자연과 인간이 함께 빚어낸 공동의 창작물이라 할 수 있다. 그렇기에 오랜 시간 제주의 밭을 수놓아 온 감귤 역시, 단순히 과거로부터 전혀 내려온 과일나무로만 봐서는 안 된다. 다른 지역의 시트러스가 재배자와 자연의 상호작용 속에서 고유한 맛과 형태를 띠게 됐듯, 제주 감귤 역시 이 땅을 살아가는 사람과 그들이 만들어 온 문화가 함께 빚어낸 집합적 산물이다.

감귤은 제주를 상징하는 식재료이므로 사시사철 재배된다고 생각하기 쉽지만, 다른 과수와 마찬가지로 수확 시기가 정해져 있다. 극조생 감귤은 10월 중순부터 출하되며, 하우스 재배로 수확 시기를 다소 연장할 수는 있지만, 대개는 11월부터 12월 사이, 큰 눈이 내리기 전까지 수확해 다음 해까지 유통된다.

레몬도 비슷한 시기에 수확되며, 겨울이 물러갈 즈음 한라봉 등을 포함한 만감류가 차례로 등장한다. 여름에는 껍질이 푸른 청귤이 나온다. 하지만 주방에서 요리를 구상할 때, 원하는 시트러스의 수확기와 맞지 않으면 수입산을 사용하는 유혹에 빠지기 쉽다.

이는 탄소 발자국을 줄이고 지속 가능성을 추구하는

우리의 가치관과는 맞지 않는다. 그래서 플래닛랩에서는 발효나 숙성 등의 방법을 통해 이미 있는 재료를 최대한 활용하는 방식을 택하고 있다. 덕분에 플래닛랩 주방 한편에는 늘 이렇게 시트러스를 활용해 담근 청이 담긴 유리병이 줄지어 있다.

제주에서 블러드 오렌지를 재배한 지도 어느덧 10년 가까이 됐다. 이제는 초창기보다 훨씬 더 안정적인 맛을 낸다. 제주에서 주로 재배하는 블러드 오렌지 품종인 타로코(tarocco)는 시칠리아가 원산지다. 오래전 시칠리아 여행 중 맛본 오렌지 펜넬 샐러드의 기억을 더듬었다. 더도 말고 덜도 말고 "아, 시칠리아"라고 외치고 싶은 맛이었다. 에트나산의 화산토와 강렬한 태양, 지중해 바람, 극단적인 일교차가 이 과일의 매혹적인 속살과 개성 있는 맛을 완성했다.

블러드 오렌지는 별다른 사전 지식 없이 반을 갈랐다가, 이름 그대로 핏빛을 연상시키는 검붉은 과육에 깜짝 놀라게 될지도 모른다. 하지만 한번 맛보면, 일반 오렌지보다 더 달면서 독특한 산미와 향이 어우러진 이 품종 특유의 매력에 푹 빠져들게 된다.

시칠리아 곳곳을 여행하는 동안, 나는 같은 화산섬인 제주의 풍광을 종종 떠올렸다. 두 섬은 문화·언어·기후·식생은 물론 사람들의 기질까지도 여러모로 닮은 구석이 많았다. 제주 편의 메뉴를 구상할 때 가장 먼저 시칠리아 요리를 떠올린 것도 어쩌면 순전히 우연은 아니었을지 모른다.

행사 당일 배포한 메뉴판에는 세 가지 시트러스가 표기돼 있었지만, 실제로는 제주산 시트러스 다섯 종을 활용했다. 구체적으로 하귤과 블러드 오렌지는 과육을 사용했고, 댕유지의 껍질은 풍미를 더하는 데 활용했다. 드레싱에는 댕유지와 유기농 레몬의 과즙을 섞었고,

금귤은 봄철에 당 발효해 둔 것을 활용했다.

나는 해마다 크리스마스 선물처럼 제주 대정의 고경희 농부님으로부터 받는 유기농 금귤을 애타게 기다린다. 1년 중 잠시뿐인 그 특별한 여운을 오래도록 간직하고 싶어, 꼭지와 씨를 제거한 후 당 발효해 이듬해 수확기까지 다양한 요리에 활용한다. 이때 설탕 맛이 과일의 풍미를 덮지 않도록 설탕의 양은 최소화한다. 원물 대비 18~23%의 설탕만 첨가해 실온에 두면, 약 2주 반에서 3주가 지나 기분 좋은 산미가 살아 있는 발효 금귤이 완성된다. 수입산 레몬이나 라임의 사용을 되도록 지양하는 플래닛랩에서, 당 발효한 감귤류는 '국산 감귤류의 보릿고개'라 할 수 있는 여름철에 특히 요긴하다.

전통적인 시칠리아 요리법에 쓰이는 허브인 펜넬과 민트 대신, 제주 해풍을 맞고 자란 갯방풍을 활용했다. 갯방풍은 일반 방풍나물보다 줄기가 붉고 잎이 작지만, 해안가의 염분을 품고 있어 짠맛이 느껴지며, 향과 맛도 한층 더 진하다.

뿔소라

제주 편을 준비하면서 흔히 '딱새우'라 불리는 가시발새우를 사용할지 고민이 깊었다. 갑각류와 감귤류의 궁합은 이미 검증된 바 있으며, 딱새우는 제주를 대표하는 식재료 중 하나다. 가능하다면 제주산 시트러스 요리에 딱새우를 곁들여 내고 싶었다. 하지만 지금처럼 대책 없이 딱새우가 남획되는 상황이 지속된다면, 머지않아 그 수급 역시 지속될 수 없다는 사실을 알기에 결국 사용하지 않기로 했다.

딱새우는 높은 수요에도 불구하고 일정 크기 미만의 개체를 보호하는 포획 금지 체장이나 금어기 같은 제도가 마련돼 있지 않다. 해저를 기어다니는 습성상

주로 저인망 어업으로 잡히는데, 이는 그물의 아래 깃을 바다 바닥에 끌게 하여 이동하며 조업하는 방식이다. '트롤 어업'이라고도 부르는 저인망 어업은 어족 자원의 고갈은 물론, 해저 생태계를 파괴하며, 그물이 지나간 자리를 쑥대밭으로 만든다. 목표하지 않은 수많은 생물이 함께 딸려 올라와 희생되는 혼획 문제는 이 어업 방식이 초래하는 치명적인 부작용이다.

결국 딱새우의 자리는 뿔소라로 대신했다. 제주 뿔소라는 어촌계에서 씨를 뿌리고, 금어기와 채취량을 정하며, 여전히 해녀의 손으로 수확되어 유통된다. 이번 행사에는 안덕면 사계리에서 수확한 뿔소라를 사용했다. 상군 해녀가 많은 사계리는 다른 지역보다 상품(上品)의 뿔소라가 활발히 거래되는 곳이다. 뿔소라 조가비를 꽉 채운 실한 속살은 천천히 익힌 숙회와 얇게 저민 생회, 두 가지 조리법으로 준비했다.

일전에 해녀분들이 지상 작업하는 현장을 보러 간 적이 있다. 막 바다에서 나와 고무 옷을 반쯤 벗은 채로 작업 중이던 그분들은 대부분 고령의 여성이었다. 마치 몸속의 공기를 모두 바다에 짜내고, 껍데기만 물 밖으로 나온 사람들 같았다. 얼굴에 제멋대로 들러붙은 머리칼, 깊게 팬 주름, 거칠고 두툼한 두 손. 그 모든 것에서 먹고사는 일의 신산함과 고단함이 전해졌다. 수십 년 동안 거의 매일같이 이 고된 작업을 반복했을 세월을 떠올리자, 무슨 재미난 구경인 양 뒷짐 지고 서 있던 내 모습이 몹시 송구스러웠다.

그날 이후, 빨간 플라스틱 통에 담긴 성게나 매대에 가지런히 놓인 뿔소라를 볼 때마다, 쪼글쪼글 주름진 그 손들이 떠오른다. 타인의 노동으로 차린 식탁 앞에서 우리는 조금 더 겸허한 마음을 가져야 한다.

'호오이 호오이'

　주홍색 테왁을 띄우고 제주 바다를 숨비 소리로 채우며, 망사리 가득 맛을 담는다.
　"사계리 바다에 특별한 뿔소라가 있다기보다는, 특별한 해녀들이 있언. 상군 해녀들이 가장 많은 곳이 바로 사계리거든. 가장 깊은 바다에 가장 오래 있을 수 있으니, 제일 씨알 좋은 소라를 건져 오는 것도 바로 사계리 해녀들이지." 제주 출신으로 로컬 콘텐츠를 개발하는 '재주상회' 고선영 대표를 따라나선 날이었다. 사계리 바다를 배경으로, 고 대표가 들려주는 제주의 진짜

이야기에 귀 기울였다.

"상군 해녀는 경험도 많고, 자맥질해서 들어가는 바다의 깊이도 깊어요. 보통 숨도 오래 참으시지. 이런 해녀분들은 초보 하군 해녀들에게 경험을 나누기도 하면서 팀을 끌어 나가셔. 해녀들 사이에서 암묵적으로 지켜지는 게 있다면 서로의 영역을 침범하지 않는다는 거예요. 뭍에서 가깝고 얕은 바다는 하군 해녀들이 경험을 쌓으며 생계를 유지할 수 있도록 지켜 주셔. 그러니 상군 해녀들은 더 멀고 더 깊은 바다에서 작업을 해요. 이런

배려는 제주 곳곳에서 볼 수 있어요. 저기 동백나무가
빼곡히 자란 마을이 있는데 마을의 젊은 분들은 동백
열매에 손도 안 대요. 노인분들의 소소한 일거리로 남겨
두는 거지. 오가며 열매를 따다가 방앗간에서 기름을 짜서
생활하시라고 말이야. 욕심이 나도 절대 건드리지 않아요.
다들 알고 있어요. 언젠간 자신의 몫이 될 거라는 걸.
제주의 오랜 공동체 의식이지."

   제주에는 '낭푼밥상'이라는 독특한 식문화가 있다.
바릇, 즉 바다에서 잡은 해산물을 우르르 넣어 국을
끓이고, 우영팟, 즉 텃밭에서 직접 키운 채소를 따다
찬거리를 만들고, 지슬, 즉 감자를 넣고 지은 밥을 커다란
양푼에 담아 밥상 한가운데 놓고 나눠 먹는다. 척박한
땅에서 살아남아야 했던 제주 사람들의 고단한 삶, 그리고
서로를 보듬으며 버텨 온 하루하루가 이 밥상 위에 오롯이
담겨 있다.

   우영팟 돌보랴, 바다에 나가 물질하랴, 하루 24시간이
모자랄 정도로 바빴던 그녀들에게 갖은양념을 동원하는,
손이 많이 가는 요리는 사치였다. 그저 계절에 따라
자연에서 얻은 재료를 가장 짧은 시간에 조리해 낸 것이
밥상에 올랐다. 자연스레 재료 본연의 맛이 강조된 음식이
제주 식문화의 근간이 됐다.

   숨이 닿는 데까지만, 자연이 허락하는 만큼만 욕심내며
바다에 기대 살아온 해녀 삼춘들을 마주할 때면, 자연을
대하는 인간의 태도를 다시금 생각하게 된다. 실력
좋기로 유명한 사계리 어촌계의 해녀 삼춘들 덕에 "진짜
좋은 뿔소라는 이런 맛이구나" 하고, 오랜만에 감탄하며
접시를 비웠다.

제주 바닷속 이야기

서귀포 앞바다에 들어가 전날 오일장에서 본 생선을 다시 만났다. 매대 혹은 식탁에서 익숙하게 보던 생선을 바다에서 만날 때마다, 이들이 드넓은 바다를 자유로이 유영하는 야생 동물임을 새삼 깨닫는다. 서귀포 앞 섶섬과 문섬 일대는 국내 최고의 다이빙 포인트로 꼽히는 곳이다. 이 지역에는 세계적으로도 보기 드문 연산호 군락이 펼쳐져 있다. '만남의 광장'이라 불리는 이 다이빙 포인트는 마치 누군가가 산호로 꾸민 화려한 정원 혹은 바닷속 꽃동산 같다. 형형색색의 산호가 군락을 이루며 물결에 일렁이는 모습은 지상에서는 결코 상상할 수 없는 장관이다.

이 산호 숲을 마주하면, 내가 호흡기에 의지해 있다는 사실조차 잠시 잊은 채 눈앞의 풍경에 넋을 놓게 된다. "아름답다"라는 말로는 다 담을 수 없는, 황홀한 광경은 사랑하는 사람에게 보여 주고 싶은 마음이 들게 한다. 이런 절경을 잃는다는 것은 지상 어딘가에 남아 있던 마지막 낙원이 사라지는 것과 같다.

처음 보는 생물 같던 이들 산호는 알고 보니 이미 우리말 이름을 가지고 있었다. 산호 하나하나의 이름은 수수하고 해사한 들꽃의 이름을 닮았다. 그중 밤수지맨드라미·연수지맨드라미·자색수지맨드라미·검붉은수지맨드라미를 포함한 여섯 종은 멸종위기야생생물 2급에, 해송과 긴가지해송은 천연기념물로 지정된 보호종이다.

남해안과 제주 인근 해역은 전 세계에서 가장 빠르게 해수면이 상승하는 지역 중 하나다. 기후 위기의 영향으로 해안선의 모습이 눈에 띄게 변하고 있다. 많은 이의 사랑을 받는 제주 바다 풍경에도 변화가 감지된다. 무엇보다 제주 바다의 수온은 최근 들어 전국에서 가장 빠르게 오르고 있다.

10년 후, 제주 시장에 동남아에서나 보던 아열대 어종이 놓일지도 모른다. 그렇게 밥상에 오르는 식재료가 바뀌며, 오랫동안 이어 온 식문화도 자연스레 소멸의 기로에 설 것이다. 제주 바다에서 다이버가 동경하는 바다거북, 대왕쥐가오리가 자주 등장하고, 형형색색의 열대 어종이 목격된다는 소식에 마냥 반가워할 수 없는 이유다.

제주에서 발굴한 식재료 2

옥돔·메밀·초피

두 번째 요리

반건조 옥돔과 초피 잎으로 맛 낸 쓰촨식 빙떡

지속 가능성 포인트: 전통 요리의 재해석

지역 식문화를 소개하는 일은 아워플래닛의 핵심 미션. 전통의 본질을 깊이 이해하고 이를 바탕으로 새로운 맛을 창조함으로써, 변화하는 시대 속에서도 지역 식문화가 지속 가능한 방향을 모색하고자 한다. 옥돔에 제주 전통 향신료인 초피 잎으로 향을 더하고, 메밀전병에 올려 낸 빙떡은 단순한 형태의 재현을 넘어, 그 안에 담긴 지혜와 철학을 오늘날의 맥락으로 풀어낸 시도다.

옥돔

붉은빛에 중간중간 노란빛이 섞인 몸체, 이마가 툭 튀어나온 독특한 머리 모양. 제주를 대표하는 생선 중 하나인 옥돔은 '옥 옥(玉)'자와 '도미'가 결합한 이름을 가지지만, 분류학적으로는 도밋과에 속하지 않는다. '돔'이라 불리는 많은 생선이 그렇듯, 일상에서 부르는 이름과 학문적 분류가 일치하지 않는 대표적 사례다.

    사실 과거에도 옥돔을 다른 생선과 구별하는 가장 눈에 띄는 점은 독특한 머리 모양이었던 듯하다. 입에서 입으로 전해진 기록에는 '옥두어(玉頭魚)'라는 이름으로 자주 등장했는데, 오늘날에는 이 이름이 오히려 혼란을 일으키고 있다. 제주 연안에서 잡히는 옥돔과 생김새가 비슷한 중국산 유서 어종이 수입되며, 이들 수입산을 '옥두어'라고 따로 구분해 부르기 시작한 것. 전량 자연산인 옥돔의 수요가 관광 산업의 활성화로 인해 폭증하면서 벌어진, 어쩌면 현대의 한 촌극이라 하겠다.

    옥돔은 전량 자연산이며, 낚시로만 잡기 때문에 대량 어획이 불가능하다. 또 하나의 특징은 해저 바닥 가까이에 서식하는 저서성 어류라는 점이다. 수면 위로 끌어올려지는 순간, 급격한 환경 변화를 견디지 못하고

금세 죽어 버린다. 그러므로 우리 밥상에 오르기까지
신선도를 유지하기 매우 까다롭다. 더욱이 옥돔은 생선
중에서도 수분 함량이 높은 편에 속한다. 역시나 생물로
유통하기가 어려운 이유다. 그리하여 옥돔은 예부터
생물로 국을 끓이는 경우를 제외하면 대부분 건조한
상태로 보관하고 조리했다. 반건조 과정을 거친 옥돔은
저장성이 높아질 뿐 아니라 감칠맛도 깊어진다. 덕분에
구이를 비롯해 다양한 방식으로 활용할 수 있다.

메밀

세계의 식문화는 서로 전혀 닮지 않은 듯 제각각의
모습을 지닌 한편, 공통점을 공유하거나 특정 기준에
따라 분류되기도 한다. 지구상에 존재하는 모든 식문화를
대상으로 분류 기준을 설정하는 일은 언뜻 무모해 보일
수 있다. 하지만 로컬 오딧세이가 가고자 하는 길 자체가
이질적인 식문화 사이에서 공통의 문제의식과 그에 대한
대응 방식을 탐색하는 여정이기에, 이러한 시도는 충분히
의미 있다.

  인류에게 알려진 대부분의 식문화는 중심에
주식(主食)을 둔다. 주식이란 일상적으로 섭취하는 주요
에너지원으로, 대개 탄수화물이 풍부한 곡물이나 감자,
고구마 등의 서류(薯類)를 일컫는다. 이러한 주식을
섭취하는 방식은 크게 두 가지로 나뉘는데, 곡물을
온전한 형태로 섭취하는 입식(粒食)과 이를 가공하여 먹는
분식(粉食)이 그것이다. 메밀은 이 중에서도 분식 문화를
대표하는 작물이다. 로스팅 과정을 거친 메밀은 특유의
구수한 향을 풍기며, 이를 가루 내 만든 국수나 전병은
세계 곳곳에서 비슷한 형태를 띠며 사랑받는다.

  한편 메밀을 가리키는 여러 언어권의 단어들은 메밀이
주된 식량 작물로 자리 잡지 못한 역사적 맥락을 보여
준다. 산을 뜻하는 '메(뫼)'와 '밀'의 합성어인 한국어의

'메밀', '밀(wheat)'이라는 어근을 포함한 영어 'buckwheat', 그리고 '검은 밀'을 뜻하는 프랑스어의 'blé noir'는 모두 메밀이 밀과의 연관성 속에서 명명됐음을 반영한다. 하지만 정작 메밀은 공통으로 밀과의 관계를 내포한 이름을 가지고 있으면서도, 식물 분류상 아예 다른 과(科)에 속하는 식물이다. 프랑스와 이탈리아, 스페인 등지에서 메밀을 지칭하는 또 다른 이름인 'sarrasin'은 '사라센의 것'을 의미하는데, 이는 메밀을 주요 곡물인 밀보다 열등하거나 이질적인 것으로 인식한 과거의 시선을 드러낸다.

메밀에 따라붙는 '구황작물'이라는 평가는 이 식물을 낮춰 보는 인상을 줄 수도 있다. 하지만 실제로 제주 식문화에서 메밀이 중요한 자리를 차지한 데는, 제주 특유의 토양 환경이 농사짓기 어렵다는 분명한 이유가 있다. 제주의 토질은 대부분 화산재로 이뤄진, 이른바 '뜬 땅'이다. 물이 고이지 않고 쉬이 빠져나가 주식인 쌀농사를 짓기 힘들뿐더러, 농지 곳곳에 돌이 섞여 있다. 수백만 년 전 화산 활동으로 만들어진 제주 땅에는 용암이 흐르며 생긴 너른 암반 지대 '빌레'와 그 위에 간신히 조성된 농지 '빌레왓'이 주를 이룬다. 이러한 척박한 환경에서도 뿌리를 내리고 알곡을 맺는 메밀은 제주 사람들에게 그야말로 귀중한 생명줄 같은 존재였다. 얼마나 귀했느냐 하면, 제주 민속신앙의 대표적 서사인 〈세경본풀이〉에 농업 신이 메밀을 먹고 힘을 얻어, 세상을 위해 오곡과 함께 메밀 종자를 옥황상제로부터 받아 온다는 대목이 등장할 정도다.

> 상전님 먹을 징심이랑 모믈 코를 닷돼 만 낭 소곰이랑
> 다섯 좀만 줴여놓곡(상전님 드실 점심은 메밀가루 닷 되와
> 소금 다섯 줌만 놓으시고).
>
> 〈세경본풀이〉

얇은 메밀전병에 채 썰어 익힌 월동 무를 넣어 만드는 빙떡은 제주의 거의 모든 시장에서 흔히 만날 수 있는 간식거리다. 먹을 때마다 '참 제주다운 음식'이라는 생각이 든다. 빙떡을 가장 좋아하는 제주 음식으로 꼽는다고 하면 "그 밍밍한 걸 무슨 맛으로 먹냐"라고 반응하는 사람도 있지만, 요즘 들어 제주를 찾는 젊은 세대에게 빙떡의 인기가 높아졌다는 소식에 은근한 위안을 느낀다. 자극적인 음식이 넘쳐나는 요즘, 딱히 특별할 것 없어 보이는 이 음식이 외면받지 않는 이유는, 어쩌면 아무 맛도 나지 않는 듯한 그 심심함이 만들어 내는 은근한 중독성 때문이 아닐까.

오일장에서 산 빙떡을 하나 손에 쥔 채 장을 보다가, 문득 이 안에 옥돔을 넣으면 어떤 맛이 날까 궁금해졌다. 빙떡과 옥돔은 모두 제주의 제사상에 오르는 대표적 제수 음식이기도 하다. 잘 말린 옥돔을 구워 쫄깃한 살점을 빙떡에 얹어 한입 베어 문다면, 심심했던 빙떡의 맛이 단숨에 꽉 찰 것 같았다.

과거에는 '생선'이라 하면 굳이 이름을 덧붙이지 않아도 옥돔(제주어로 '솔라니')을 뜻할 정도로, 제주에서 옥돔은 생선의 대명사였다. 제주 사람들은 주로 옥돔을 반쯤 말려 쪄 먹는다. 그 오랜 전통을 따르되, 씨알 굵은 옥돔을 구해 이틀 정도로 짧게 말려 사용했다.

말린 생선은 생물 상태를 조리했을 때는 기대할 수 없는 응축된 감칠맛을 지닌다. 그 감칠맛의 정도는 말리는 시간에 비례하며, 수분이 빠져나간 자리는 독특한 질감이 채운다. 옥돔을 말리는 데 들인 이틀이라는 시간은, 구이로 조리했을 때 가장 이상적인 감칠맛과 탄력을 얻기 위한 준비 과정이었다.

전병에 무나물을 채워 넣는 방식은 동해안 지방에서도 찾아볼 수 있다. 그에 해당하는 여러 변주 중 하나가 김치처럼 매콤한 맛을 내는 총떡인데, 이 매콤함을 마라로

대체해 보고 싶었다. 라유·화자오·마자오·간장·노진초 등을 섞어 만든 드레싱에 무나물을 버무린 후, 플래닛랩이 자리한 인왕산 자락에서 채취한 어린 초피 잎을 다져 넣었다. 은은하게 퍼지면서도 생동감을 주는 화한 맛을 의도한 구성이었다.

초피 잎은 제주 음식에서 상징적인 허브다. 전통적인 제주 물회에서 된장, 식초와 함께 빠질 수 없는 재료로 쓰인다. 이번 행사를 공동 기획한 재주상회 고선영 대표에게 꼭 사용하고 싶은 제주 식재료가 있는지 묻자, 돌아온 대답이 바로 초피와 옥돔이었다. 다행히 이 두 가지 재료는 억지로 끼워 넣지 않고도 자연스럽게 하나의 요리로 담아낼 수 있었다.

초피

많은 이들이 산초와 초피를 혼동해 사용하지만, 두 식재료는 명백히 구분되어야 한다. 단 하나만 기억하면 더는 헷갈리지 않는다. 산초는 주로 열매에서 기름을 짜는 데 쓰인다. 부드럽고 은은한 향을 지녀 두부를 굽거나 전을 지질 때 향미유로 활용한다. 반면, 방언으로 '제피' '지피' '젠피' 등으로도 불리는 초피는 혀끝을 얼얼하게 만드는 강력한 통각성 향신료다. 잎과 열매 모두 독특한 향을 지니며, 잎은 주로 장떡 등의 전 반죽에 넣거나 된장에 박아 양념으로 활용한다.

여름철 풋열매는 알싸한 매운맛과 함께 복합적인 시트러스 향을 풍긴다. 보통 추어탕에 넣는 초피 가루는 초피 열매가 충분히 익은 뒤 껍질만 모아 곱게 갈아 낸 것이다. 이 가루는 잡내를 제거하는 동시에 특유의 얼얼한 풍미를 더한다.

제주의 낭푼밥상을 들여다보면 육지와는 확연히 다른 색을 발견할 수 있다. "김치가 고춧가루로 범벅되어 빨갛게 나오면 그건 제주식이 아니에요. 제주는 습해서

고춧가루 만들기가 어려웠거든. 다른 음식도 생각해 봐요. 어디 벌겋게 고춧가루 양념이 돼 나오는 게 있나, 고추장 범벅이 되어 나오는 게 있나? 없죠. 대신 초피를 많이 썼어요. 제주식 물회만 봐도 초장 베이스가 아니고 된장 베이스에 초피 잎이나 초피 가루가 들어가죠?" 육지에서 흔히 보이는 강렬한 빨간색이 제주의 낭푼밥상에서는 좀처럼 보이지 않는다. 그 낯섦 앞에서 문득, 언젠가 제주향토음식보전연구원 양용진 원장이 들려준 말이 떠올랐다.*

---

* 이 책을 준비하던 중인 2025년 7월 21일, 양용진 선생님께서 갑작스럽게 별세하셨다. 업계의 큰 어른이 떠나실 때마다 깊은 슬픔과 함께 책임의 무게를 새삼 느낀다. 더 활동하실 수 있었을 나이에 찾아온 이별이라 더욱 안타깝고 황망하다. 삼가 고인의 명복을 빈다.

제주에서 발굴한 식재료 3

고사리, 재래종 흑돼지

세 번째 음식
마드라스 커리 향의 고사리 고기 지짐으로 속을 채운 볼로방

지속 가능성 포인트: 종 다양성, 전통 요리의 재해석
식재료를 제대로 이해하려면 먼저 그 재료로 음식을 해 먹는 지역 사람을 찾아야 한다. 중산간 숲에서 자라는 먹고사리를 요리하기 위해 고사리 고기 지짐의 조리법을 조사한 것도 그 이유다. 여기에 마드라스 커리 향신료와 프랑스의 파트 푀유테 기법을 더해 '볼로방'을 재해석했다. 서로 다른 대륙의 요리가 만나 새로운 맛의 생태계를 만드는 일도 전통을 계승하는 또 다른 방식이다.

'볼로방(vol-au-vent)'은 가운데가 비어 있는 원형의 파트 푀유테 반죽을 여러 겹 쌓아 구운 후, 그 속에 다양한 재료와 소스를 채워 넣는 프랑스 요리다. 이때 사용하는 파트 푀유테는 반죽과 버터 등의 유지를 번갈아 접어 여러 겹의 층을 만드는 프랑스 고전 제과 기법이다. 굽고 나면 겹겹이 층진 반죽이 바삭하게 부풀어 오르며 분리된다.

'푀유테(feuilleté)'는 프랑스어 '푀유(feuille)', 즉 나뭇잎이나 책의 얇은 종잇장을 뜻하는 단어에서 유래했다. 파트 푀유테 기법으로 만든 가장 대중적인 음식이 바로 크루아상. '볼로방'이라는 이름 또한 '바람(vent)을 타고 난다(vol)'라는 의미를 담고 있어, 바삭하게 부푼 반죽의 가벼운 질감을 상상하게 만든다.

볼로방이라는 디저트가 언제 처음 만들어졌는지는 설이 분분하지만, 문헌에 이 단어가 처음 등장한 것은 18세기 중엽이다. 밀가루 반죽 위에 너무 차갑지도, 따뜻하지도 않은 버터를 얹고, 다시 반죽으로 감싼 다음 밀어서 얇은 층을 형성하는 '밀어 접기(tour)' 공정은 파트 푀유테의 복잡함을 잘 보여 준다. 이처럼 손이 많이 가는 조리법이다 보니, 프랑스 귀족 문화가 절정에 이르던 시기에 탄생했음을 실감하게 한다.

　고사리는 대표적인 양치식물로, 뿌리와 줄기, 잎을 가지고 있지만, 씨앗이 아닌 포자로 번식한다. 다시 말해 우리가 흔히 보는 잎이 달린 고사리의 형태와 그 잎 뒷면에 있는 포자낭에서 터져 나오는 포자 상태는 생애 주기 속에서 반복 순환한다. 일반적으로 식용 고사리는 잎이 활짝 피지 않고 꼬부라진 어린 순 상태에서 수확하는데, 이때의 모습이 바이올린 같은 현악기의 머리 부분을 닮아 영어로는 '피들헤드(fiddlehead)'라고도

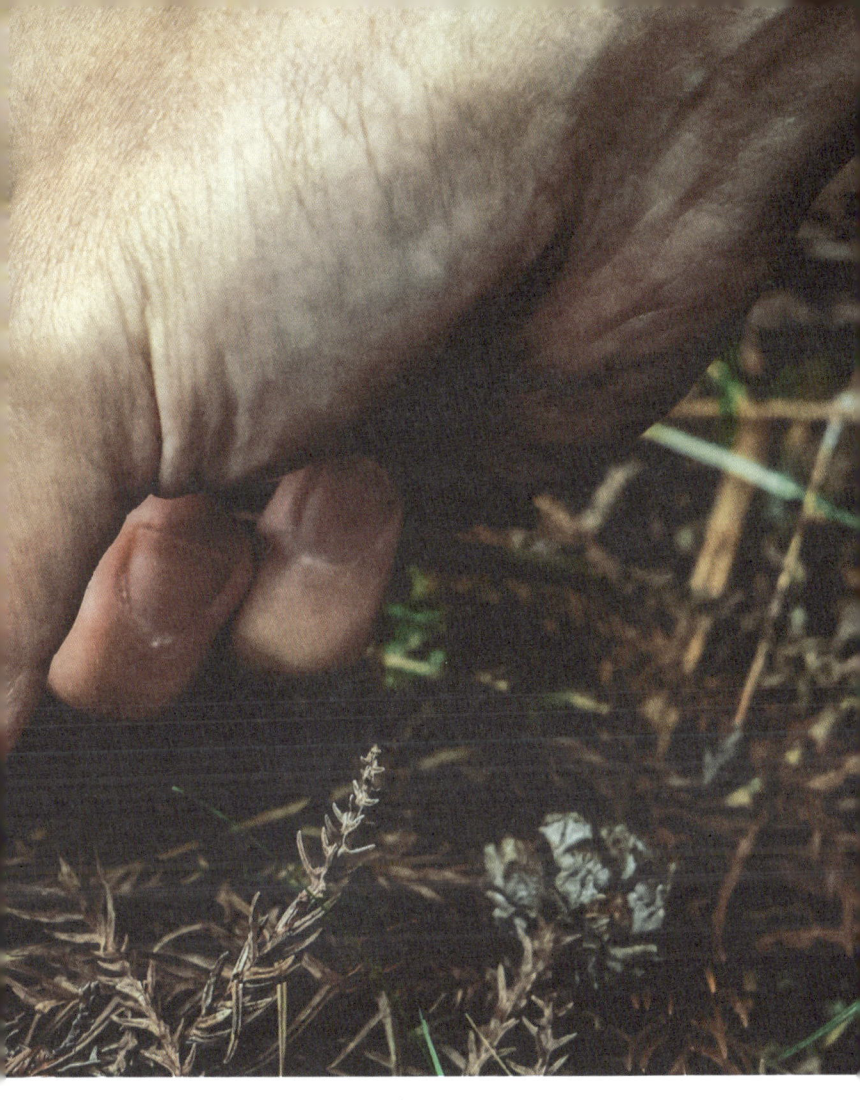

부른다.

    제주에서는 3월 말에서 4월 초, 봄비가 내리는 시기를 '고사리 장마'라 부른다. 장마가 지나가고 나면, 제주 숲을 걷는 내내 발밑에서 어린 고사리가 고개를 내미는 광경을 볼 수 있다.

    "고사리가 많은 곳? 주소를 알려 달라고? 그냥 중산간에 있는 숲 옆에 적당히 차 세우고 봐 봐. 어디든 있을텨." 제주 삼춘들에게 먹고사리가 있는 곳을 물으면,

열에 아홉은 이렇게 답한다.

　숲의 정령이 땅에서부터 손을 뻗은 느낌. 기분 나쁜 음습함이 아닌 비 온 뒤의 개운함. 고사리 장마의 끝물에 고사리를 캐러 중산간 숲을 찾았을 때 내가 받은 인상이 그랬다. 고사리는 전 세계에 분포하지만, 일반적으로는 독초로 분류되어 우리나라와 일본을 비롯한 일부 아시아 국가에서만 식용한다. 고사리에 관한 고서를 보면, 효능보다 부작용과 주의 사항을 훨씬 더 자주 발견할 수 있다. 흥미롭게도 산과 들에 풀어놓은 소나 말도 고사리는 잘 먹지 않는다고 한다.

　생고사리는 독성을 제거하기 위해 여러 전처리 과정을 거쳐야 한다. 끓는 물에 5분 이상 데친 후, 물을 여러 번 갈아 주며 24시간가량 우려내야 독성이 빠진다. 한마디로 손이 많이 가는 번거로운 식재료다. 과연 이렇게까지 해서 먹을 가치가 있을까. 평소엔 회의적이었지만, 한라산 중산간 계곡과 습지에서 자라는 먹고사리를 맛본 후 생각이 달라졌다. '1년에 한두 번쯤은 이 정도 수고는 들일 만하다'라는 쪽으로 바뀌었다.

　먹고사리는 고사리의 장점이라 할 수 있는 식감·맛·향이 모두 두드러지는 아주 매력적인 식재료다. 특히 한라산 먹고사리는 줄기가 굵으면서 식감이 부드럽다. 앞서 언급했듯 4월 초 딱 며칠 동안 지속되는 봄비를 제주에서는 고사리 장마라 부른다. '고사리를 키우는 비'라는 뜻이다.

　운 좋게 시기가 맞아 그 무렵 고사리를 찾아 한라산 중턱을 헤맨 적이 있다. 제주 사람들의 말마따나 고사리를 찾는 일은 어렵지 않았다. 직사광선이 많이 들지 않으면서도 따뜻한 해의 기운이 들고 습기를 머금어 촉촉한 땅을 잘 살피면 꼬부라진 작은 지팡이처럼 생긴 고사리를 쉬이 발견할 수 있다. 손끝으로 고사리를 톡톡

딸 때의 손맛이 참 좋았다. 안개 낀 중산간 숲은 마치 여기저기서 요정들이 나올 것 같은 분위기였다.

흔한 조합은 아니지만, 고사리와 돼지고기의 궁합은 별다른 양념 없이도 훌륭하다. 제주에서는 제사나 차례를 지내고 나면 고사리 잡채인 '고사리탕쉬'와 돼지고기 산적 '돗괴기적' 같은 음식을 먹곤 했다. 대부분 살림이 넉넉하지 않아 제수 음식을 푸짐하게 차리는 일은 드물어 늘 양이 부족했다. 그런 상황에서 제주의 어머니들은 이 두 음식을 섞어 더 맛있고 넉넉하게 만드는 지혜를 발휘했다.

고사리와 돼지고기를 함께 지진 후 메밀가루를 풀어 넣으면, 고사리와 고기가 따로 놀지 않고 하나로 어우러진다. 고사리가 고기같이 느껴지니, 푸짐하게 차려 낸 고기 요리를 먹는 듯한 착각까지 든다. 이는 일종의 제주식 두루치기인 '고사리 고기 지짐'이란 음식이다. 이 음식의 매력은 과하지 않은 양념 속에서 각 재료가 가진 본연의 맛을 은근히 느낄 수 있다는 데에 있다. 그 중심을 잡아 주는 것이 메밀가루다. 나는 최소한 이 향토 음식의 틀을 벗어나지 않는 선에서 흥미로운 변주를 시도해 보기로 했다.

원래 조리법 그대로 고기 지짐을 만든 후, 마드라스 커리 파우더로 향을 입혔다. 머릿속에서 상상하던 커리 향의 고기 지짐은, 만들면서도 마구 퍼먹고 싶은 맛이었다. 마드라스 커리를 떠올릴 때면, 어김없이 십수 년 전 인도 여행의 추억이 따라붙는다. 첸나이(Chennai)는 남인도 여러 도시를 돌며 반강제적인 채식 식단을 거친 끝에 처음 도달한 대도시였다. 참고로 남인도는 전 세계에서 완전 채식 인구 밀도가 가장 높은 지역이다.

숙소에 짐을 풀자마자 무슬림이 모여 사는 거리를 찾아 탄두리에서 구워 낸 양이며, 닭, 염소 같은 각종 고기 요리를 시켜 놓고 허겁지겁 먹은 날이었다. 음식의

맛보다 더 선명하게 남은 기억은, 거지꼴을 한 동양 남성 둘이 축제를 벌이는 광경을 구경하던 사람들의 즐거움과 신기함으로 가득한 표정이었다.

그날의 만찬에서 이번 요리에 등장하는 마드라스 커리 파우더를 처음 맛봤다. 마드라스(Madras)는 첸나이의 옛 지명이다. 고사리 고기 지짐에 마드라스 커리 파우더를 더하자 감칠맛이 폭발하듯 입안 가득 퍼졌다. 고사리와 메밀가루가 주는 부드러운 식감과 대비를 이룰 바삭한 페이스트리가 있으면 요리의 완성도를 높일 수 있겠다는 생각이 들었다. '볼로방이면 어떨까?' 불현듯 스쳐 간 엉뚱한 아이디어였지만, 그냥 흘려보낼 수는 없었.

'프랑스와 제주도?' '고사리 고기 지짐을 소로 넣은 볼로방?' '당면이 들어간 크로켓이나 야키소바 빵이 친척쯤 되려나?' 상상하니 나쁘지 않은 조합 같았다. 메뉴 아이디어를 쥐어짜다 보면 별별 상상이 다 떠오르는데, 어느 날은 침대에 누워 샹젤리제 거리에 돌하르방이 양옆으로 도열해 있는 장면까지 상상했을 정도다.

페이스트리의 당도, 커리와 고사리의 쌉쌀한 맛, 페이스트리와 간장의 부조화까지 조율해야 할 요소가 예상보다 많았다. 간장과 메밀가루의 양, 반죽 배합 비율을 수차례 조절하며 일주일 내내 이 음식을 먹었다. 몸에 커리 냄새가 배어들 지경이었다. 다른 요리들도 마찬가지지만, 이 요리도 수많은 테스트를 거쳤다. 행사 전날에 이르러서야 마음에 드는 결과물을 얻었다. 마지막 테스트를 마쳤을 때, 마치 돌하르방이 조용히 다가와 내 어깨를 토닥이며 "수고했다"라고 말해 주는 듯한 기분이 들었다.

제주에서 발굴한 식재료 4

멸치

네 번째 요리

야생 독활과 제주 레몬으로 맛 낸 시칠리아풍 멸치 파스타

지속 가능성 포인트: 지속 가능한 재료 수급 방식(채집), 지속 가능한 어업과 수산물 소비

"봄가을의 산행에서는 빈손으로 돌아오기 어렵다"라는 말처럼 봄가을이면 산과 들에 먹을거리가 지천이다. 그럼에도 먹을 수 있는 것과 없는 것을 구별할 줄 모른다면 잡초만 무성해 보일 뿐. 봄가을마다 산을 누비다 보니 먹을 수 있는 것이 눈에 들어오기 시작했다. 자연이 내어 주는 만큼, 내 체력이 허락하는 만큼만 취할 수 있다면, 먹을거리는 언제나 우리 가까이 있다.

멸치

서해와 남해에서는 얕은 바다의 지형을 이용해 돌담을 쌓고, 밀물에 들어온 물고기가 썰물에 갇힐 때 잡는 전통 어업이 성행했다. 제주의 '원담'이 대표적 예다. 만을 이룬 해안 지형에 야트막하게 돌담을 쌓은 일종의 돌 그물인데, 주변보다 오목한 지형 덕에 썰물 때에도 물이 고여 고기 잡기에 용이했다. 숭어·볼락·우럭·멸치 등 다양한 어종이 원담을 드나들었다.

    제주 사람들이 삶의 많은 부분을 바다에 의지해 왔지만, 배를 타고 나가든, 물질을 하러 들어가든 바다 곳곳에는 위험이 도사리고 있었다. 그 와중에 원담은 비교적 안전하게 식량을 구할 수 있는 수단으로, 바닷가 마을의 어로 활동에서 중요한 비중을 차지했다. 그만큼 마을마다 원담 관리를 소홀히 할 수 없었다. 담을 쌓고 보수하는 일에 주민 모두가 나섰고, 시간과 순번을 정해 종일 담 근처를 지켰다. 멸치 철이 되면 원담을 지키는 원담지기가 목청껏 외쳐 마을 구석구석에 소식을 알렸고, 그 소리를 들은 사람들은 저마다 나와 멸치를 주워 담았다.

 하지만 유지·관리의 어려움 등으로 인해, 오늘날 이런 돌 그물을 실제 어로로 활용하는 경우는 거의 없다. 바닷가에 돌담을 쌓아 해녀들의 휴식 공간으로 사용했던 '불턱'처럼, 원담도 이제는 관광 자원으로 전시되거나 명맥만을 간신히 유지하는 정도다. 한때 마을 단위로 공동체가 함께 멸치를 잡고 나눴던 문화는 멸치가 상품화되며 경쟁이 붙기 시작한 이후로 대부분 사라졌다. 몇몇 예외적인 경우를 제외하면, 공동 어획과 분배 같은

문화는 더 이상 살아남기 어려운 상황이다.

  이렇게 버려진 원담이 뜻밖에도 다시 주목받은 계기는 제주 연안에 서식하는 남방큰돌고래 덕분이었다. 2022년 이화여대 연구팀의 조사 결과에 따르면, 제주 구좌읍 행원리 앞바다의 원담에 남방큰돌고래가 체류하며 먹이 사냥을 하는 행태가 관찰됐다고 한다.

  시칠리아에서 인상적인 음식을 여럿 만났지만,

정말 맛있게 먹은 요리 하나를 꼽자면 카타니아 시장 인근에서 먹은 멸치 파스타였다. 속까지 멸치 맛이 깊이 밴 탱글탱글한 부카티니 면, 기름이 올라 고소함이 충만한 멸치, 입안을 강타한 넉넉한 소금 간까지, 놀라움과 감탄의 연속이었다. 왁자지껄한 시장의 활기와 분주함이 그대로 입안에서 재현되는 듯한 그 맛은, 곁들여 마신 시칠리아 토착 품종 카타라토(catarratto)로 빚은 화이트와인과 최고의 궁합을 이뤘다. 그 경험은 마치 큰 파도가 밀려드는 듯한 쾌감이었지만, 파도가 빠져나간 자리에 남는 여운처럼 왠지 모를 씁쓸함이 뒤따랐다. 머릿속 어딘가에서 '이런 감동을 줄 만한 멸치 파스타를 네가 만들 수 있겠니?'라는 소리가 이명처럼 들려왔다.

시칠리아에서 멸치 파스타는 꽤 유명하다. 개인적으로는 '시칠리아에 꼭 가야 하는 이유 n가지' 중 하나로 꼽는다. 만드는 방식은 집마다, 식당마다 조금씩 다르다. 나에게 강렬한 인상과 함께 의문의 패배감을 안긴 그 문제의 파스타는 오일 베이스에 쐐 많은 토마토를 대충 으깨 넣은, 오일 소스도 토마토소스도 아닌 중간 어디쯤의 하이브리드 형태였다. 찬찬히 곱씹어 보니 토마토를 꼭 '대충' 으깨는 것이 맛의 비결 같았다. 불규칙성이 주는 매력이 가산점의 요소였다고 할까. 이번 행사에 이 방식을 그대로 따라 하기로 했다.

멸치 파스타에는 향을 결정짓는 중요한 요소로 펜넬이 들어가는데, 펜넬이 지닌 아니스 향의 뉘앙스에는 독활, 즉 땅두릅과 묘하게 겹치는 지점이 있었다. 마침, 이맘때면 지리산에 사는 친구가 귀한 독활을 보내 줘 펜넬의 자리는 지리산의 독활로 대체했다.

원래는 전통적인 레시피가 요구하는, 가운데가 텅 빈 튜브 형태의 파스타 면인 부카티니를 그대로 쓰고 싶었지만, 과거 식당에서 부카티니를 낼 때마다 반응이 썩 좋지 않았던 기억이 났다. '네가 먹은 멸치 파스타와 같은

명품을 만드는 건 불가능해'라는 내면의 소리가 들리는
마당에 굳이 실패 요인을 더하고 싶지 않았다. 그래서
면은 안전하게 스파게티니를 선택했다.

하나의 '킥'은 빵가루였다. 대부분의 전통 레시피에
빵가루가 들어가는데, 이번 행사에는 사워도 브레드를
큼직하게 잘라 굵은 빵가루를 만들었다. 여기에 제주
레몬 제스트를 섞어 가니시로 올렸다. 거친 빵가루를 씹을
때마다 바삭함이 머릿속을 울리고, 날숨에 실린 산뜻한
레몬 향이 입안에서 벌어지는 복잡한 맛의 잔치를 정리해
줄 것이다.

독활

'땅두릅'이라 불리는 산나물의 생약명은 독활(獨活)이다.
우리가 '참두릅'이라 부르는 두릅나무와 같은
두릅나무속에 속하며, 줄기 끝에 나온 순을 데쳐 먹는다는
점은 같지만, 나무가 아닌 여러해살이 초본식물에
해당한다. 우리나라에서는 해발 1,500m까지의 산야,
계곡, 산기슭 등 주로 그늘진 곳에 군락을 이루어
자생하며, 일본과 중국을 포함한 동아시아 온대 지역에
널리 분포한다.

독활은 최대 2m까지 자라며, 온몸에 짧은 털이 나 있다.
세 갈래로 두 번 갈라진 잎이 서로 마주 보며 자라고,
다 자란 잎은 길이 50~100cm에 이르며, 2~3회 깃꼴로
갈라진 큰 겹잎을 지닌다. 보통 봄철, 잎이 5~30cm가량
자랐을 때 채취해 나물로 섭취한다.
이 시기의 어린잎은 달걀형 또는 타원형으로 끝이
뾰족하며, 양면에 드물게 털이 나 있다. 잎 가장자리는
규칙적으로 작은 톱니 모양을 이룬다.

지리산 친구 최지한에게 보내는 헌사

그와 처음 인사를 나눴던 그 집의 기억은 이상하리만치 선명하다. 허리가 구부정한 노부부가 살 것 같은, 아니 1930년대를 살아가던 사람들이 여전히 머물고 있을 것만 같은 그 집과, 지리산의 맑은 공기를 닮은 그의 얼굴은 도무지 어울리지 않았다. 그 집에는 선풍기는커녕 가스도, 세제도, 휴지도 없었다. 겨우 백열전구 하나가 어스레하게 빛을 밝히는 실내를 둘러보며, '이래서 책이나 제대로 볼 수 있을까?' 하는 의문이 들었다.

그가 가진 세간살이는 지금껏 내가 만난 모든 사람을 통틀어 가장 단출했다. 아마 법정 스님도 그보다는 더 많은 것을 소유하고 계셨으리라. 그가 어떤 세계에서 어떤 인생을 살다가 산골 구석에 들어와 이런 삶을 택했는지는 전혀 궁금하지 않았다. 그저 나같이 아무것도 버리지 못하는 맥시멀리스트에게는 사람이 저렇게 적게 소유하고도 살 수 있다는 것이 그저 경이로울 따름이었다. 그럼에도 그는 어두운 구석 하나 없이 말끔했고, 몸과 마음도 건강하고 활기가 넘쳤다. 그와 함께 있으면, 나도 모르게 그의 손과 발을 바라보게 된다. 성실한 삶을 대변하는 진실한 손. 나무껍질처럼 거친 그 손은 사계절 내내 고무신이나 슬리퍼를 신는 그의 발처럼 기능적이고 강인해 보인다.

그는 무능의 소치가 아닌 스스로 선택한 청빈과 가진 것을 최소화하는 검박한 삶이 동시대의 동년배에게도 가능하다는 사실을 삶으로 증명해 보인다. 그에게 있어서 그것은 꿈이나 허영이 아닌, 지금 이곳에서 실천할 수 있는 삶의 방식이다. 가까이에서 보면 그는 '올바른 길을 가고 있다'기보다 '올바른 길에서 벗어나지 않기 위해 자신을 늘 채찍질하는 사람'이라는 인상을 준다. 하지만 결국 그는 사람들에게 살아가는 행위 하나하나에 있어 본보기가 됨으로써

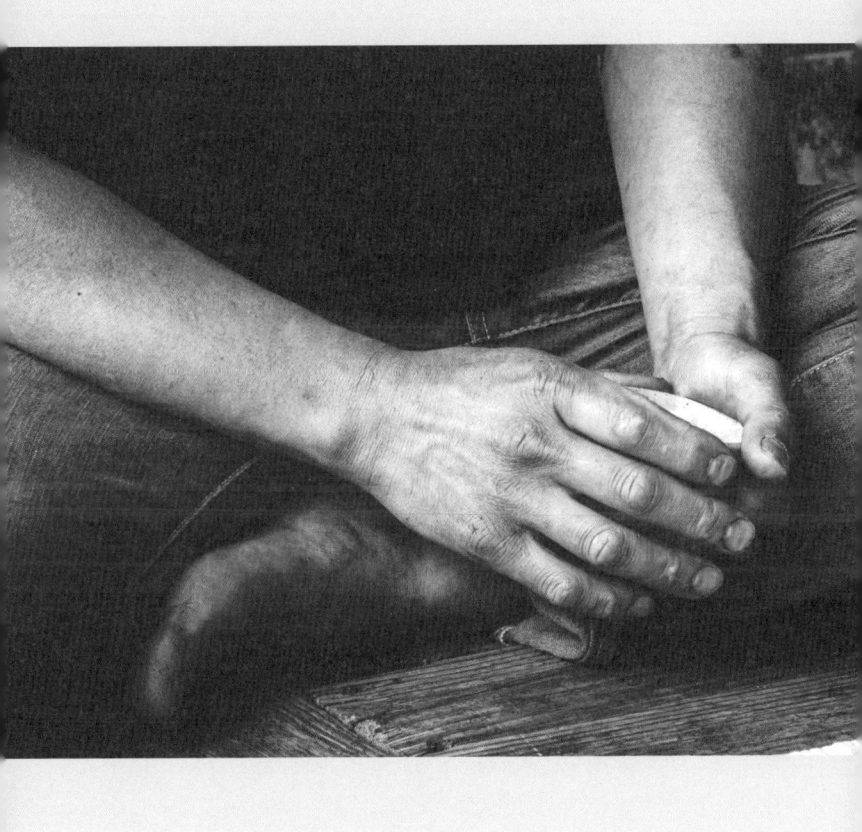

삶의 올바른 방식을 조언한다. 진실한 삶이 여전히 가능하다는 것, 그렇기에 우리는 아직 희망을 이야기할 수 있다는 것을.

우리와 같은 시스템 안에 있으면서도, 시스템 밖의 삶을 실현하는 그의 모습을 보고 있으면, "세상을 바꾸는 것도 쉽지 않겠지만, 그렇다고 세상이 나를 바꾸는 것도 쉽지는 않을 것이오"라고 말한 어떤 행동가가 떠오른다. 그리고 늘 어떻게 살아야 하는지 이야기하면서도 언행이 일치하지 못한 삶을 살아가는 나 자신을 돌아보게 된다. 나는 그와 같은 사람이 디스토피아의 시대에도 끝내 살아남을 인간상이라고 믿는다.

오늘날의 유통에는 '관계'가 소거돼 있다. 분명 사람이 키우고 사람이 만든 것이지만 그 사람은 보이지 않고, 알 수도 없다. 반면 지한과의 거래는, 비록 대부분이 거래라기보다는 선물에 가깝지만, 관계만으로 유지되는 유통이다. 그 관계는 신의에 기반한다. 사람과 사람의 관계, 사람과 자연의 관계, 자연과 자연의 관계, 그 모든 관계가 그 안에 있다.

그와 함께 나물을 캐고, 야생화를 바라보고, 시냇물을 마시며 나는 서서히 지리산이라는 대자연의 품에 젖어 들었다. 늘 고무신을 신고 거친 산을 오르는 그의 마음은 이른 봄에 돋는 여린 생명을 해치지 않으려는 조심스러움으로 가득하다. 나물을 캘 때도 덜 자란 것과 이듬해까지 생명을 이어 갈 것은 확실히 남겨 둔다.

행여나 오가는 길에서 차에 치여 죽은 동물을 만나면 아무리 급해도 차에서 내려 그 주검을 도로 밖으로 옮긴다. 지리산이 내준 것을 취하면서도 지리산을 해치는 일은 옳지 않다고 여기기에, 나물을 데칠 때도 화석연료 대신 아궁이에 불을 지핀다.

그렇게 남들보다 어렵게 마련한 생산물을 다시 다른 이와 나눈다. 그래서 그의 공방에는 늘 이웃으로부터 답례로 받은 먹을거리가 놓여 있다. 새벽 배송이나 로켓 배송에는 담기지 않는 인간미와 다정함이 그 먹을거리에 고스란히 담겨 있다.

그는 나에게 지리산의 나무와 풀, 새들의 이름을, 대나무로 도구 만드는 법을, 자연과 자연 속 생명을 대하는 태도를 몸소 전해 준다. 2024년 여름, 나는 평생 살았던 서울을 떠나 그가 사는 마을 근처에

집을 구했다. 틈만 나면 찾아와 귀찮게 굴다 돌아가던 뜨내기가, 이제는 그와 함께 지리산의 사계절을 보고 싶다는 마음으로 아예 눌러앉은 것이다. 그가 내 인생의 귀인이었기에 가능한 용단이었다.

제주에서 발굴한 식재료 5

멸치·재래종 흑돼지·풋마늘 아스파라거스

다섯 번째 요리

스파이시 바냐 카우다와 재래 돼지 가브리살 구이·발효한
풋마늘·제주 채소들

지속 가능성 포인트: 종 다양성, 제로 웨이스트
제주의 재래종 흑돼지는 거름 생산부터 폐기물 처리, 추렴 문화까지
지역 사회에서 다양한 기능을 하며, 인간과 자연이 공생하는 완전한
순환 체계를 형성했다. 하지만 낮은 채산성으로 현재는 명맥만 잇는
수준. 마늘을 발효해 만든 마농지는 물론, 배추 동지, 무 동지처럼
버려질 뻔한 재료를 되살려 낸 제주 사람들의 지혜와 재료를 허투루
쓰지 않는 태도도 요리에 담았다.

바냐 카우다(bagna càuda)는 이탈리아 북부 피에몬테
지방의 전통 요리로, 지역 방언으로 '뜨거운 목욕'을
뜻한다. 올리브유를 약한 불에 끓여 마늘이나 양파,
앤초비를 넣고 감칠맛을 뽑아낸 후, 취향에 따라 매운
향신료를 더해 완성한다. 만드는 법이 간단한 만큼 변주도
다양하지만, 그럼에도 기름과 앤초비는 모든 레시피에서
빠지지 않는 필수 재료다.

　멸치를 포함한 청어류는 잡히자마자 부패가 빠르게
진행되는 어종이다. 지중해 연안에서 주로 잡히는
멸치가 내륙 깊숙한 산간 지역인 피에몬테까지 도달해
그곳의 토착 음식으로 자리 잡게 된 것은 '염장'이라는
단순하지만 결정적인 기술 덕분이다.

　우리가 '로컬'을 탐색할 때 단순히 그 지역에서 나는
식재료를 찾는 데 그치지 않는 이유가 여기에 있다.
오히려 중요한 것은 그 재료를 인간이 어떻게 받아들이고
가공해 자신의 삶에 편입시켰는지 살피는 일이다. 평생
자신의 두 눈으로 바다를 본 적 없었을 피에몬테 사람들이
염장 멸치를 통해 바다를 식문화에 끌어들인 방식은,
젓갈이나 마른미역, 간고등어와 같은 해산물로 바다를

일상화한 우리의 방식과도 닮았다. 이러한 시도는 결국 국가나 민족의 경계를 넘어선, 보편의 감각에 닿아 있다.

    제주의 음식에는 유난히 돼지고기 요리가 많다. 돼지 수육인 돔베고기, 돼지 순대 돗수애, 돼지 사골국 접짝뼈국처럼 식당에서 쉽게 볼 수 있는 음식은 물론, 몸국이나 고사리 육개장처럼 국물 요리의 베이스로도 자주 쓰인다.

    '돗'이라 부르던 제주 재래 흑돼지, 일명 '똥돼지'는 지역 음식의 근간이 될 만큼 제주의 일상에 깊이 스며든 존재였다. 하지만 일제강점기 이후 수많은 외래종이 유입되며 무분별하게 교배가 이뤄졌고, 신식 화장실이 보급되면서 가정에서 돼지를 기르는 풍경도 점차 사라지며 도태돼 갔다.

    1980년대 후반, 농촌진흥청 국립축산과학원 양돈과의 주도로 재래 흑돼지 복원 프로젝트가 시작됐다. 제주도 내외를 수소문해 토종 흑돼지 다섯 마리를 겨우 확보했고, 오랜 노력 끝에 복원에 성공했다. 섬이라는 지리적 특성상 육지의 다른 흑돼지와 교배가 거의 없었던 제주 흑돼지는 그 고유성을 인정받아, 2019년 국가 지정 문화재 천연기념물 제550호로 등록됐다.

    제주에서 돼지는 단순한 가축이 아니었다. 거름을 만들고, 생활 폐기물을 처리하며, 마지막에는 의례나 추렴 음식으로 활용되는 등 공동체의 삶에 깊이 연결돼 있었다. 이 관계를 가장 잘 보여 주는 단어가 '추렴'이다. 추렴은 고기가 필요한 사람끼리 모여 소나 돼지를 잡아 고기를 나눠 가지는 관습을 말한다. 소를 잡는 '큰 추렴', 돼지를 잡는 '작은 추렴'으로 구분했다.

    이웃과 함께 돼지를 잡는 일은 일상이었고, 결혼이나 포제, 즉 마을제 등의 통과의례에는 잔치 며칠 전, 동네 도축 전문가가 정성 들여 기른 돼지를 잡았다.

간, 북부기(허파), 준배설(소장) 같은 귀한 부위는 잔치
준비를 맡은 이웃이나 친척에게 먼저 나눠 줬다. 이렇게
잡은 돼지로 음식을 준비하고 잔치 준비가 끝나면
'가문잔치'라 하여 친지와 하객을 모아 피로연을 열고,
그다음 날 결혼식을 올렸다. 참고로 제주도에서는
결혼식을 사흘에 걸쳐 치르는 전통이 있다.

　제주는 물이 잘 빠지는 지형적 특성상 논농사보다
밭농사가 발달했다. 그중에서도 밭농사가 잘되는
한림·한경·대정 지역 사람들의 식생활은 시장에서도
그 단면이 여실히 드러난다. 밭일하다 빠르게 끼니를
해결해야 했던 그들은 주로 양푼 밥에 밑반찬을 얹어
먹었고, 그들에게 시장에서 인기 있는 품목은 단연
젓갈류였다. 제주 시장에서 쉽게 볼 수 있는 다양한 젓갈
중에는 멸치를 통째로 담은 멜젓이나 자리돔으로 담근
자리젓 같은 제주식 젓갈이 유독 눈에 띈다.
　제주에서 흑돼지구이를 파는 식당이라면 멜젓이 꼭
등장한다. 다진 멜젓이나 통멸치 형태 그대로의 멜젓을
쌈에 곁들이거나, 멜젓을 끓여 디핑 소스처럼 곁들이는
것이 제주식이다. 피에몬테의 바냐 카우다 역시 앤초비를
마늘과 함께 올리브유에 끓여 만드는 일종의 디핑 소스다.
흑돼지구이와 멜젓의 조합으로부터 바냐 카우다와
재래종 돼지고기의 연결 고리를 찾을 수 있었다.
　이번 행사에서는 서귀포 남원에 위치한 '길갈축산'의
제주 재래종 흑돼지를 받아 여러 부위를 테이스팅하며,
'먹는 횟수를 줄이되, 잘 키운 고기를 먹자'라는
아워플래닛의 철학에 따라 목살과 삼겹살에 편중된
소비에서 벗어나 비인기 부위와 특수 부위의 활용을
고민했다. 이번 행사에는 '가브리살'이라 불리는 등심
덧살을 선택했다. 등심 덧살은 말 그대로 등심 상부에
덧붙은 살로, 돼지 한 마리당 300~450g 정도밖에 나오지

않는 특수 부위다. 항정살과 비슷한 맛을 지니지만, 항정살보다 지방이 적고 더 부드럽고 쫄깃해, 다른 부위에서는 찾기 힘든 독특한 개성을 경험할 수 있다.

  섬 내 도로 교통이 발달하기 전까지만 해도 제주의 동서남북은 생활권의 경계가 뚜렷했다. 또 지역마다 기후와 토양이 달라 재배하는 작물에도 차이가 있었다. 이러한 특징은 지금도 재래시장에 나와 있는 작물을 통해 쉽게 확인할 수 있다. 작물 이름표에는 '국내산' '제주산' 대신 '구좌 당근' '김녕 양파' '남원 감귤' '대정 마늘'처럼 세부 지역명이 적혀 있다. 지리적 표시제를 자발적으로 시행하는 방식으로, 작물의 품질을 스스로 보증하는 셈이다.

  이처럼 지역을 기반으로 한 생산물은 로컬 음식의 핵심 가치를 말해 준다. 잊힌 과거이자, 오래된 미래이기도 하다. 그중 대정 지역은 토질이 고르고 해풍과 일조량이 풍부해 예부터 마늘 재배에 최적지로 꼽혔다. 미네랄이 풍부한 화산암반수를 활용하기 때문에 다른 지역 마늘보다 품질이 뛰어난 것으로 알려졌으며, 현재 대정에서 생산하는 마늘은 제주 전체 생산량의 약 70%를 차지한다.

  '마농'이라 불리는 제주의 마늘은 알이 굵지는 않지만, 알싸하고 매운맛이 강한 편이다. 어패류를 주로 조리해 먹던 제주 사람들에게 마늘은 빠질 수 없는 필수 양념이었다. 그래서 대부분의 집에서는 우영팟(텃밭) 한 켠에 반드시 마늘을 심었다. 마늘에서 파생된 제주만의 특별한 음식이 마농지다. 같은 제주 방언으로 '콥대산이지'라고 부르기도 한다. 육지의 김장 문화처럼 제주에서는 1년치 먹을 양을 염두에 두고 마농지를 담갔다. 마농지는 풋마늘 대로 만드는 장아찌다. 풋마늘 대는 얼핏 보면 대파처럼 생겼지만 덜 여문 마늘의 어린 잎줄기로, 대파보다 단단하고 잎은 납작한 것이 특징이다.

무엇 하나 허투루 버리지 않던 제주 사람들은 줄기로는 장아찌를 담가 먹고, 푸른 잎은 나물처럼 무쳐 먹었다.

5월 초, 봄철 해풍을 맞고 자란 마늘 대가 대정 일대를 푸르게 수놓는다. 제주의 봄은 노란 유채꽃으로 유명하지만, 실제로는 유채밭보다 마늘밭이 더 넓게 펼쳐져 있다. 사실 제주의 봄 풍경을 책임지는 주인공은 청보리밭과 마농밭인 셈이다.

김치처럼 마농지도 집집이 담그는 방식이 조금씩 다르지만, 전통적인 조리법에는 식초가 들어가지 않는다. 풋마늘 대에 옅은 농도의 간장 물을 끓여 부어 천천히 발효시킨다. 식초에서 비롯된 직접적인 산미가 아닌, 발효 과정에서 서서히 생긴 부드럽고 은은한 산미를 취하려는 지혜다. 이 점에 착안해 제주에서 온 풋마늘 대를 3%의 염수에 담가 젖산 발효를 시도했다. 상온에서 약 21일간 발효하니 '풋마늘 대 물김치'에 가까운 맛이 완성됐다. 이 상태에서 풋마늘 대의 물기를 제거하고 돼지기름에 볶으면 돼지고기와 제법 잘 어울리는 짝이 된다. 이번 행사에는 전년도에 담가 숙성한 발효 풋마늘 대를 사용했다.

제주에서는 2월과 3월 사이, 음력 섣달에 담근 배추김치가 겨우내 익다 못해 삭아 군내가 날 즈음이 되면, 물에 씻어 밥을 싸 먹거나 채 썰어 햇몸(모자반)이나 톨(톳)과 함께 무쳐 먹었다. 바로 이맘때 상에 오르는 햇김치를 '동지 짐치'라 불렀다. 제주 사람들은 밭에 심어 둔 배추를 뽑지 않은 채, 잎을 조금씩 솎아 먹으며 겨울을 났다. 여기서 말하는 '동지'는 혹독한 겨울을 땅바닥에 바짝 엎드린 채 견뎌 낸 배추가 이른 봄 꽃대를 밀어 올리고 꽃망울을 맺은 상태를 말한다. 노란 꽃이 핀 동지에서는 입 안 가득 퍼지는, 이맘때만의 독특한 단맛이 느껴진다. 동지는 춘궁기를 버티게 해 준 귀한 식재료였고, 현대의 기준으로 봐도 제로 웨이스트에 가까운 훌륭한 식생활 문화라 할 수 있다.

오일장에서 그 귀하다는 배추 동지와 무 동지를 발견했다. 아무리 봐도 뭔지 알 수 없는 이 채소를 여기저기서 팔고 있었다. 한 상인에게 동지에 관한 이야기를 실컷 듣고 나니, 어떻게든 이 희소한 식재료를 행사에 써야겠다는 생각이 들었다. 제주 편에는 유독 그렇게 '어떻게든 쓰고 싶은' 식재료가 많았다. 또 다른 봄 채소인 제주 아스파라거스와 함께 구워, 흑돼지 옆에 가니시로 곁들였다.

이야기 보물섬, 제주 오일장 할망장터

전통 시장은 계절의 시작과 끝을 살피기 좋은 장소다. 다른 지역에 출장 갈 때마다 그 지역의 시장을 꼭 들르듯, 제주에 갈 때도 일정에 오일장을 빠뜨리지 않고 챙겨 넣는다. 특히 제주시 민속오일장은 만 65세 이상만 장사할 수 있는 '할망장터'가 처음 시작된 곳이다.

이곳 할머니들은 정식으로 상인회에 등록되진 않았지만, 오일장이 열리는 날이면 나와 직접 장사를 할 수 있다. 시장 이용료·수도료·전기료 같은 제반 비용이 면제되며, 주로 소규모 우영팟(텃밭)에서 기른 채소나 과일, 약초 등을 들고 나온다. 이따금 제주 토종 채소나 재래종 과일 같은 귀한 식재료를 만나게 되기도 한다. 그래서 이 장터에서는 자연스럽게 눈이 초롱초롱해진다. 제주에 갈 때마다 들르는데도, 아직도 처음 보는 식재료를 종종 만나게 된다. 이번 출장에서 만난 무 동지, 배추 동지가 그랬다. 이번 행사에 쓰인 먹고사리·댕유지·하귤 등의 재료도 할망장터에서 구한 것이었다.

재래시장에서는 상인과 눈 맞추고, 때로는 열띠게 흥정도 하며 상품을 구매하는 원초적이고 인간적인 거래가 여전히 이뤄진다. 마트보다 일회용 용기나 플라스틱 사용도 훨씬 적어 환경친화적이다. 장바구니를 챙겨 간다면 비닐 한 장 사용하지 않고 장을 볼 수도 있다. 단순히 물건을 사고파는 기능적 측면 외에도 재래시장은 많은 이야기가 '덤'으로 오가는 인간미가 살아 있는 곳이다. 오랫동안 지역 사람들이 그 재료를 먹어 온 방식과 역사에 관한 강의를 들을 수도 있다. 외로움이나 반가움 때문인지, 아니면 타고난 붙임성 덕분인지 모르지만, 할머니들이 고구마 줄기 캐듯 묻지도 않은 이야기를 끊임없이 들려줄 때도 있다.

때로 그들의 이야기는 살아 있는 요리책에 가깝다. 그때그때

유동적으로 조리법이 바뀌거나 오랜 경험으로 터득한 비결이
추가되기도 하니, '살아 있다'라는 말에 전혀 어색함이 없다. 그 살아
있는 비법을 무료로 전수받을 수도 있다. 언제 어디서건 검색하면
나오는 온라인상의 자료와는 깊이와 결이 상이한 정보들이다.

이런 직접적인 교류를 통해 잠시나마 생산자와 그들이 속한
문화권에 발을 담근 것 같은 모종의 유대감이 형성된다. 대화를 통해
양쪽의 마음을 움직이는, 오래된 매매의 메커니즘만이 가진 장점이
여전히 유효하다. 그런 사람들이 존재하는 한, 우리의 모든 구매가
온라인으로 전환되는 세상은 쉬이 도래하지 않을 것이다. 나는
강렬하게 그리 믿고 싶다.

할망장터를 지키는 할망들은 살아 움직이는 제주의 역사다. 이들은
'구전'이라는 인간적인 교류를 통해서만 얻을 수 있는 살아 있는
지식, 세대를 이어 전수되어 온 삶의 지혜를 몸으로 기억하는 마지막
세대다. 첨단 기술이 가득한 주방에서도, 앞선 세대의 지혜와
기술은 여전히 유효하다. 할망들은 대부분 상인이나 생산자인
동시에 주부이기에 소비자는 이들이 어떤 방법으로 농사짓는지
묻고, 주부로서 추천하는 그들만의 조리법도 귀동냥할 수 있다.
또한 자신의 작물을 누구보다도 잘 아는 요리사이기에, 때로는 조리
방법에 대한 세심한 조언을 구할 수도 있다. 할망장터는 그런 점에서
기록되지 않은 숱한 지식이 수장된, 거대한 '요리 박물관'이라 할
만하다.

사람은 죽지만, 이야기는 남는다. 한 사람의 인생을 돌아볼 때,
마지막까지 남는 것은 돈도, 명예도, 직함도 아닌 그가 가진
이야기다. 할망장터를 이끌어 온 추동력은 할망 개개인의 굴곡진
이야기에서 비롯된 힘이다. 우리가 모두 삶을 통해 경험하듯, 좋은
이야기는 우리의 내면 깊숙한 곳에 부드럽게 각인되어 자아의
형성에 영향을 미친다. 어떤 이야기가 그렇게 내면의 한 조각이
되면 우리는 그 이야기의 후계자가 된다. 우리는 모두, 결국 그렇게
이야기가 된다.

제주에서 발굴한 식재료 6

풋귤

여섯 번째 요리

풋귤 사바용과 과즐·발효 돌배·캐러멜 된장 소스

지속 가능성 포인트: 제로 웨이스트
수확량을 조절하기 위해 솎아서 버리던 어린 풋귤을 활용해
디저트를 만들었다. 풋귤의 새콤달콤한 과즙을 바탕으로 요리를
구상하면서 언뜻 어울리지 않을 것 같은 푸른 콩장을 과감하게
접목해 봤다. 버려지는 것에서 새로운 맛을, 어울리지 않는 조합에서
뜻밖의 조화를 발견하는 실험은 늘 고되지만,
지속 가능한 미식을 구현한다는 차원에서 보람을 느낀다.

제주에서 '과즐'이란 찹쌀가루나 밀가루로 만든 얇은
반죽을 기름에 튀긴 후 액상 당류를 바르고 곡물을 붙여
만든 전통 과자를 뜻한다. 다만 이 과즐의 표준어인
'과줄'은 한과류 전반을 포괄하는 용어로도 쓰인다.
예컨대 『반찬등속』이라는 고조리서의 '과줄하는
이야기'라는 항목에는 여러 한과의 제조법이 수록돼 있다
이 책은 충북 청주의 진주 강씨 문중의 며느리였던 밀양
손씨가 남긴 것으로, '과줄'이라는 말이 특정 과자에만
한정되지 않음을 보여 주는 주요한 사료다.

    그런데 이 '과줄'이라는 이름이 정확히 어디에서
유래했는지는 아직 단일한 학설이나 합의가 존재하지
않는다. 다만 '과자'라는 뜻의 과(菓)와 관련 있다는 점은
분명해 보인다. 이 한자는 '나무(木)에 과실(果)이 달린
모습'을 하고 있다. 여러 해석이 가능하겠지만, 자연에서
얻는 단맛에 대응해 사람이 손으로 빚어낸 달콤한 음식을
형상화하기 위해 고안한 글자라고 풀이할 수 있다.

    시간이 흐르며 수목의 과실에 당분이 응축되는 자연의
순환이 있다면, 과자는 그 순환을 거슬러 인간이 창조해
낸 또 다른 단맛의 세계다. 어쩌면 과자라는 글자 안에는
그러한 의식, 인위적인 달콤함을 향한 찬탄이 은근히 깔려

있었던지도 모른다.

제주 음식에서 가장 기본이 되는 양념은 된장이다. 제주 된장의 정수는 푸른 콩장에서 찾을 수 있다. 제주에서는 다른 지방의 장콩과 달리, '푸른독새기콩'이라는 푸른빛의 제주 토종 콩을 사용한다. 그 이름은 '달걀 모양의 푸른 콩'이라는 뜻을 품고 있다. 청대콩은 삶으면 단맛이 강하고 차지다.

푸른 콩장은 주로 한라산 남쪽 서귀포 지역을 중심으로 먹던 된장으로, 현재까지 전통 방식을 계승하는 농가는 단 한 곳뿐이다. 일전에 농가를 방문했을 때 농부님이 해 주신 이야기가 여전히 기억에 남아 있다. "이야기와 신화가 넘치는 제주지만, 그 이야기를 제대로 전하는 사람은 이제 거의 없다." 문득 그 말씀이 생각나 이 된장을 행사에 꼭 써야겠다는 마음이 들었다.

양식 요리에 무리해 된장을 끼워 넣고 싶진 않았다. 예전에 식당에서 선보였던 푸른 콩된장 캐러멜 아이스크림을 손님들이 유독 좋아했던 기억이 떠올랐다. 그때의 조리법을 응용해 캐러멜 된장 소스를 만들었다. 과즐에 이 소스를 뿌리고, 풋귤로 향을 입힌 사바용,* 발효한 돌배, 로스팅한 우도 땅콩을 올렸다. 제주에서 만난 한 문화 해설사는 "디저트가 없는 것이 제주 디저트 문화의 특징"이라고 말했다. 언제나 그랬듯 없는 것을 만들어야 했지만, 이번만큼은 그 부재가 오히려 든든한 구실이 되어 줬다.

우도를 찾은 관광객이 이용할 수 있는 교통수단은 전기 자동차와 전기 스쿠터뿐이다. 취지는 좋으나, 덕분에 섬 전체가 요란한 색깔의 버기 카로 가득해 테마파크처럼

---

* 사바용(sabayon)은 달걀노른자와 설탕, 마르살라 와인 등의 알코올을 중탕으로 저어 가며 만든, 부드러운 거품 형태의 소스다.

느껴져 눈살이 찌푸려졌다. 그나마 제철 맞은 땅콩밭의
평화로운 풍경이 마음속 번뇌를 잠시나마 씻어 줬다.

돌고래를 기다리며

IV. 제주

제주에서 보낸 한 달 동안, 매일 바다에 나가 돌고래를 기다렸다. 거의 모든 날, 녀석들은 시야에 모습을 드러내며 우리를 들뜨게 했다. 물론 어떤 날은 반나절 내내 한 마리도 보지 못한 채 청회색 바다만 한없이 바라보다가 돌아오기도 했지만, 그것만으로도 좋았다. 운 좋게 그들의 사진이나 영상을 찍어 온 날이면, 이전에 본 개체는 아닌지 확인하느라 열심히 지느러미 모양을 살폈다. 돌고래는 사람의 지문처럼, 지느러미의 형태로 각 개체를 식별할 수 있다.

어느 날에는 꼬리가 아닌 온몸을 이용해 헤엄치는 개체를 발견했다. 꼬리가 잘린 채 살아가고 있는 '오래'라는 이름의 돌고래가 존재한다는 이야기를 들은 바 있었다. 분명 낚싯줄이나 프로펠러 같은 인간의 도구에 의해 꼬리를 잃었을 그 녀석에게, 사람들은 부디 오래오래 잘 살라고 그 이름을 붙여 줬다.

가끔은 제주 앞바다에서 불법 포획돼 돌고래 쇼에 동원됐다가 몇 년 전 다시 바다로 돌려보내진 제돌이나 춘삼이를 발견하기도 했다. 다른 개체를 만날 때보다 유독 반가웠다. 그들이 다시 이 바다에서 적응해 무탈하게 지내고 있다는 사실에 안도했다. 몸짓으로 감정을 표현하고, 어린 새끼를 정성껏 돌보며, 친구들과 경주하며 장난치는 그들의 모습은 우리 인간과도 놀랍도록 닮았다. 지능이 높고 호기심도 많은 이 생명체는 보면 볼수록, 알면 알수록 신비롭고 경이롭다.

우리는 먹을거리로 소비되는 동물, 노동력을 제공하는 가축, 반려동물, 동물원이나 수족관의 전시 동물처럼 인간 세계에 편입된 동물에 익숙하다. 하지만 전 세계 야생동물 개체군은 지난 반세기 동안 무려 73%나 감소했다. 이제 '야생'이라는 개념조차

희미해지고 있지만, 본디 동물이란 인간 세계가 아닌, 그들만의 세계에서 사는 존재였다. 돌고래에게 제주 바다는 1만 년 넘게 그들의 세계였다.

언제든 인간의 등쌀에 떠밀려 사라질 수 있는 운명이지만, 아직은 바닷가에 서서 기다리고 있으면 가까이 다가와 준다. 그것만으로도 감사한 일이다. 그 설레는 만남의 순간마다, 유유히 물살을 가르는

그들을 오래도록 보고 싶은 마음에, 그들과 그들의 바다를 위해 무엇이든 해야겠다고 다시금 다짐하게 된다.

V. 울릉도

어화로 수놓은 밤바다, 그리운 맛을 싣고서

동해 한가운데 자리한 화산섬 울릉도. 지리적 고립 속에서도 울릉 사람들은 바다와 육지가 베푸는 진귀한 자원을 바탕으로 식문화를 발전시켜 왔다. 오징어·명이·새우 같은 익숙한 식재료뿐 아니라 섬엉겅퀴·왕호장·야생 회향·대황·섬말나리까지. 외딴섬이기에 가능했던 독특한 식재료들은 우리 식문화의 잊힌 이야기이자 미래 가능성을 품은 유산이다.

셰프의 한 장면

육지에서 배를 타고 한참을 달려 도착한 이 섬은 동해 한복판에 불쑥 솟아 있다. 대양 위를 흐르던 구름도 잠시 쉬어 가는 곳인지, 섬 위에는 자주 구름이 머물러 있다. 마치 취객이 맞이하는 희붐한 새벽처럼, 오전의 섬은 서서히 잠에서 깨어난다. 그 시간대의 바다는 고요 속에 조용히 눈을 감고 있는 거인의 모습 같다. 구름과 해무가 물러간 후 섬에서 다시 바라본 바다는 청량하고 시원하기만 했다. 사방을 둘러봐도 무엇 하나 걸리지 않는 탁 트인 바다를 마주하고 있노라면, 누구라도 가슴이 뻥 뚫리는 듯한 경험을 하게 된다.

    해가 중천에 이르면 바다는 그 투명함을 한껏 드러낸다. 울릉도 주변 바다는 우리나라에서 가장 깊은 수심을 자랑한다. 크리스털 잔의 공명처럼, 손가락으로 튕기면 '챙' 하는 낭랑하고 여운이 긴 소리가 울려 퍼질 것 같다. 육지에서 보던 여느 바다와는 다른 그 물빛은 "푸르다"라는 말로는 도저히 부족한 청명함을 품고 있다. 바다 위에 걸린 하늘은 온종일 수많은 색으로 변하며 흘러간다. 같은 색 안에서도 미세한 명도와 채도의 차이가 층위를 만들고, 그 색의 흐름에 따라 보는 이의 감정도 질감을 달리한다.

    한낮의 푸르름에 노곤해진 마음은 오렌지빛 석양과 함께 아늑하게 늘어진다. 들여다볼수록 아득하고 두려운 밤바다도, 부지런한 주낙배들이 밝히는 어화(漁火) 덕에 뽀얀 낭만의 분위기로 물든다. 밤이 깊어지면,

배·파도·빛·소리·색·심상·시간 등 바다에 깃든 모든 것이 제자리로 돌아가 내일을 준비한다.

 용암이 빚고 영겁의 시간에 걸쳐 바람과 파도가 조각한 울릉도는 사막 위에 가꾼 정원처럼 홀로 울창하다. 지상의 숲은 바닷속까지 이어진다. 섬을 둘러싼 대황 숲은 물결을 타고 바람처럼 일렁인다. 섬 안팎으로 가득한 생명의 기운을 바라보고 있노라면, 선인들이 이 섬에 '울릉도(鬱陵島)'라 이름 붙인 이유를 알 것 같다. 섬은 이름 그대로, 숲이 울창한 언덕의 형상을 닮았다. 생전 이런 절경을 본 적 없는 도시의 촌뜨기에게 섬은 자신이 품은 바다의 웅장함과 아름다움을, 그리고 비록 고독하지만 외롭지 않은 이유를 하나씩 꺼내어 눈앞에 펼쳐 놓는다.

울릉도에서 발굴한 식재료 1
닭새우·도화새우·꽃새우

(왼쪽부터) 닭새우·도화새우·꽃새우

첫 번째 요리

호라파 페이스트·유산 발효한 풋오미자·울릉도 3종 새우 세비체

지속 가능성 포인트: 종 다양성

흰다리새우와 대하 외에도 우리 바다에는 다양한 종의 새우가 서식한다. 그중 각각 다른 생태적 특성을 지닌 닭새우·도화새우·꽃새우가 울릉도의 독특한 심해 지형 안에서 조화롭게 공존한다. 이들을 한 그릇에 담아냈다. 여러 종의 새우를 식탁에 올리는 일은 미식의 지평을 넓혀 줄 뿐 아니라 특정 종에 편중해 어자원을 고갈시키는 현상을 막는 데에도 도움이 된다.

민물에 사는 새우, 짠물에 사는 새우. 눈에 보이지도 않는 작은 새우, 집게발까지 달리고 10cm 이상 자라는 새우. 난류에 사는 새우, 한류에 사는 새우. 도저히 함께 묶을 수 없을 것 같은 이질적인 종들이 '새우'라는 이름 아래 모여 있다. 다양한 만큼, 새우는 어획되는 연안에 따라 강한 지역적 특성을 보인다. 해수 온도가 매해 우려스러울 만큼 높아지고 있지만, 울릉도 연안은 여전히 한류의 영향을 받는다. 그러므로 울릉도 연안에서 잡히는 새우 역시 한류성 어종이다.

    우리가 흔히 '독도새우'라 부르는 울릉도산 새우의 진짜 이름은 '닭새우(가시배새우)' '도화새우' '꽃새우(물렁가시붉은새우)'다. 울릉도와 독도는 심해에서 분출한 화산으로 형성된 섬으로, 해저가 깊고 굴곡진 골짜기로 이뤄져 있다. 이곳의 새우는 그런 복잡한 해저 지형을 누비며 살아간다. 이들을 잡는 방식은 통발 어업이다. 어부들은 새우가 서식하는, 수심 100m가 넘는 해저에 통발을 던졌다가 수일 후 끌어 올린다.

    7~8년 전이었던가. 페루까지 날아가 맛본 본토의 세비체는 이마가 뒤로 확 밀리는 듯한 강렬한 산미를 품고

있었다. 맛의 균형은 둘째치고, 상상을 초월하는 신맛에
침샘이 대폭발했다. 입안이 홍건할 만큼 침이 고였으니,
애피타이저의 역할에는 충실했다고 봐야 할지도
모르겠다. 당시 내 표정이 얼마나 가관이었는지는, 기어이
터져 나오는 웃음을 참지 못한 종업원의 박장대소로
어림짐작할 수 있다.

그 이후에도 현지에서 세비체를 여러 차례 맛봤지만,
이맛살을 당기는 강도가 다를 뿐, 내 입에는 신맛이 너무
자극적이었다. 음식의 균형은 차치하고서라도 일단
산미로 승부를 보는 음식일지도 모른다는 생각이 들
정도였다. 그러므로 내가 만든 것을 포함해 서울에서 맛본
모든 세비체는 이름만 같을 뿐, '진짜배기'라 하긴 어렵다.

세비체를 낼 때마다 먹는 사람의 얼굴이 당시의
내 표정처럼 대책 없이 구겨지는 걸 볼 수 없기에,
산미만큼은 타협할 수밖에 없었다. 마치 된장을 정량의
절반만 넣은 된장찌개를 내는 것처럼 기분이 석연치
않았지만, '만든 사람도, 먹는 사람도 한국 사람이니
서로가 행복한 요리를 만드는 게 정통을 구현하는 일보다
본질적이지 않겠느냐'라며 스스로 다독였다.

대신 산미와는 결이 다른 자극을 주기 위해 몇 가지
장치를 추가했다. 향이 매혹적이지만 사람에 따라
호불호가 극명하게 갈리는 호라파(타이 바질)도, 이번
봄에 새롭게 발견한 식재료인 풋오미자도 아마 경험해 본
사람이 그리 많지 않을 테니 특수하다고 할 수 있는 이들
재료를 사용하기로 했다.

아직 붉게 물들지 않은 풋오미자에서는 신기하게도
생강·갈랑갈·레몬그라스·흑후추 등이 섞인 스파이스
믹스의 풍미가 느껴진다. 이국의 향을 물씬 풍기는
풋오미자는 세비체와도 잘 어울릴 것 같았다. 풋오미자를
3주간 유산 발효*해 부드러운 산미를 끌어냈다. 발효한
풋오미자는 새우살과 질감이 대비되는 동시에 은은한

ⓒ 윤민호

산미가 새우의 단맛과 자연스럽게 서로 보완했다.

    닭·도화·꽃. 울릉도에 가면 꼭 한번 맛봐야 하는 이 새우 삼총사는 생으로 먹을 때 맛이나 질감의 차이가 극명하고, 익히면 그 차이가 흐릿해진다. 어떻게 조리해도 맛있는 새우살이지만, 생으로 먹었을 때만 느낄 수 있는 당도와 식감을 부각하기 위해 날것을 사용하는 요리인 세비체를 선택했다. 세 가지 새우를 큼직하게 썰어 전통 조리법대로 라임즙을 중심으로 한 소스에 절이듯 버무려 토대를 만들고, 여기에 맛의 트위스트를 더해 줄 호라파와 발효한 풋오미자 등을 넣고 재차 버무려 냈다.

---

*   유산 발효(lactic acid fermentation)는 혐기성 세균인 유산균이 당분을 분해해 젖산을 생성하는 발효 방법으로, 김치의 발효가 여기에 해당한다. 소금물에 담그는 방식 등으로 부패균의 증식을 억제한다. 특히 과일의 경우, 톡 쏘는 사과산이 온화한 젖산으로 바뀌면서 독특하고 부드러운 풍미를 갖는다.

우리 바다의 기억을 품은 울릉도와 독도

산맥이 험하면 그에 면한 바닷속 지형도 험하다고 했다. 울릉도의 장대한 절경은 바다 아래에서도 이어졌다. 물결을 따라 하늘하늘 춤추는 대황밭을 지나 석벽을 따라 내려가면, 얼굴이 시릴 만큼 차가운 조류가 온몸을 감싼다. 심연으로 빠져드는 두려움이 지나가면, 거대한 직벽을 따라 자리돔 떼의 군무가 펼쳐진다. 호기심 많은 졸복 무리가 주위를 맴돌며, 내 눈의 움직임을 따라 그 작은 눈들이 조심스럽게 시선을 맞춘다. 조금 더 먼 바닷속에서는 벵에돔 무리가 영롱한 비늘을 반짝이며 유영한다.

지상의 모든 소음이 사라지고 오직 내 숨소리만이 울리는 고립의 순간, 눈앞에는 매번 한 번도 본 적 없는 세계가 펼쳐진다. 나는 그 바다에서 대황·감태·섭·굴·뿔소라·고둥·줄돔·돌돔·말쥐치·용치놀래기·달고기·벵에돔·자리돔·여덟동가리·노래미·졸복 등과 조우했다.

그 세계에 다녀오면 한동안 횟집 수조 속 물고기가 마치 죽을 날을 기다리는 사형수처럼 보이고, 냉동칸에 돌덩이처럼 굳어 나란히 포장된 생선에게도 새삼 미안함이 앞선다. 그러면서도 나는 여전히 생선을 먹고, 때로는 도마 위에서 살생하며, 한 달에 한두 번 회를 먹고, 이따금 고급 스시를 즐기는 이율배반적 삶을 살아간다. 그럼에도 바닷속 세계를 마주할 때마다 자연과 생명을 향한 나의 감수성이 조금씩 자라나기를 바란다. 그들의 생명을 취해 음식을 만드는 내 손끝에, 감사와 경외의 마음이 조금 더 묻어나기를 희망한다.

울릉도에서 발굴한 식재료 2

홍감자·오징어 누런 창
섬말나리 비늘줄기

두 번째 요리

멕시코 국민 간식 에스퀴테스와 오징어 누런 창 맛 홍감자칩

지속 가능성 포인트: 종 다양성·전통 요리의 재해석·제로 웨이스트
섬말나리는 울릉도 사람들의 생계를 책임지던 구황작물이었다.
하지만 단일 작물 위주로 재배하며 사라지고 있다. 에스퀴테스에
섬말나리를 접목해 획일화된 농업 구조로 사라질 위기에 놓인
생물다양성의 문제를 이야기하고 싶었다. 한편 오징어 내장이라는
부산물을 젓갈로 개발한 울릉도 사람들의 지혜는 자원의 완전한
활용이 어떻게 새로운 맛의 지평을 열어 주는지를 잘 보여 준다.

밤새 어화를 밝히며 조업한 오징어 배가 저동항으로
돌아오면 항구의 아침이 시작된다. 선착장에서는
오징어의 배를 갈라 내장을 꺼내 살을 꿰어 말리는
작업이 한창이다. 한편에는 상품으로 팔릴 오징어 살이
이깟대(오징어의 일본어인 '이까'에 막대기를 뜻하는 '대'가 합쳐진
말이다)에 매달려 바람에 흔들리고, 다른 한쪽에는 꺼낸
내장만 소복이 담긴 바구니가 착착 쌓여 간다. 그렇게
모인 내장은 울릉도 사람들에게 소중한 식재료가 된다.

"옛날엔 뭐 하나라도 버릴 수가 있었어야지예. 오징어
손질해 살은 싹 말리 팔고, 내장은 싹 모다다가 탕이며
찌개며 해 먹고. 흰 창은 콩나물이며 무시 뻬지넣고
말갛게 탕을 끓이면 시원하이 좋아. 식감도 보들보들한
것이, 담백하이 딱 좋다고. 누런 창은 금세 냄새가 나니까
바로 소금에 절이야지. 그래 젓갈을 담아 놓고 겨우내
두고 먹었지, 뭐. 쌈도 싸 묵고 찌개도 끼리 묵고. 집집이
누런 창 없는 집이 없었지." 울릉도에서 오징어 요리로
둘째가라면 서러울 김현자 어머님의 설명이다.

흰 창은 오징어의 생식소 부위, 누런 창은 간에
해당하는 먹통 부위다. 지금이야 흰 창을 넣어 끓인
오징어 내장탕이 울릉도의 향토 음식으로 알려지며

관광객이 반드시 찾는 별미가 됐지만, 그 시작은 오징어가 일제강점기 수탈의 주요 품목이던 시절로 거슬러 올라간다. 손질하고 남은 내장조차 버릴 수 없었던 가난한 시절, 살아남기 위해 먹던 음식이 세월을 지나 울릉도만의 특별한 맛으로 자리 잡은 것이다. 한편 누런 창은 손질하자마자 소금에 절여 삭힌 후, 필요할 때 꺼내 요리에 쓴다.

삭힌 누런 창에 된장을 섞고 물을 자작하게 부어 볶아

낸 누런 창 쌈장은 짙은 갈색과 녹진하고 쿰쿰한 풍미 때문에 '똥창 쌈장'이라는 웃지 못할 별칭으로도 불린다. 하지만 장담컨대, 한번 맛보면 헤어나기 어려운 중독적인 맛이다. 누런 창 쌈장을 먹을 때 빠지지 않는 것이 바로 찐 봄동 혹은 배추 쌈이다. 부드럽게 찐 봄동에 뜨끈한 밥 한 숟갈을 얹고, 그 위에 누런 창 쌈장을 올려 쌈을 싼다. 입안 가득 넣고 씹을 때마다 봄동의 달큰함이 퍼지고, 짭짤하고 구수한 쌈장이 밥을 촘촘히 감싼다. 어쩌면 이

조합이야말로 울릉도식 '단짠'의 정수일지 모른다.

누런 창 찌개 역시 빼놓을 수 없는 별미. 삭힌 누런 창을 달달 볶다가 된장과 물을 넣고, 시래기나 묵은지를 함께 넣어 푹 끓여 낸다. 현지에서는 누런 창 찌개를 이렇게 말한다.

"똥창 찌개라 했어요. 색도 딱 똥색에다가 내장을 삭혀 놨으니 냄새도 쿰쿰하이, 먹을 땐 맛있는데 먹고 나서 입에 남는 냄새는 썩 유쾌하지 않거든. 그러니 누런 창 찌개는 무조건 식기 전에 무야대." 내게 울릉도의 진짜

맛을 알려 준 故김주석 아저씨의 설명이다.

　화산성 토양과 평지가 거의 없는 지형 탓에 울릉도에서는 벼농사가 어려웠다. 쌀이 워낙 귀했던 탓에 육지에서 소위 '보릿고개'라 부르던 시기에 울릉도에서는 정말로 쌀을 먹기 어려웠을 것이다. 그 시절, 사람들의 허기를 달래 주던 대표적인 구황작물이 바로 섬말나리였다.

　백합과에 속하는 섬말나리는 6~7월에 꽃을 피우며,

땅속줄기는 마치 양파처럼 여러 겹의 비늘이 쌓인 형태를 보인다. 이 비늘줄기를 캐 밀가루에 버무리거나 밥에 넣어 찌는 방식으로 먹었는데, 이처럼 섬말나리는 울릉도 사람들의 식생활에 깊이 자리했던 식물이다.

섬말나리는 백합과의 자생 나리류로, 울릉도의 독특한 식생을 대표하는 식물이다. 울릉도에서 유일하게 너른 평지를 이루는 나리분지가 지금의 이름을 가진 것도, 한때 이곳에 섬말나리가 지천으로 자라 여름이면 온 들판을 노랗게 물들였기 때문이다. 하지만 지금, 나리분지에는 더 이상 나리꽃이 피지 않는다. 밥상에서 잊힌 섬말나리가 뿌리째 뽑힌 자리를 명이, 부지깽이 등 수요가 많은 특정 작물이 대신 채우고 있다.

다양한 생명이 공존해야 할 땅이 단일 작물로 덮이면서, 생태계는 물론 우리의 식탁도 점점 다양성을 잃고 단조로워지고 있다. 단조로운 식탁은 식재료에 대한 우리의 지식과 감각을 점점 더 단순화하고, 이는 다시 식문화 다양성의 부재라는 악순환으로 이어진다.

"울릉도는 화산섬이라 논농사가 안 된다꼬. 내 밭인기라. 그러니까네 쌀이 얼마나 귀했다고. 쌀밥만 묵는 거는 상상도 몬해. 옥시시 넣어가 묵고, 홍감자 넣어가 묵고, 그것도 안 되믄 이 섬말나리 캐가꼬 뿌리를 넣어 먹었다고. 이기 찌 놓으만 파근파근하이 제법 맛있어. 배도 차고. 쌀도 떨어지는 보릿고개에는 밀가리에 사카린 쪼매 넣고 나리 뿌리 버무리가 찌 묵었어. '버무리'라카재." 이 맛을 잊지 못해 다시 섬말나리밭을 가꾸고 계신 한귀숙 어머님 덕분에, 어디에서도 맛볼 수 없는 울릉도만의 맛을 느낄 수 있었다.

나는 옥수수를 사랑한다. 찰옥수수, 초당옥수수 가리지 않는다. 남은 생애 동안 단 하나의 식재료만 먹어야 하는 형벌을 받는다면, 망설임 없이 옥수수를 고를 것이다.

한귀숙 여사가 시연한 섬말나리(비늘줄기) 버무리. 배고팠던 시절의 기억을 회상하게 하는 울릉도의 향토음식이다.

태어나 가장 많이 먹은 캔 음식도 아마 옥수수 캔일 테고, 패스트푸드점을 찾을 때도 기왕이면 콘 샐러드를 파는 곳을 고른다.

　어릴 적에는 강냉이가, 좀 더 자란 뒤엔 팝콘과 나초가 TV 앞에서 보낸 숱한 젊음의 시간과 함께했다. 고속도로 휴게소에서 여행자를 유혹하는 수많은 먹을거리 중에서도 내 선택은 언제나 찐 옥수수였다. 옥수수를 입안 가득 털어 넣고 씹는 동안에는 어쩐지 운전대를 잡은 손에도 한층 더 안정감이 깃드는 듯하다.

　'인생 옥수수'를 만난 건 페루에서였다. 알 하나가 엄지손톱만 했던 그 옥수수는, 그곳이 이 작물의 원산지인 중앙아메리카와 멀지 않음을 증명하는 맛이었다. 한편 생애 가장 맛있게 먹은 옥수수 요리는 홍콩의 한 작은 멕시코 식당에서였다. 한참 시간이 흐르고서야 그때 먹은 음식이 멕시코를 대표하는 길거리 음식 에스퀴테스(esquites)였다는 사실을 깨달았다.

　쌀이 귀했던 울릉도 사람들은 옥수수로 밥을 짓고, 막걸리와 청주까지 빚어 마셨다. 그 시절 즐겨 먹던 토종 옥수수는 아쉽게도 지금은 자취를 감췄다. 바닷길이 좋아지면서 자급 식량의 중요성은 줄고, 산나물 같은 더 수익성 높은 특용작물이 주목받기 시작하면서 울릉도 내 옥수수 경작은 점차 줄어들다 결국 거의 사라지게 됐다. 척박한 섬의 식생을 대변하던 옥수수는 그래도 여전히 많은 주민의 기억 속에 남아 있다. 그렇기에 울릉도 편을 준비하며 옥수수 요리를, 그것도 내게 가장 인상 깊었던 옥수수 요리를 선보이기로 결심했다.

　에스퀴테스는 삶은 옥수수에 구운 고추나 치즈, 마늘 같은 재료를 더해 비비듯 섞어 내는 요리다. 이 직관적이고 단순한 요리에 울릉도의 재료를 더해 특별함을 부여하고 싶었다. 첫 번째 재료는 섬말나리 뿌리. 엄밀히 말하면 뿌리가 아닌 비늘줄기인 이 식재료는

앞서 설명했듯 울릉도에서 오랜 세월 구황작물로 먹어
왔다.

   섬말나리를 비롯해, 백합과에 속한 식물 대부분의
비늘줄기가 식용 가능하다는 사실은 일본 유학 시절 처음
알았다. 일본의 여러 퀴진에서는 이를 흔히 사용하며,
'백합근(百合根)'이라 쓰고 '유리네'라고 읽는다. 튀기거나
찌거나 샐러드에 넣는 등 다양한 방식으로 조리한다.
섬말나리 비늘줄기는 마치 양파처럼 겹겹이 벗겨지는
외양에, 마와 감자 사이쯤 되는 식감, 감자처럼 은근한
단맛과 '어시(earthy)'한 흙 내음이 감도는 것이 특징이다.

   두 번째 재료는 누런 창 젓갈. 오징어 간을 소금에 절여
만든 울릉도만의 독특한 젓갈로, 첫맛은 마치 카운터
펀치처럼 강렬하다. 비린 맛이 응축된 이 강력한 젓갈을
처음 맛본 순간, 나는 뜬금없이 '우리가 이 음식을 만들어
먹던 시절로부터 너무 멀리 와 버린 건 아닐까'라는
생각이 들었다.

   일제로부터 먹을 만한 것을 모조리 수탈당한 울릉도
사람들은 남겨진 내장조차 허투루 버릴 수 없었다. 오징어
내장을 절실히 모아 소금에 절이고 삭혀 젓갈로 만들어
먹었다. 결핍이 절박함을 낳고, 절박함이 새로운 음식을
발명하게 이끈 셈이다.

   고작 100년도 되지 않은 일이고, 아직도 그 시절을
기억하는 사람들이 살아 있음에도, 그토록 암울하고
절박한 상황에서 탄생한 음식에까지 가졌던 감사한
마음을 우리는 너무 금세 잊어버렸다. 어느샌가 식탁에
놓인 음식 앞에서 농부에게도, 어부에게도, 신에게도
감사하는 마음을 갖지 않는다.

   너무 많은 낭비 속에 모든 것이 과도하게 생산되고
무심하게 버려지는 와중에 우리의 인간성마저 어딘가에
흘려 잃어버린 것은 아닐까. 질박한 삶에서 멀어진 만큼,
음식을 향한 감사한 마음도 함께 희미해졌다. 누런 창

젓갈을 처음 접한 날, 이 모든 생각이 겹치며 마음 한편이 먹먹해졌다.

그래서인지 더욱더 이 재료를 사람들에게 소개하고 싶은 마음이 생겼다. 그러자면 조금 더 편하고 익숙한 방식으로 풀어내야 했다. '똥창 찌개' 같은 다소 불우한 이름의 음식에 그치지 않고, 이 식재료에 새로운 날개를 달아 주고 싶었다. 그 고유한 매력을 발견할 수 있는 방식으로.

울릉도의 또 다른 구황작물인 홍감자를 삶아 퓌레 형태로 만들고 누런 창 젓갈을 넣고 버무린 후, 얇게 펴 오븐에 넣고 90℃에서 천천히 말렸다. 이 과정을 거치면 바다의 녹진한 향을 은은하게 입은 감자칩이 탄생한다. 흔히 아는 '자갈치' 과자와 맛이 흡사하면서도, 누런 창 특유의 쿰쿰하고 강렬한 풍미가 남아 있다. 섬말나리와 옥수수로 만든 에스퀴테스를 그릇에 담고, 누런 창 감자칩을 곁들여 요리를 완성했다. 그릇에 올리고 보니 울릉도 음식의 서사와 DNA를 적당히 품은 것 같아 살짝 뿌듯하기도 했다.

울릉도에서 발굴한 식재료 3

명이(산마늘)·섭·삿갓조개

세 번째 요리
산마늘 아이올리를 곁들인 파에야풍 홍따 밥

지속 가능성 포인트: 전통 음식의 재해석, 종 다양성

쌀이 귀하던 시절, 울릉도 사람들은 바다에서 얻은 재료로 어떻게든 배를 불리고 식탁을 풍성하게 만들고자 했다. 그렇게 지혜를 모아 만든 음식이 연안에서 구할 수 있는 어패류인 홍합과 따개비 등을 넣고 지은 '홍따 밥'이다. 울릉도 고유종인 산마늘로 아이올리를 만들고, 스페인 연안에서 발달한 쌀 요리 파에야에서 착안해 홍따 밥을 변주해 봤다.

명이, 즉 산마늘은 이제 거의 울릉도의 대명사라 해도 과장이 아닐 만큼, 이 섬과 떼려야 뗄 수 없는 식재료로 자리 잡았다. 산마늘은 부추속에 속하는 향신채로 마늘, 달래 등 같은 계열의 식물이 지닌 내개하고 강한 향을 품고 있다. 덕분에 간장처럼 염도와 향이 강한 재료에 절여도 특유의 풍미가 쉬이 사라지지 않는다. 바로 그 강렬한 풍미 덕에 산마늘은 기름지고 느끼한 고기 맛을 깔끔하게 잡아 주는 역할을 한다. 이러한 이유로 삼겹살을 주력으로 내는 고깃집을 중심으로 산마늘의 수요가 폭발적으로 증가했다.

'홍따 밥'이라는 이름은 말 그대로 홍합과 삿갓조개(따개비)를 넣어 지은 밥이라는 뜻을 품고 있다. 울릉도의 많은 음식이 그렇듯, 쌀이 부족했던 시절 되도록 많은 재료를 넣어 밥의 양을 늘리고 배를 불리기 위해 고안한 음식이다. 다행히 울릉도 연안의 갯바위에는 육질이 단단하고 맛이 깊은 자연산 홍합과 쫄깃한 식감이 매력적인 삿갓조개가 풍부하게 서식한다. 그렇게 배고픔을 달래기 위해 만든 음식이 오늘날에는 울릉도를 대표하는 미식 메뉴로 자리 잡았다.

파에야를 먹는 가장 큰 즐거움은 바닥에 눌어붙은 누룽지를 긁을 때다. 스페인에서 처음 파에야를 접했을 때, 죽도 밥도 아닌 어정쩡한 물성은 썩 마음에 들지 않았다. 하지만 밑바닥에 붙은 누룽지를 가차 없이 북북 긁어 숟가락에 수북이 담아 먹는 스페인 사람들을 보며 내적 친밀감을 느끼기도 했다. 이번 행사에 선보이고자 하는 파에야풍 홍따 밥은 바로 그 누룽지 부분, 마이야르 반응*의 결정체에 초점을 맞춘 요리다.

먼저 각종 채소를 볶고 미더덕 젓갈로 맛의 깊이를 더한 후, 쌀과 홍합, 따개비를 넣고 다시 한번 볶는다. 전통적인 파에야보다 물을 적게 잡아 밥에 가까운 물성으로 완성한다. 스페인과 우리나라 양국의 사람들이 모두 사랑하는 파에야의 누룽지를 만들기 위해서는 약간의 추가 과정이 필요하다. 잘 달군 웍에 올리브유를 두르고 완성한 파에야 밥을 한 번 더 볶아 내는 것. 웍의 표면에 밥을 최대한 넓게 펴고 주걱으로 꾹꾹 누르는 과정을 빠르게 반복해 수분을 날리면서 알알이 겉은 바삭하고 속은 촉촉한 누룽지를 완성한다. 거창하게 말하자면 밥알 하나하나에 마이야르 반응을 극대화하는 셈이다.

곁들이는 소스로는 울릉도를 대표하는 식재료인 산마늘을 이용한 아이올리**를 만들었다. 생마늘이나 데친 마늘로 만드는 기존 아이올리와 달리, 산마늘을 활용하면 풋풋한 향과 마늘종을 씹을 때 연상되는 시원한 풍미가 더해진다. 영롱한 연둣빛의 이 소스는 요리의 맛은 물론, 시각적 즐거움도 더해 준다.

* 마이야르 반응(Maillard reaction)은 아미노산과 환원당이 고온에서 반응하면서 갈색으로 변하는 화학 반응이다. 이 과정은 단순히 음식의 색깔을 바꾸는 것에 그치지 않고, 독특한 맛과 향을 생성하며, 항산화 성분을 증가시킨다. 누룽지·구운 고기·로스팅한 커피·구운 빵 등에서 마이야르 반응이 작용한다.
** 아이올리(aioli)는 마늘과 올리브유로 만든 지중해식 소스다. 프랑스 프로방스, 이탈리아 리구리아, 스페인의 발렌시아·카탈루냐·무르시아·안달루시아 동부와 발레아레스 제도 등 지중해 연안에서 널리 사용된다.

독도의 바다 숲

어린 물고기 떼의 안내를 따라 들어간 곳에 광활한 바다 숲이 펼쳐졌다. 지상의 원시림 같은 이곳은 누군가 정성스레 가꾼 정원처럼 아름다웠다. 몽환적인 빛이 내리쬐는 수중에서 나긋나긋 너울의 리듬을 따라 물결치듯 일렁이는 대황 숲은 산들바람에 나부끼는 레이스 같았다. 숲속을 유영하며 해초가 귓가를 스치는 순간마다 캐시미어 목도리에 얼굴을 파묻을 때처럼 보드라운 감각이 떠올랐다.

물 밖에서 보던 바다풀이 무성한 숲을 이룬 광경은 무척이나 생경하면서도 신비로웠다. 아마도 파괴가 일상이 되기 전, 우리 바다의 모습은 이랬을 것이다.

울릉도에서 발굴한 식재료 4

대황·오징어 흰 창·섬엉겅퀴

네 번째 요리
대황·오징어 흰 창·섬엉겅퀴로 맛 낸 타이풍 수프 똠쌤무

지속 가능성 포인트: 제로 웨이스트, 전통 요리의 재해석
오징어를 손질하며 흔히 버리는 흰 창을 넣고 끓인 내장탕에는
식재료를 남김없이 쓰려는, 제로 웨이스트의 지혜가 깃들어 있다.
여기에 태국 요리의 산미와 향신료 활용법을 접목해 똠쌤무를
재구성했다. 수온 상승과 남획으로 울릉도 오징어가 위기에 처한
지금, 내장까지 활용하는 방식은 식재료를 귀하게 여기는 태도를
떠올리게 한다. 비린 맛은 울릉도에서 나는 섬엉겅퀴로 상쇄했다.

해산물에는 '비린내'라는 말이 늘 따라붙는다. 비린
맛이란 도대체 어떤 맛일까. 내 생각에, 그건 결국
신선하지 않을 때 나는 냄새다. 해산물이 신선할 때
풍기는 바다 향은 굳이 감출 필요가 없다. 특히 누린
창의 경우, 그 바다 내음이야말로 가장 큰 매력이므로
주방에서는 그것을 지우기보다 오히려 살리는 방법을
고민해야 한다.

    그럼에도 해산물에서 날 법한 이취를 줄이고, 오히려
본연의 맛과 향을 돋보이게 만드는 일은 어떤 요리에서든
중요한 과제다. 예컨대 세비체는 레몬이나 라임 같은
시트러스 계열의 산을 이용해 해산물의 풍미를 정돈하고
강조한다. 울릉도에서는 그 역할을 섬엉겅퀴가 대신한다.

    엉겅퀴는 국화과 엉겅퀴속에 속하는 여러 식물을
아우르는 말로, 대체로 줄기와 잎에 가시가 있는 것이
특징이다. 울릉도에서 자생하는 엉겅퀴는 '물엉겅퀴'라
부르기도 하는데, 일반적인 엉겅퀴보다 줄기와 잎이
비교적 연하고 부드럽기 때문일 것이다. 울릉도 사람들은
오랜 세월, 이 비교적 여린 엉겅퀴 순을 데쳐 나물로 무쳐
먹거나 국을 끓여 먹는 법을 체득했다. 쌉싸름하면서 묘한
향긋함과 감칠맛이 두드러지는 것이 특징이다.

똠쌤에는 원래 해산물이 들어가지 않는다. '똠쌤무'*라는
이름에서 알 수 있듯, 돼지고기와 그 육수가 주재료다.
그 점을 잘 알면서도, 울릉도 편에서는 오징어 흰 창을
전면에 내세웠다. 이처럼 육류와 해산물을 함께 쓰는 서프
앤드 터프 방식은, 의도했든 아니든, 로컬 오딧세이에서
여러 차례 반복한 조리 문법 중 하나다. 한식에서는
해산물과 육고기를 동시에 사용하는 경우가 드물기에,
이런 조합은 손님들에게 신선한 호기심을 불러일으켜
다이닝 경험에 흥미를 더한다.

   이 선택에는 또 다른 의도도 담겨 있다. 우리는 울릉도
흑돼지나 칡소처럼, 그것과 그것을 키우는 생산자와의
연결을 통해 지속 가능성의 가치를 설명할 수 있는 육류가
아닌 이상, 육류를 메인 재료로 사용하는 것을 지양한다.
예컨대 스테이크를 낼 때도 육류를 단독으로 내기보다는
절반은 새우로 채우는 등 고기 소비량을 줄일 수 있는
방식으로 구성한다.

   어느 여름날, 첫새벽에 열리는 저동항 위판장의
경매를 보고 나서 처음으로 울릉도식 오징어 내장탕을
맛봤다. 투박한 모양새에, 들어간 재료도 많지 않았지만,
국물은 시원하고 깔끔했다. 가장 인상 깊었던 것은
콩나물·무·오징어 흰 창이 만들어 내는 다채로운 식감의
조화였다. 울릉도 편에서 내가 준비한 똠쌤무는 그날의
오징어 내장탕, 정확히는 그 식사의 즐거움을 배가시킨
오징어 흰 창과 부재료의 질감에서 영감을 받아 탄생했다.

   익힌 생선 내장이 가진 미묘한 식감 중에서도 오징어
흰 창이 주는 식감은 독보적이다. 전분이 많은 소시지나
젤리를 먹는 듯한 탱글탱글하면서도 부드러운 식감,

---

* 태국어로 똠(ต้ม)은 '끓이다', 쌤(แซ่บ)은 '맛있다' 또는 '매콤하다'라는
뜻으로 똠쌤(ต้มแซ่บ)은 매콤하고 새콤한 맛이 나는 국물 요리를, 무(หมู)는
돼지고기를 뜻한다.

학포 일대의 대황 숲

ⓒ 윤민호

씹을수록 잔잔히 배어 나오는 단맛도 매력 있다. 나는 음식을 설계할 때 식감의 대비에 집착하는 편인데, 이는 요리학교에서 배운 균형·대비·상쇄·보완 같은 강박적 원칙에 세뇌된 결과다. 위생이나 정리처럼, 요리에도 때로는 강박이 필요하다. 이런 원칙은 견고한 구조물이 되기도, 창조자의 고집스러운 스타일을 받쳐 주는 바탕이 되기도 한다.

요리를 구상할 때면 머릿속에 재료를 펼쳐 놓고, 식감과 색감·향·맛 등을 기준으로 일종의 다이어그램*을 그린다. 이 요리에서라면 오징어 흰 창과 대비되는 식감의 자리에 삶은 고기의 질감을 대입하는 식이다. 결대로 부서지면서도 근막이 반쯤 젤라틴화돼 탄력이 남아 있는, 예컨대 싱가포르의 빠꾸테나 갈비탕 속 고기처럼 말이다. 하나의 음식 안에 대비되는 식감이 공존하면, 서로를 더 선명하게 드러내 준다.

이 다이어그램 안에는 한식보다 향신채나 향신료 사용이 두드러지는 태국 음식이 있었다. 그리고 앞선 식감과의 교집합 안에서 떠오른 것이 바로 똠쌤무였다. 해산물과 육고기를 함께 쓰고, 국물은 신맛이 주를 이루니 오징어 내장탕이 가진 본연의 맛에 대비를 주기에 적절했다. 산미는 식초 대신 타마린드와 라임에서 뽑아 보다 더 유순했다. 둥글어진 산미 덕분에 신맛 나는 국물에 익숙하지 않은 손님도 거부감 없이 즐길 수 있었다.

섬엉겅퀴와 대황은 부재료로 활용했다. 울릉도 사람들의 국물 요리에 자주 등장하는 섬엉겅퀴는 생선 국물의 비린 맛을 잡아 줄 뿐 아니라, 특유의 시원함과 감칠맛을 입혀 준다. 육지의 엉겅퀴보다 연해 뜨거운 국물 안에서 부드럽게 풀어진다. 울릉도 바다 곳곳에서

---

* 다이어그램(diagram)은 복잡한 정보를 그림이나 도표·기호·도형·선 등의 시각 언어를 사용해 이해하기 쉽게 완성한 개념·관계·구조를 말한다.

볼 수 있는 해조류인 대황은 바다 향을 더 깊게 해 준다. 울릉도에서 대황은 주로 데쳐서 된장이나 초고추장에 찍어 먹거나, 잘게 썰어 무침 요리에 활용한다. 또한 밥을 지을 때 넣어 대황 밥을 완성하기도 한다.

    울릉도 오징어를 떠올릴 때면 마음 한편이 아련하고 애틋해진다. 한때 밤바다를 환히 밝히던 오징어잡이 배의 저동어화는 울릉도의 대표 절경 중 하나였지만, 이제는 수평선 위로 몇 척만이 띄엄띄엄 떠 있을 뿐이다. '어화'라고 부르기가 면구해진 그 불빛은, 인적 드문 골목을 비추는 가로등처럼 쓸쓸해 보인다.

    해수온 상승으로 동해에서 한대 어종인 오징어가 자취를 감추며, 울릉도 오징어 어획량은 최근 3년 사이 30분의 1 수준으로 줄었다. 엎친 데 덮친 격으로, 중국 어선이 북한 수역에서 벌이는 마구잡이식 조업은 우리 바다에서 오징어 씨를 말리는 데 치명적 영향을 미쳤다. 그렇게 잡힌 오징어는 '중국산'이라는 이름으로 저렴하게 수입돼 다시 우리 식탁에 오르는, 모순적인 상황이 반복되고 있다. 어업 현장에서는 '금(金)징어'를 넘어 '없징어'라는 자조 섞인 말까지 나온다.

    울릉도 저동항은 한때 오징어잡이로 북적이던 어업 전진기지였다. 하지만 요즘은 성어기에도 오징어를 가득 싣고 돌아오는 배를 보기 힘들다. 항구에서 내장탕을 처음 먹던 날에도 항구로 돌아온 배는 딱 한 척뿐이었다. 그마저도 작은 어상자 여덟 개를 채운 것이 전부였다.

    한때는 동해든 울릉도든, 여행을 다녀오면 공식처럼 반건조 오징어 한 축을 손에 들고 돌아오곤 했다. 내 기억은 여전히 생생하지만, 그리 오래되지 않은 일이 어쩐지 점점 멀게만 느껴진다. 반건조 오징어도, 오징어 내장탕도, 이제는 신화처럼 아득해져 가는 세계에 박제된 채 흘러가고 있는지도 모른다.

울릉도에서 발굴한 식재료 5

재래종 돼지

다섯 번째 요리

차지키 소스를 곁들인 돼지고기 수블라키

지속 가능성 포인트: 종 다양성, 동물 복지

울릉도에서 만난 자연 방목 돼지는 외면해 온 육식의 본질적 무게와 마주하게 했다. 자연 순환의 체계에서 존중받으며 자란 생명 앞에서 우리는 그 희생에 합당한 감사와 책임을 표해야 한다. 육식의 논의에서 동물의 복지를 고민하는 것은 이제 당연한 전제다. 단백질의 공급원으로 짧은 생을 살다 가는 존재일지라도 본연의 습성을 유지하며 건강하고 안락한 삶을 누릴 수 있어야 한다.

수블라키(σουβλάκι)는 그리스어로 '꼬치'를 뜻하는 '수블라'에서 파생한 말이다. 우리말의 '망아지'처럼 작고 귀엽고 친숙한 대상을 부르는 의도로 변형한 표현이다. 그만큼 수블라키는 그리스인의 일상에 깊숙이 자리 잡은 음식이다. 꼬치에 재료를 꿰어 불에 직접 굽는 로스팅 방식은 전 세계적으로 흔한 조리법이다. 수블라키의 정체성을 완성하는 것은 지중해 햇살 아래 자란 허브와 레몬즙, 올리브유 등으로 만든 마리네이드다. 수블라키 특유의 풍미를 완성하는 일등 공신이라 하겠다. 수블라키에 곁들여지는 차지키(τζατζίκι)는 요거트에 오이·레몬즙·딜·민트 등 다양한 향신채를 섞어 만든 차가운 흰색 소스다. 구운 수블라키를 찍어 먹는 디핑 소스로 사용하거나, 자이로스나 피타 랩에 넣어 갖가지 재료가 빵과 어우러지도록 돕는다. 고소하고 부드러운 요거트와 아삭한 오이, 상큼한 레몬즙, 화사한 향의 허브가 어우러진 차지키는 그릴에 구운 고기의 깊은 풍미와 절묘한 조화를 이루며, 그리스 요리 특유의 미각적 균형감을 드러낸다.

미식을 이야기하다 보면, 종종 탐식과 미식을 혼동하는

사람을 마주하게 된다. 시대가 바뀌었건만, 여전히 '많이 먹게 하는 것' 자체를 음식 생산자의 미덕으로 여기는 인식이 남아 있다. 하지만 양보다 질을 선택해야 한다는 당위는 소비자뿐 아니라 생산자에게도 실존적인 고민일 수밖에 없다. 그런 의미에서 우리는 종종 이렇게 말하곤 한다. "육식을 줄이고 지갑을 충전한 다음, 잘 키운 비싼 고기를 한번 드셔 보시라"라고.

우리가 말하는 지속 가능한 미식은 소비자에게만 국한한 개념이 아니다. 생명·생산자·소비자가 끊임없이 순환하며 유기적으로 연결된 구조 안에 존재한다. 이 순환 고리 중 어느 하나라도 어긋나면, 진정한 의미의 미식은 더 이상 성립하지 않는다. 그래서 우리는 질문한다. 생산자의 신념과 노력이 얼마나 진심인가, 그 진심이 어떤 식재료를 낳았는가, 그리고 우리의 음식이 자연과 생산자의 노력을 전하고 있는가.

이 차이를 가장 잘 보여 주는 예가 바로 자연 목축 돼지다. 자연에 가까운 환경에서 자란 돼지고기는 누구나 한 입 먹으면 그 차이를 느낄 수 있을 만큼 '다르다'. 특히 지방 맛에서 차이가 확연한데, 일반 돼지고기에서 흔히 느껴지는 느끼함 대신 고소하고 깊은 풍미가 살아 있다. 지방의 참된 맛에 새삼 감탄하게 된다.

"이기 '섬바디'라는 풀인데, 우리는 그냥 돼지 풀이라 불러요. 돼지들이 좋아하거든. 사료도 묵고 풀도 묵고 그래요. 우리도 밥만 먹고 살믄 재미없잖아. 돼지도 그래요. 이 돼지들은 마당에서 놀고 토굴에서 쉽니다. 옛날에는 이래 굴을 파서 돼지를 키우기도 했다고. 축사를 안 짓고 토굴 만들어서 돼지 집으로 썼는데 이 안이 시원하니까 땀샘이 없는 돼지들한테는 쉬기에 딱이지. 한여름에도 들어가믄 시원해." 울릉읍 사동에서 재래종 흑돼지를 전통 방식으로 기르는 임영광 농부의 설명이다.

처음이자 마지막이었던 그리스 여행이 어느덧 20년 전의 일이 됐다. 정말이지 "시간이 쏜살같다"라는 표현이 와닿는 요즘이다. 겨울철의 그리스는 상상과는 많이 달랐다. 아테네에 머무는 모든 날 동안 날씨는 내내 흐리고 눅눅했다. 비수기의 그리스 섬마을이 얼마나 적막하고 쓸쓸한지는, 다음 행선지였던 산토리니 항구에 내린 지 채 5분도 지나지 않아 알 수 있었다. 관광객은커녕 번화가라 할 만한 거리조차 문을 연 가게가 거의 없어 을씨년스럽기까지 했다. 덕분에 싸구려 호텔 방을 더 싸게 구하긴 했지만.

호텔 로비에는 나처럼 때를 잘못 맞춰 흘러든 관광객 서너 명이 사기당한 사람처럼 힘없고 쓸쓸한 얼굴을 하고 앉아 있었다. 맛집을 찾는 건 애초에 사치였다. 나를 포함한 이 패잔병들은 그저 식사를 파는 곳을 찾아야 했다.

겨울의 들짐승처럼 거리를 헤매다가, 담배와 잡화를 파는 매점 한쪽에서 뭔가를 발견했다. 기로스*였다. 그 앞을 힐끔거리며 서성이는 나에게 가게 주인이 "수블라키 하나 줘?" 하고 말을 걸었다. 그나마 수블라키 하나쯤은 사 먹을 여유가 있어 보였나 보다. 아무튼 그렇게 나는 앞으로의 그리스 여행을 책임질 구세주, 수블라키를 만났다.

그 후로 일주일 동안, 식사 메뉴는 수블라키 하나로 고정됐다. 딱히 다른 선택지가 없기도 했지만, 굳이 대안을 찾고 싶지 않을 만큼 충분히 맛있었다. 게다가 2유로라는 착한 가격은 가난한 배낭여행자에게는 더할 나위 없이 매력적인 조건이었다. 사흘쯤 지나자, 동네 청년들이 먼발치에 서서 내가 먹는 모습을 구경하기

---

* 기로스(γύρος)는 터키의 도네르 케밥과 유사한 그리스 음식으로 회전 구이 방식으로 조리한 고기를 얇게 썰어 빵이나 피타에 넣어 먹는다. 고기는 주로 돼지고기·닭고기·양고기 등을 사용하며, 차지키 소스를 곁들여 먹는다.

시작했다. 신기함과 기막힘이 뒤섞인 그들의 표정을 보며, 내가 매일 같은 음식을 얼마나 게걸스럽고 맛있게 먹고 있는지 짐작할 수 있었다.

지금도 그리스를 생각하면 그 가게의 수블라키가 가장 먼저 떠오른다. 문득 궁금해진다. 그리스 신화 속 신처럼 풍채 좋고 덥수룩하게 수염을 기르고 있던 그 가게 주인도 '한국'이라는 단어를 들으면, 의식처럼 매일 수블라키를 맛있게 먹던 그 한국 청년을 떠올릴까.

수블라키는 보통 그릴에 구운 고기(돼지·닭·생선 등)와 채소 혹은 그릭 샐러드·차지키 소스·피타 브레드로 구성된다. 내가 당시 먹었던 메뉴는 정확히 말해 수블라키 피타 랩이었고, 앞서 말한 모든 재료에 감자튀김까지 더해진, 햄버거 번 대신 피타 브레드로 감싼 그리스식 햄버거 같은 음식이었다.

이 요리에는 귀한 울릉도 토굴 흑돼지를 주재료로 사용할 수 있었다. 그리스인의 영혼과도 같은 차지키 소스에는 원래 딜이라는 허브가 들어가지만, 나는 그 대신 울릉도에서 우연히 발견한 야생 펜넬잎을 활용했다. 펜넬은 국내에서는 '회향'이라 불리며 한약재로도 쓰이지만, 울릉도 도로변에서 야생 펜넬이 자라고 있던 것은 지금 생각해도 신기하고 의아한 일이다.

수블라키에서 고기는 양념에 재웠다가 굽는, 상대적으로 단순한 조리법을 따른다. 오히려 더 많은 공이 들어간 것은 피타 브레드를 만드는 과정이었다. 토종 밀로 만든 밀가루를 손으로 반죽해 부풀리고 굽는 일련의 과정은 그 자체로 큰 즐거움이었다. 앉은키밀은 글루텐 함량이 낮아 강력분의 도움이 필요하지만, 100% 일반 밀가루로 만드는 것보다 훨씬 더 구수한 풍미를 낸다.

식빵이나 크루아상과 달리, 피타 브레드는 시중에서 구할 수 있는 제품의 선택지가 거의 없고, 있다고 해도

만족스럽지 않았다. 직접 만드는 수밖에. 사실 이 요리를 준비하면서 피타 자체의 맛보다 더 큰 비중을 차지한 것은, 손으로 쫀쫀하게 반죽하고 부풀리고, 동그랗게 나눠 다시 부풀려 굽는 그 지난한 과정을 반복하는 일이었다. 말하자면, 이 반복이야말로 이 메뉴를 테스트하는 데 있어 거의 전부였다고 해도 과언이 아니다.

 이처럼 시간과 품이 많이 드는 요리를 선택해 자신을 스스로 고행의 길로 이끄는 데에는, 내 손으로 낯선 식재료를 새로운 요리로 완성해 보고 싶다는 순수한 창작의 욕망이 깔려 있다. 그렇게 숱한 테스트를 거친 끝에 완성한 결과물이 왜 그 모양이었냐고 묻는다면, 달리 할 변명은 없다. 하지만 한 가지 나만의 원칙은 있다. '이전에는 없었던, 더 맛있는 것'을 만들겠다는 목표다. 적어도 시판 피타 브레드보다는 맛있어야 한다는 기준 아래에서만 이 모든 수고가 정당화된다. 결국 그 지향점에 닿아야 끝이 나는 게임이다.

 사동 농장의 돼지고기는 현지 사정상 택배로 받을 수가 없어 직접 가서 받아와야 했다. 우리가 울릉도에 도착한 그 아침, 농부님은 불과 몇 시간 전 도축을 마쳤고, 그 고기가 냉장창고에 준비돼 있다는 연락을 주셨다. 현장에 도착하자 농부님은 그 자리에서 쓱쓱 날을 세운 식칼 하나를 쥐여 주며 "필요한 부위를 직접 썰어 가라"라고 말씀하셨다. 창고 문을 여니, 뿌연 냉기 속에서 커다란 비닐에 사분도체 상태로 담긴 돼지 한 마리가 보였다. 비닐의 입구에서는 김이 모락모락 피어오르고 있었다.

 고기에 남아 있던 따뜻한 체온은 가슴 밑바닥에서 묵직한 각성을 일으켰다. 이 살코기의 주인이 불과 얼마 전까지 나처럼 먹고 싸고 걸어 다니고 생각하던 존재라는, 매일 보는 고깃덩어리 앞에서도 좀처럼 해 보지 않던 그 생각이 찌릿하게 감전되듯 뇌리를 스쳐 갔다.

충격이라기보다 낯선 것에 찔린 듯한 통증에 가까웠다.

    칼에 닿는 고기의 질감은 부드러웠다. 목살과 항정살을 손으로 헤집고, 갈빗대를 타고 안심과 등심 순으로 더듬어 가는 순간마다, 우리처럼 뜨거운 피를 가진 생명체라는 동질감이, 지금 내가 서 있는 이 섬의 자연에서 자란 존재라는 자각이 강하게 밀려왔다. 탁 트인 바다가 보이는 곳에서 농부님이 뜯어 준 섬바디니 명아주 같은 풀을 앞다퉈 먹던 돼지들의 모습이 떠올랐다. 어디서 왔고, 어떤 존재였는지 모르는 편이 마음 편했을까. "모르는 게 약"이라는 말이 이러한 상황에 어울리는지는 모르겠지만, 적어도 팩에 담긴 고깃덩어리를 볼 때는 좀처럼 일어나지 않던 감정의 동요였다.

    창고를 나와 하얀 면장갑에 잔뜩 묻은 피를 바라봤다. 돼지의 마지막이 고통스럽지 않았기를 바랐다. 누구라도 이런 상황에 고기를 보고 "맛있겠다"라며 호들갑을 떨 수는 없을 것이다. 평소 내가 고기를 대하는 방식은 어땠는지, 자연스럽게 되돌아봤다.

    마당 한편에 놓인 큰 가마솥에서는 이 돼지의 내장을 삶고 있었다. 삶은 내장에서는 신기하게도 풀 향이 났다. 순댓집 내장에서 나는 특유의 냄새는 없었다. 도축된 지 얼마 되지 않은 덕도 있겠지만, 이 돼지들이 평소에 어떤 것을 먹으며 자랐는지를 짐작케 하는 순간이었다. 실제로 대부분의 농장에서 급여하는 고단백·고열량 사료는 제대로 소화되지 않은 채 배설된다. 그 과정에서 황화수소와 같은 가스를 생성하며 악취를 유발한다.

    그때까지도 온기가 남아 있던 고기를 손질하며, 없는 재료를 털어 이것저것 만들어 봤다. 돼지에게는 미안했지만, 고기 맛은 정말 좋았다. 부족한 요리 실력도 그 덕에 무임승차하듯 묻어갈 수 있었다. 시식에 참여하신 동네 어르신들은 예의를 갖춰 "서울서 온 쎄프 벨꺼 읍네"라는 말을 굳이 입 밖에 내진 않으셨다.

ⓒ 윤민호

울릉도의 행정과 관광의 중심지인 도동항

고기로 요리할 때마다 이런 각성을 한다면 실력도 금세 늘겠구나, 싶었다. 자신의 생명으로 우리를 먹여 살리는 존재를, 크든 작든 우리의 삶은 항상 그들에게 빚을 지고 있다는 사실을, 고기에 남아 있던 온기 덕분에 새삼 실감했다. '생명 존중'이라는 허울뿐인 수사가 아니라, 한

생명에 대한 책임감이 더 구체적이고 실체적인 양태로
마음속에 각인된 뜻깊은 날이었다.

울릉도에서 발굴한 식재료 6

왕호장, 씨껍데기 막걸리

여섯 번째 요리

왕호장 소스와 체더치즈, 씨껍데기 막걸리 아이스크림을 채운 마카롱

지속 가능성 포인트: 종 다양성

한낱 잡초처럼 누구의 관심도 끌지 못하던 왕호장에서 루바브를 떠올리게 하는 상큼한 산미를 발견했다. 그렇게 잊힌 식물 속에 숨겨진 귀중한 식재료의 잠재력을 길어 올렸다. 잊힌 채집 기술과 야생 식재료를 향한 관심을 되살림으로써, 우리 땅에서 자생하는 생물의 다양성을 되살리고, 지역마다 사라져 가는 고유한 식문화를 복원하고자 했다.

'왕호장'이라고 불리는 풀은 마디풀과에 속하는 호장근(虎杖根) 중에서도, 울릉도에서 자생하는 토종 품종을 일컫는다. 울릉도에서는 들풀처럼 흔하게 자라지만, 오히려 그 흔함 때문에 무심히 지나치는 경우가 많다. '호장'이라는 이름은 줄기가 곧게 자라며 얼룩덜룩한 무늬를 띠는데, 그 모습이 마치 호랑이 무늬의 지팡이를 연상시키는 데서 유래한 것으로 보인다.

이름만으로는 쉽게 상상되지 않는 이 요리는, 고백하자면 오직 왕호장을 위해 특별히 고안한 것이다. 울릉도의 나이 지긋한 어르신들이 왕호장을 회상하며 들려준 이야기를 통해, 우리는 이 식물이 지닌 잠재력을 새삼 깨달았다. 하지만 이제는 아무도 왕호장을 먹지 않는다. 그것은 오직 가난하던 시절의 기억 속에만 남아 있는, 완벽히 잊힌 식재료였다.

아직 줄기가 여린 봄철, 왕호장을 꺾어 입에 대면 놀랍게도 루바브를 닮은 상큼한 산미가 입안을 맴돈다. 우리는 이 식물에 '코리안 루바브'라는 별명을 붙였다. 문제는, 재배는커녕 꺾어 줄 사람조차 없다는 것이었다. 결국 우리는 직접 도로변과 산 중턱을 오가며, 행사에 쓸 왕호장을 채집했다. 먹을거리를 찾아 길과 숲을 헤매는

일은, 잊고 지냈던 흥분을 일깨우기에 충분했다. 다행히 왕호장은 아무도 손대지 않아 지천으로 자라고 있었고, 속이 비어 가볍기도 했다. 그리고 손은 느리지만 착실한 네 명의 일꾼이 있었다.

    채집은 식재료의 원점을 탐색하는 일이자, 음식이 입에 들어가기까지 이어지는 요리의 기나긴 여정의 첫 관문이다. 도시에서는 잊힌 이 기술은 흙과 물에 직접 닿는 감각적 경험이자, 반복을 통해 좋은 재료를 알아보는 눈을 길러 주는 훈련이기도 하다.

    몇몇 산나물의 생김새만 익혀도 봄철 산행에서 쉽게 먹을거리를 구할 수 있다. 무엇보다 마트에서 만나는 생기 잃은 채소와 비교하면, 채집한 식재료의 품질은 월등하다. 갓 뜯은 쑥과 야생 땅두릅의 향, 돌배와 다래의 단맛, 바로 캐서 삶은 죽순의 구수하고 깊은 맛은 쉽게 잊히지 않는다. 게다가 이러한 훌륭한 노획물이 공짜라는 점 또한 매혹적이다.

    여럿이서 잊고 있던 감각을 일깨워 채취했으며, 서울까지 이고 지고 온 귀한 식재료인 만큼, 그 자체로 요리 하나쯤은 만들어야 마땅했다. 조리 방법은 루바브를 다룰 때의 방식을 따랐다. 물에 끓여 섬유질을 부드럽게 만든 뒤 블렌더에 갈고 체에 걸러, 기분 좋은 산미와 진득한 질감의 퓌레를 완성했다. 문제는 수율이었다. 한 아름 넘는 왕호장 원물에서 겨우 200ml 분량의 퓌레만 얻을 수 있었다.

    호박엿을 넣고 마카롱의 겉 과자인 코크*를 구운 뒤, 그 안에 울릉도에서 가져온 씨껍데기 막걸리로 만든 아이스크림을 채웠다. 그리고 어렵게 얻은 왕호장 퓌레를 한 숟갈 곁들였다. 울릉도에서만 맛볼 수 있는 씨껍데기

---

* 코크(coque)는 여러 의미를 지닌 프랑스어 단어로, 주로 '껍데기' '조개' '달걀 껍데기' 등을 뜻한다. 제과 분야에서는 마카롱의 겉면을 이루는 바삭한 과자 부분을 '코크'라 부른다.

막걸리는 천궁 뿌리·마가목 열매·수국잎 등의 약재를 넣고 빚은 삼양주로, 신맛과 단맛, 묵직한 바디감의 균형이 뛰어났다.

  이듬해 어느 날, 울릉도의 한 생산자에게 왕호장을 재배해 줄 수 있느냐고 물었더니, 돌아온 대답은 "그런 잡초를 왜 재배하느냐"였다. 결국 대화는 "니들이 와서 꺾어 가라"로 마무리됐다. "그럼 되지, 뭐." 다시 울릉도

삼선암

여기저기를 누비며 신나게 채취할 날을 기다린다. 우리가 왕호장을 기억하고, 찾기 시작한다면, 산마늘 일변도로 무너져 버린 생태계의 균형도 서서히 회복될 수 있다. 우리 식탁 위의 다양성이 곧 생태적 다양성 회복의 동력이 될 수 있음을 믿는다.

꿀릉도원 꿀과 故김주석 아저씨를 기억하며

아직도 주석 아저씨를 떠올리면 가슴 한가운데가 뻥 뚫린 듯 허허롭다. 아저씨가 없는 울릉도는, 마치 친구 없는 친구네 집처럼 허전하다. 가는 곳마다 아저씨 얼굴이, 그 걸걸한 목소리가 아른거렸다. 도대체 이런 사람이 또 있을까 싶을 만큼, 현실판 '홍반장' 같았던 아저씨는 길에서 마주치는 누구와도 인사를 나누고 안부를 물었다. 오랫동안 공직에 몸담고 지역 사회를 위해 헌신해 온 고인은 울릉도에 사는 모두에게 친구이자 선배, 어르신이었다. 그래서 아저씨의 황망한 부고에 정말 많은 사람들이 놀랐고, 그의 때 이른 부재를 슬퍼했다.

아저씨는 울릉도 구석구석 모르는 데가 없었다. 전형적인 '경상도 싸나이'답게 말수가 적고 무뚝뚝했지만, 못지않게 따뜻한 사람이었다. 울릉도 출신이라고 해도 섬의 모든 것을 알긴 쉽지 않은데, 아저씨는 특유의 친화력과 인덕으로 본인의 경험이 닿지 않는 영역까지도 우리가 접할 수 있도록 도왔다.

양봉 역시 아저씨가 오랜 시간 공 들여 온 작업 중 하나였다. 울릉도의 야생화에서 얻은 꿀은 그 자체로 귀했지만, 품질 또한 뛰어나 더욱 빛이 났다. 이번 행사에 그 꿀을 사용하면서 아저씨 생각이 여러 번 떠올랐고, 그때마다 마음속으로 조용히 명복을 빌었다.

오래전 인디언은 사람이 진짜 죽는 순간은 그를 마지막으로 기억하는 사람이 세상을 떠날 때라고 믿었다고 한다. 아저씨를 떠올릴 때면, 겨우 봉합해 놓은 상처가 다시 벌어지는 듯 쓰라리지만, 자주 기억하고 이야기하는 것이 그와 더 오래 함께하는 방법일 것이다. 그리 쉽게 잊히기에는 너무 아까운 사람이었으니.

ⓒ 윤민호

이제 얼마 남지 않은 그 꿀은 당분간 쓰지 않고, 찬장 속 잘 보이는 자리에 고이 모셔 둘 생각이다. 이따금 꿀단지를 열어 달콤한 꿀 내음과 함께 아저씨가 사랑했던 울릉도의 산야와 그 넉넉한 웃음을 가만히 떠올려 볼 수 있을 것이다.

VI. 거문도

제국의 기억을 간직한 바다, 그 바다의 대물들

난류와 한류가 만나는 수심 100m 남해 바다 한가운데 자리한 거문도는 복잡한 암초와 해저 지형이 만든 천혜의 어장이자 우리 근대사 격동의 현장이기도 하다. 갈치·달마새우·삼치·삿갓조개·섭·해풍 쑥 등 섬이 베푸는 먹거리를 통해 거문도 사람들이 간직해 온 요리 문화를 소개함과 동시에, 아워플래닛만의 시도를 통한 새로운 가능성도 제시한다.

셰프의 한 장면

비석 아래 나란히 누워 있는 두 사람, 윌리엄 머레이와 열일곱 소년 찰스 댈리를 생각한다. 두어 줄의 건조한 문장으로 축약된 비문처럼, 그들의 삶도 짧았다. 지금으로부터 140년 전, 영국이 거문도를 무단 점령한 적이 있었다. 영국 해군은 자신들이 상륙한 그 섬에 '포트해밀턴'이라는 이름을 붙이고 2년 동안 주둔했다. 조선은 동의는커녕, 그들을 저지할 힘조차 없었다. 학창 시절, '거문도 사건'이라는 이름으로 외웠던 이 사건은 패권국 영국과 도전 세력 러시아 사이에서 벌어진 패권 충돌의 한 파편이었다.

거문도 주민과 영국 해군의 만남은 어땠을까. 아마도 '인간'이라는 공통점 외엔 모든 것이 달랐을 두 세계의 조우였을 것이다. 그럼에도 불구하고 이들의 관계는 의외로 우호적이었던 것으로 전해진다. 영국군은 토지와 자원, 노동력을 사용할 때마다 늘 식량이나 금전을 지급했으며, 이는 악덕한 탐관오리의 가렴주구(苛斂誅求)에 시달리던 거문도 사람들에게는 낯선 방식의 거래였다.

주민들은 그들과 뒤섞여 지내며 우리 역사상 처음으로 당구와 축구, 테니스, 그리고 영국산 위스키를 접했다. 이제는 빈터가 된 해밀턴 테니스장을 바라보자니, 문득 영화 〈YMCA 야구단〉과 〈지중해〉의 장면이 떠올랐다. 그리고 그리 크지 않은 섬 곳곳에서 동시대를 살았을 두 집단의 모습을 상상해 봤다. 바다로부터 시선을 거두고 다시 비문을 읽으니 '그레이트 게임(Great Game)'이라는

거문도의 세 섬 중, 행정과 상업의 중심지인 고도

단어와는 어울리지 않는 '향수' '우정' '그리움' 같은 단어가 행간에 아른거리는 듯했다. 육중한 비석은 오늘도 대서양을 향해 서서, 무덤의 주인이 떠나온 바다를 바라보고 있다.

그 비문 아래 누웠을 청년 수병들은 아마도 국제정세나 제국주의 같은 거대 담론에는 무심했을 것이다. 그보다는 오늘처럼 화창한 날, 잔잔한 파도에 흩어지는 윤슬을 바라보며 고향에 두고 온 모든 것을 그리워하며 청춘의 시간을 흘려보냈을 것이다. 자신들이 이곳에 이렇게 오래 남게 될 줄은 꿈에도 모른 채.

침입자들이 떠난 뒤에도 섬사람들은 그들의 무덤을

돌봤다. 낯선 땅에서 생을 마감한 이들에 대한 작은 연민, 그 측은지심이 누군가의 마음속에 남아 있었던 것이다. 역사는 늘 거대한 서사를 기록하지만, 그 안에는 이름 없이 지나간 개인의 삶과 감정이 층층이 쌓여 있다. 남해의 외딴섬이 품고 있던 그들의 이야기를 너무 늦게 알게 된 것이, 왠지 송구스럽게 느껴졌다.

거문도에서 발굴한 식재료 1

갈치 내장, 달마새우

첫 번째 요리

달마새우 베녜·돌배·갈치속젓 드레싱의 시저 샐러드

지속 가능성 포인트: 제로 웨이스트, 종 다양성

예부터 어업 전진기지였던 거문도에서도 특히 많이 잡히는 생선인 갈치를 선보이며, 흔히 버리는 내장까지 살뜰히 활용해 만든 갈치속젓을 살코기에 더해 요리를 완성했다. 또한 양식 새우나 수입산 새우 대신, 제철 맞은 거문도 달마새우를 활용했다. 계절의 리듬에 따라 제철 식재료를 선택하는 일은 지속 가능한 미식을 실천하는 가장 손쉬운 방법이다.

밀가루와 같은 곡물가루를 우유·물·달걀 등과 섞어 만든 반죽을 그대로, 혹은 과일 등의 다른 재료에 입혀 기름에 튀긴 요리를 통틀어 '프리터(fritter)'라고 부른다. 한국인에게 가장 친숙한 프리터는 가운데가 동그랗게 뚫린 도넛이나 길쭉한 모양의 추로스일 것이다. '프리터'라는 단어는 프랑스어로 튀김을 뜻하는 'friture'에서 유래했다.

한편 베녜(beignet)는 밀가루·달걀·버터 등으로 만든 슈(choux) 반죽을 튀긴 프리터의 일종이지만, 프랑스어권에서는 프리터와 같은 튀김 반죽 요리를 통칭하는 말로도 쓰인다. 즉, 베녜는 도넛이나 추로스처럼 단순한 간식의 영역에 국한하지 않는다. 그것은 달콤한 디저트일 수도 있고, 짭짤한 맛의 분식이나 주식일 수도 있다.

생선 내장으로 만드는 젓갈은 현대적인 관점, 즉 지속 가능성의 측면에서 볼 때 제로 웨이스트 음식의 표본이 될 만하다. 그대로는 먹지 못하는 재료를 발효와 향신료·향신채의 조합에 사람의 지혜와 자연의 시간을 더해 맛있는 먹을거리로 바꾼 결과물이기 때문이다.

플래닛랩에서는 매년 봄이면 빠지지 않고 미더덕 젓갈을 담그고, 이를 포함한 다양한 젓갈을 앤초비가 들어가는 기존 조리법에 대입해 보는 실험을 계속하고 있다. 설탕과 고춧가루 등으로 양념한 젓갈은 사용에 주의가 필요하지만, 때때로 예상을 뛰어넘는 흥미로운 결과를 낳기도 한다.

또한 플래닛랩에서는 새우를 사용할 때도 양식 흰다리새우나 수입산 새우 대신, 가능한 한 자연산 새우가 출하하는 시기에 맞춰 메뉴를 기획하려 한다. 가을이 무르익으면 서남해안 일대 시장의 좌판에는 다홍빛으로 살이 통통하게 오른 새우가 하나둘 등장하기 시작하는데, 이때가 바로 달마새우 철이다.

정식 명칭은 대롱수염새우인 달마새우는 가을부터 초겨울까지 잡히며, '달고 맛있다' 하여 지금의 별칭이 붙었다. 거문도와 여수 일대가 달마새우의 주요 산지이자 집하장이다. 달마새우는 날것 상태에서도 선명한 붉은빛을 띠며, 염도와 당도가 높아 새우 특유의 풍미가 직관적으로 잘 느껴진다. 흰다리새우보다 식감도 탁월하다. 크기는 다소 작지만 익혀도 심하게 줄어들지 않아, 새우 한 마리를 그대로 푹신한 베녜 반죽에 넣어 튀길 수 있다. 한입 크기로 빚은 베녜를 베어 물었을 때, 그 안에 통째로 들어 있는 새우의 풍미와 식감을 온전히 느낄 수 있도록 했다.

결구가 단단하게 잘 형성된 코스(cos) 상추를 반 갈라 살짝 그릴 팬에 구운 뒤, 그 위에 갈치속젓을 베이스로 만든 드레싱을 얹고, 30%당으로 발효시킨 돌배를 파리지엔* 나이프로 공 모양으로 깎아 함께 곁들였다. 마지막으로 달마새우 베녜를 함께 올려 완성했다.

---

* 파리지엔(Parisienne)은 감자 등을 동그랗게 떠내는 프랑스식 조리 기법을 의미한다. 여기서 '파리지엔 나이프'란 반구형의 칼로, 주로 장식용 재료를 구형으로 다듬을 때 쓴다.

거문도에서 발굴한 식재료 2

뿔소라·미역·문어·삼치

ⓒ 윤민호

두 번째 요리

해녀 망사리 해물 초회

지속 가능성 포인트: 지속 가능한 어업 방식(해녀), 제로 웨이스트
기계나 장비가 아닌 해녀의 손으로 직접 채취하는 방식은 바다를
해치지 않고 필요한 만큼만 수확하는, 가장 친환경적인 어업
방식이다. 이번 행사에는 거문도 해녀가 채취한 수산물과 이 지역의
전통 식재료인 삼치의 껍질까지 아낌없이 활용해 해물 초회를
선보였다. 해녀라는 소중한 문화유산이 음식이라는 매개를 통해
다음 세대로 자연스럽게 이어지기를 바라는 소망을 담았다.

장민영 대표는 10여 년 전, 거문도를 취재차 방문한 적이
있다. 〈한국인의 밥상〉 팀에서 일하던 시절로, 전국을
돌며 사라져 가는 옛 음식을 기록하던 때였다. 그때 만난
해녀 어머니들은 섬에서의 삶을 이렇게 회상했다. "섬에
쌀이 얼마나 귀했는지 모르재. 먹을 수 있는 것들은 죄다
바닷것들잉께. 우덜은 해삼이고 소라고 전복이고 진저리
나버려야. 지금이야 돈이 된깨 귀하다 허지만 그때는 맨날
삼합죽만 해먹어부러. 쌀 째깐 넣고 갯것들만 허벌나게
넣었응깨. 소라·전복·홍합 세 개 들어가서 삼합죽이여."

제주 출신 해녀가 다른 섬으로 건너가 정착하는
경우는 흔하지만, 거문도는 유독 토박이들이 물질을 배워
시작한 사례가 많다고 한다. 깊고 맑은 거문도 바다는
미역·다시마·청각 같은 해조류가 풍부하고, 이를 먹고
자란 어패류는 유독 맛이 좋다. 어릴 적부터 바다에서
수영하고 놀며 이런 것들을 줍다 보면 자연스레 물질을
배우게 된다고 한다.

장 대표는 거문도에서 유난히 자주 들은 말이
있다고 한다. "바다가 깊고, 거칠고, 맑다." 실제로 그런
환경에서는 같은 종의 생물도 전혀 다른 모습으로 자란다.
대표가 지금까지 본 도미 중 가장 큰 것도 거문도에서

잡은 것이었다고 한다. 세찬 물살을 헤치고 살아야 하기에 물고기는 운동량이 많고, 전복이나 소라 같은 조개류는 바위에 붙어 버티는 힘이 강해져 살의 탄력과 밀도가 다르다. 그래서일까. 거문도의 가두리 양식장에서 자란 물고기가 종종 자연산에 버금가는 평가를 받는다.

장 대표가 거문도에서 만난 김다빈 해녀는 이렇게 말했다. "거문도에서 나고 자랐어요. 여수에서 다른 일을 하다가 돌아왔는데, 어릴 때부터 바다에서 놀다 보니 자연스레 물질이 어렵지 않았던 것 같아요. 거문도는 진짜 물이 맑고 깊거든요. 청물이 들 때면 시야가 100m도 나올 것 같아요. 그냥 물속이 훤히 내려다보여요. 같은 생선도 다른 바다보다 유난히 큰 것이 많고, 전복도, 배말도, 소라도 다른 곳이랑 사이즈가 다른 것 같아요."

해녀인 딸과 어부인 아버지의 손으로부터 온 재료가 한 그릇에 담겼다. 특별할 것 없이 오랜 시간 반복되어 온 일이지만, 함께 식사하고 술잔을 기울이며 시간을 나눈 이들의 생산물이, 요리를 매개로 서로 닿을 일 없는 불특정 다수의 손님에게까지 이어지는 과정은 여전히 신기하게 느껴진다. 얼굴을 아는 생산자의 말을 듣고 그의 일터를 찾아가는 것에서부터 시작하는 요리는, 생명체와 생산자, 생산자와 요리사, 요리사와 소비자의 관계를 하나의 둥근 띠로 엮어 놓은 유기체처럼 느껴진다.

거문도 고도 거문리에 남아 있는 적산가옥에서, 일본인이 이 섬의 상권을 쥐고 있던 시절 그들은 무엇을 먹었을까 상상해 본다. 주요 식재료는 바다에서 나왔을 테고, 그 종류는 지금과 크게 다르지 않았을 것이다. 그들이 머문 시간은 섬의 긴 역사를 놓고 보면 짧았지만, 오래되지 않은 일이니만큼 그들의 식문화가 어딘가 흔적을 남기지 않았을까, 문득 궁금해졌다. 하지만 아쉽게도 현재 거문도의 식문화에서는 일본의

고도에 위치한 '고도민박'. 1925년에 지어진 적산가옥을 개조한 곳으로 일본 전통 가옥의 구조와 원형이 잘 보존되어 있다.

흔적을 찾을 수 없었고, 내가 그들이었다면 어떤 음식을 먹었을까, 스스로 유추해 보는 수밖에 없었다.

그러다가 떠오른 것이 해물 초회였다. 섬의 진미를 감칠나게 조금씩 담아내는 이 요리는 오래전부터 일본인들이 즐겨 먹던 '스노모노(酢物)'를 참고해 만들었다. 거문도에서는 "삼치 껍질을 먹어야 삼치 한 마리를 다 먹는 것"이라는 말이 있을 만큼, 껍질을 진미로 여긴다. 문어·오이·미역 등 일반적인 스노모노 재료에 청주를 더한 삼치 육수를 끓여 살짝 데친 삼치 껍질을 돌돌 말아 식혀 썰어 넣었다. 쫄깃한 식감은 물론, 기름이 오른 철에는 감칠맛도 발군이다.

맛의 균형을 위해 가다랑어 국물과 흑초로 만든 '토사즈(土佐酢)'를 끼얹고, 행사 며칠 전 제주 오일장에서 구입한 댕유지의 제스트를 올려 향을 더했다. 댕유지의 껍질에서 나는 향을 어떻게 표현해야 할까? 경쾌한 레몬 향을 생기발랄한 청년에 비유한다면, 댕유지의 향은 댄디하고 매너 좋은 중년 신사의 중후함을 닮았다. 탱자와 댕유지 같은 재래종 시트러스는 개량되지 않아 과육은 적지만, 껍질의 향이 압도적이라 기회가 될 때마다 다양한 요리에 활용해 그 매력을 손님들에게 알리고 있다.

원래 초회는 해물을 다양하게 넣기보다 주재료에 집중하는 편이지만, 이번에는 해녀님이 보내 주신 수산물이 다채로워 가능한 한 많은 재료를 소개하고 싶었다. 뿔소라·미역·문어가 해녀의 망사리로부터 서울로 왔다. 이번 출장에서 만난 김다빈 해녀는 20대의 젊은 분이어서 전자상거래에도 능해, 자신이 채취한 수산물과 아버지의 배 '복성호'에서 잡아 올린 생선을 네이버 밴드를 통해 직거래하고 있다.

판매 페이지를 보면 그 시기 해녀의 망사리에 어떤 해산물이 주로 담기는지 알 수 있으며, 상품 구성과 재고, 자잘한 요청 사항도 원활하게 소통할 수 있었다.

거문항 일대

행사를 준비하는 내내 '다른 어르신 생산자들과의 거래도
이렇게 수월하다면 수요자와 공급자 모두에게 얼마나
큰 도움이 될까?' 하는 생각이 들었다. 정부가 주도하는
통합 플랫폼이나 노년층 대상의 디지털 교육 같은 지원이

병행된다면, 세대 간의 간극을 줄이는 데 도움이 되지 않을까. 요리하다 보면 별별 생각이 다 든다.

거문도에서 발굴한 식재료 3

갈치

세 번째 요리
훈연한 갈치와 두백감자로 만든 영국식 피시 파이 '포트해밀턴'

지속 가능성 포인트: 지속 가능한 어업 방식(채낚기 어업)
'채낚기'라는 어업 방식으로 잡은 갈치를 활용했다. 거문도에서 주로 행하는 방식으로 낚싯바늘에 미끼를 달아 갈치를 잡는다. 이렇게 잡은 갈치는 비늘 손상이 적어 맛과 선도가 뛰어나기도 하지만, 한 마리씩 낚아 올리는 방식이므로 지속 가능성 측면에서도 바다 생태계에 미치는 영향이 적어 선호할 만하다. 한편 갈치는 총 허용 어획량 대상 어종으로 지정되기도 했다.

'갈치'라는 이름은 막 잡아 올렸을 때 은빛으로 반짝이는 날렵한 몸이 칼을 닮아 '칼치'라고 부른 데서 유래한 것으로 보인다. 흥미롭게도 우리만 이러한 상상을 한 것은 아니다. 프랑스어로는 'poisson-sabre', 이탈리아어로는 'pesce coltello', 둘 다 '칼'과 '물고기'를 합친 이름이다.

거문도를 대표하는 생선은 갈치와 삼치다. 이곳에서 잡히는 갈치는 제주 해역으로 월동하러 이동하는 도중에 잡힌 개체들이다. 10월 중순 찬 바람이 불기 시작할 즈음, 겨울을 준비하며 지방을 충분히 축적한 상태로 남하하는 갈치는 살이 오르고 맛도 한결 깊어진다.

피시 파이는 처음 접하는 이들에게, 마치 영국 음식에 대한 밈을 위한 요리처럼 느껴질 수도 있다. 하지만 그 연원은 매우 깊다. 중세 시대부터 파이 반죽은 단순히 맛을 위한 요소가 아니라, 재료를 보호하고 보존하는 역할을 했다. '코핀(coffin)'이라 불리는 단단한 파이 껍질로 재료를 감싼 채 익혀, 재료가 지닌 수분과 풍미를 지키려는 실용적 목적에서 시작된 조리법이었다. 실제로 중세 프랑스의 조리서에는 육류 섭취가 금지되던 사순절에 생선을 활용한 파이 조리법이 등장한다. 다음은

14세기 프랑스 조리서 『타유방의 요리서』에 기록된 예시다.

> 큰 강꼬치고기, 잉어, 그리고 아몬드를 마련하여 한데 빻은 다음 사프란을 넣어 색깔을 주라. 그런 다음 거기에 백포도주를 넣어 그 반죽으로 파이와 타르트를 채우고, 다 익거든, 그 위에 설탕을 뿌려라.

가장 널리 알려진 피시 파이 중 하나는 영국 콘월 지방의 전통 요리인 스타게이지 파이(Stargazy pie)다. 정어리를 주재료로 한 이 파이는 생선 살과 달걀, 감자 등을 켜켜이 쌓고, 그 위에 페이스트 반죽을 덮는다. 특이한 점은 정어리의 머리를 장식처럼 파이 밖으로 삐죽 나오도록 한 채 굽는다는 것. 이러한 방식의 정확한 기원은 불분명하지만, 재료를 '머리부터 꼬리까지' 남김없이 사용하려는 태도를 담고 있지 않을까 상상해 본다.

오늘날 거문도에 남아 있는 영국의 흔적은 몇 기의 영국군 묘지와 테니스장 터 정도에 불과하다. 음식에서도 특별한 교류나 영향은 찾기 어렵다. 하지만 복잡한 세계 정세 속에서 접점이 없어 보이는 두 집단, 영국군과 거문도 주민이 우연히 조우했던 이 역사적 사건을 로컬 오딧세이를 통해 꼭 조명하고 싶었다. 물론 큰 궁금증은 이것이었다. '당시 거문도에 주문했던 영국군은 무엇을 먹고 지냈을까?'

영국 전통 음식 중 거문도의 해산물을 대입해 볼 만한 요리를 찾는 일은 예상보다 까다로웠다. 어느 정도 수긍할 수 있는 맛을 내는 음식이어야 하는데, 그런 조건에 부합하는 영국 음식은 흔치 않았다. 영국인들이 형편없는 자국 음식을 어떻게든 해결해 보려고 여기저기 식민지를 개척하다 보니, 어느새 해가 지지 않는 제국이 됐다는

자조 섞인 농담이 괜히 나온 말이 아니다.

그러다 문득 피시 파이가 떠올랐다. '파이'라는 이름이 붙었지만, 페이스트리 크러스트보다 그라탱에 가까운, 이 국민 음식은 대구, 대구와 유사한 해덕(haddock), 대서양 넙치(halibut)처럼 영국의 대표적 흰살생선을 활용한다. 피시 파이에 꼭 들어가는 유제품은 거문도에서 구하기 어려웠을 테니, 영국인들은 이 낯선 섬에서 피시 파이를 실제로 만들어 먹었다기보다, 그 음식을 떠올리며 고향을 그리워했을 것이다. 남해 바다에서 넙치를 닮은 광어라도 봤다면, 피시 파이에 대한 그리움은 더욱 커졌을 것이다.

영국의 흰살생선을 대체할 후보로는 거문도에서 많이 잡히는 능성어·부시리·갈치가 떠올랐다. 그중에서도 누군가가 발라 준 살을 푹푹 떠먹는 부유한 느낌을 내기에는 갈치가 제격이었다. 거문도에서는 갈치가 삼치와 함께 한 계절씩 번갈아 오며 섬사람들을 먹여 살린다고 해도 과언이 아니다. 삼치만큼이나 갈치도 이 지역의 삶과 식문화에 밀접하게 닿아 있기에, 한 번쯤은 행사에 꼭 등장시키고 싶었다.

50명이 먹을 양의 갈치 살을 바르는 데만도 적잖은 품이 들었다. 하지만 역대 로컬 오딧세이 메뉴에 등장한, 주먹물수배기·두툽상어·곰장어 등의 손질 난이도에 비하면 귀여운 수준이었다. 무엇보다 거문도 갈치는 통이 넓고 살이 많아 작업이 수월했다.

원래 조리법에는 훈연 생선을 쓰는 경우가 많다. 영국인들은 특히 훈연한 해덕을 사랑하는 듯싶다. 아무래도 그들의 기호를 따르는 것이 더 '영국 음식다운' 느낌을 낼 것 같아 휴대용 훈연기(smoking gun)를 사용해 갈치를 냉훈(冷燻)했다. 비린내를 줄이기 위해 비늘은 전부 칼로 긁어내고, 살을 포 뜬 뒤 잔가시를 제거하고 밑간해 껍질 면을 토치로 그을렸다. 막상 작업을 시작하니 '이렇게까지 해야 하나' 싶은 생각도 들었지만, 손님들의 반응을 보고 나서는 '충분히 그럴 만했다'라며 스스로 위로했다.

감자는 강화도 연두농장의 두백 품종을 썼다. 흙 내음이 강하고 분질감이 뛰어나 매시드 포테이토에 적합하며, 치즈와 섞으면 마치 프랑스 오베르뉴 지방의 알리고(aligot)처럼 찐득한 감자 소스의 질감이 난다. 치즈는 캘리포니아산 '사토리 올드월드 체더(Satori Old World Cheddar)'를 사용했는데, 이 브랜드는 지역의 소규모 농장과 협력하며 동물 복지에 힘쓰고, 물 사용량과 쓰레기 저감에도 앞장선다. 이곳에서 전통 방식으로 만드는 체더는 산미가 뚜렷하고, 입안을 감싸는 경쾌한 여운이 있다.

치즈를 섞은 매시드 포테이토에 곁들일 소스에는 두 가지 종류의 머스터드를 섞어 썼다. 머스터드는 이 요리에서 재료 간 균형을 잡아 주는 연결 고리이자 핵심적인 '킥'이었다. 하지만 행사 준비 과정에서 마음에 쏙 드는 머스터드 제품을 끝내 찾지 못했다. 홀그레인 머스터드 특유의 알알이 터지는 짜릿한 식감에 더해, 조금 더 녹진하고 섬세한 풍미가 있었더라면 요리의 완성도가 훨씬 높아졌을 텐데, 그 점이 끝내 아쉬움으로 남았다.

여러 번의 테스트 끝에, 크러스트가 있는 파이 형태가 더 낫겠다는 결론에 이르렀다. 요리의 원형을 고수하는 것도 의미 있지만, 로컬 오딧세이 코스의 특성상 메뉴마다 주제와 재료가 전환되기 때문에, 각 요리가 구조적으로 완결성을 가져야 했다. 특히 앞뒤로 배치한 요리와 질감이나 분위기가 확연히 달라, 이 메뉴가 하나의 구두점 역할을 해 줘야 했다. 무엇보다 손님들도 크러스트가 있는 파이를 더 익숙하게 여길 것 같았다. 영국 음식을 향한 불신을 누그러뜨리기 위한 장치로, 지난여름 말려 둔 김종대 농부님의 자두를 피클처럼 곁들였다.

© 윤민호

피시 파이는 이번 행사의 여섯 가지 메뉴 중에서도 개인적으로 가장 애정이 가는 요리였다. 오랜만에 주 전공이자 '본캐'인 양식, 그것도 클래식 메뉴를 선보이는 일이었기에, 테스트 내내 고향 음식을 만드는 듯한 따뜻한 마음이 들었다. 모든 세션에서 가장 큰 호응을 얻은 메뉴기도 했다. '손 많이 가는 음식이 맛있다'라는 불변의 진리를 다시 한번 확인할 수 있었다.

행사 말미, 영국에서 살다 오셨다는 한 손님이 처음 메뉴판을 보고는 '맛(대가리)없었던' 피시 파이의 악몽이 떠올라 아연했다고 말했다. 그날 내가 낸 음식이 그분에게 기쁨의 회상으로 남았을까, 아니면 트라우마의 재현이었을까. 활짝 웃으시는 그분의 표정을 보고서야 비로소 나도 안도하며 따라 웃을 수 있었다. 재주는 갈치가 넘고 박수는 내가 받은 것 같기도 했다. 아무튼 그분께 피시 파이의 끝나지 않는 악몽을 다시 안겨 주지 않아 정말 다행이었다.

짭짤한 속 재료를 채워 식사용 또는 식사 대용으로 내는 세이버리 파이(savory pie)에 대한 이해와 관용도 10여 년 전과는 비교할 수 없을 만큼 넓어졌다. 그때는 손님들의 무수한 불만과 잔반, 그리고 자잘한 상처만이 남았지만, 요즘은 미트파이가 큰 인기를 끌고, 대파 불고기 파이나 송로버섯 파이 같은 메뉴가 등장하는 걸 보면, 그때의 시도가 결코 헛된 방향은 아니었다는 생각에 마음이 조금 놓인다.

거문도에서 발굴한 식재료 4
삼치

네 번째 요리
거문도 삼치회 삼합

지속 가능성 포인트: 지속 가능한 수산물 소비(다 자란 생선 먹기)
다 자란 삼치는 몸길이가 1m 이상으로, 우리는 성장 중인 삼치를 먹는 셈이다. 모든 동물은 완전히 자라야 비로소 몸을 구성하는 요소를 제대로 갖춘다. 식재료의 관점에서 보자면, 그제야 '맛이 드는 것'. 미처 다 자라지 않은 생선을 먹는 일은 곧 미래 자원을 앞당기는 소비기도 하다. 물론 미식가의 기준에서도 덜 자란 생선, 즉 미완의 맛은 결코 합격점을 받을 수 없다.

깊고 거칠기로 소문난 거문도 앞바다는 예나 지금이나 덩치 크고 유영 속도가 빠른 삼치가 살기 좋다. 실제로 삼치는 '바다의 스포츠카'라는 별명이 있을 정도로 빠른 속도를 자랑한다. 이러한 거문도 삼치는 일제강점기 때 날개 돋친 듯 팔려 나갔다.

"겨울철에 삼치 파시가 서뿌믄, 동도·고도·서도가 쭉 이어졌고먼. 배만 밟아갔고도 옆 섬으로 건너갈 수 있었은께, 어메어메 그야말로 바다가 배로 까뜩 찼지라. 그라고 몰려든 배들이 잡아 올린 삼치는 죄다 일본으로 수출돼 불고. 육지 사람들은 시방 제대로 된 삼치는 먹도 몬했어. 고시(새끼 삼치)를 궈다 먹고는 삼치라고 생각했으니, 우리가 보기엔 딱한 노릇이제. 그란디 별수 있나, 삼치를 금값 쳐주니 어쩔란가 일본에 팔아야 돈이 되재." 고도에서 만난 나이 지긋한 어부가 추억에 잠긴 채 말했다.

바닷가 마을의 가정집 옥상에는 생선 건조대가 있기 마련이다. 그런데 거문도 가정집 옥상에 있는 건조대는 유독 높다. 이는 설날에 먹을 반건조 대삼치를 만들기 위해서다. 명절에 올릴 귀한 음식이기 때문에 토막 내지 않고 배를 가른 통째의 삼치를 장대에 걸어 해풍에 말린다.

거문도 삼치가 얼마나 대물인지, 건조대 높이만 봐도 짐작이 간다. 한 달 남짓, 얼었다 녹기를 반복하며 말린 삼치는 무른 살에 탄력이 생기고, 깊고 풍부한 풍미가 배어든다. 이렇게 정성 들여 만든 반건조 삼치는 설이나 대보름 같은 명절에 손님상에 오르곤 했다. 겉은 꼬들꼬들하고 속살은 부드러운 반건조 삼치 특유의 깊은 맛은, 해마다 겨울이 되면 거문도를 떠올리게 한다.

"거문도식 삼치회 삼합 맛 좀 볼라요? 삼치회는 초장이랑 안 잡사요. 옛날부터 삼치회는 간장에다 먹대요? 시방 양파도 듬뿍 썰어 넣불고. 우덜 식으로 만들어 먹어야 진짜 맛이 나불지. 인자 이 간장에 찍어 한 입 잡수고, 다음으로는 돌김에 싸서 한 입 잡수고, 세 번째가 진짜여. 우덜은 바다서 일함서 이라덜 묵는데, 삼치회는 잇몸으로도 씹힐 만큼 부드러운께. 밥이랑 먹어야 더 맛이 나대요. 김 우에다 흰 쌀밥 얹고, 양념장 허벌 찍어 먹어부러. 그라고 갓김치가 빠지면 안 된당께. 김에 삼치회에, 갓김치까지 혀야 시방 거문도식 삼치회 삼합이재."

거문도에서는 삼치가 3kg은 넘어야 비로소 삼치로 인정한다. 도시 사람이 먹는 어른 팔뚝만 한 삼치는 이곳에선 새끼 삼치, 즉 '고시'로 불린다. 맛의 차이도 확연해서, 현지인들은 잡히면 찌개나 김치에 넣어 먹는 정도로 여긴다. 그들은 무게가 7~8kg은 돼야 그나마 크다고 인정하는데, 이쯤 되면 몸길이가 1m에 육박한다.

이번 행사를 위해 거문도에서 보내 준 삼치는 무려 10kg에 달하는 대물이었다. 태어나 본, 가장 긴 아이스박스에 담겨 도착했는데, 열어 보니 머리와 꼬리를 자른 상태임에도 삼치가 박스를 가득 채우고 있었다. 10kg짜리 한 마리와 8kg짜리 한 마리로, 이틀

거문도식 삼치회 삼합

동안 50명 가까운 손님을 위한 음식과 스태프 식사까지 모두 감당하고도 여전히 상당한 양이 남았다. 껍질과 뼈까지 다른 요리에 사용했으니, 제로 웨이스트에 가까운 활용이었다. 그야말로 오병이어(五餠二魚)의 기적을 보는 듯했다.

시속 60km 넘는 속도로 내달리는 삼치는 배에 미끼를 달고 달리면서 주낙으로 잡는다. 부리부리한 눈과 톱니처럼 날카로운 이빨을 드러낸 채 자동차가 도로를 달리는 속도로 돌진해 오는 삼치를 물속에서 맞닥뜨리는 장면을 상상하면 등골이 서늘해진다. 하지만 헤엄치는 속도만큼 성질도 급해 물에서 건져 내면 제 풀에 못 이겨 곧 죽어 버린다. 삼치의 활어 유통이 어려운 이유다. 삼치는 겨울 내내 맛있지만, 현지 분들 말로는 크리스마스를 전후한 시기가 가장 맛이 오른다고 한다.

등푸른생선 특유의 푸른빛과 기하학적인 패턴은 언제 봐도 매혹적이다. 인간이 만들어 내는 모든 색과 문양이 결국 자연에서 비롯됐음을, 동식물을 마주할 때마다 새삼 실감한다. 그 영롱한 색과 무늬를 바라보다 보면, 이따금 신의 존재까지 떠올리게 된다.

사실 물고기의 등과 배는 천적을 피하기 위한 보호색 역할을 한다. 바다의 표층을 헤엄칠 때는 갈매기 같은 포식자의 눈에 띄지 않기 위해, 공중에서 봤을 때 일렁이는 바다처럼 보이도록 등 색깔이 어둡고 무늬가 복잡하게 진화했다. 반대로 배 쪽은 바닷속 포식자가 위를 올려다볼 때 수면에서 쏟아지는 햇빛처럼 보이도록 흰색을 띤다. 이처럼 살아 있는 바다를 닮은 물고기의 색과 무늬는 생존과 직결돼 있으며, 죽음이 깃든 후부터는 서서히 그 빛을 잃는다. 그래서 마트 매대 위의 삼치는 대부분 그 생명의 색을 잃고 회색빛으로 바래 있다.

거문도에서 발굴한 식재료 5

배말(삿갓조개)·군소·군붓(딱지조개)·섭

다섯 번째 요리

거문도식 갯것찜과 토종 녹두도 밥

지속 가능성 포인트: 전통 요리, 종 다양성

때로 로컬 오딧세이 행사에는 지역의 전통 요리를 별다른 가공 없이 있는 그대로 소개한다. 이는 오랜 세월 지역 식재료를 다루며 가장 알맞고 맛있는 조리법을 전승해 온 이들에 대한 나름의 오마주다. 선대의 지혜를 오늘날의 주방과 조리 기술에 적용해 현대의 입맛에 맞는 당대적 음식으로 발전시키는 일은 지속 가능한 식탁을 위한 필수적인 과정이다.

갯것찜

"여는 잔칫날 오찜이 빠지질 않애. 군소·홍합·배말(삿갓조개)·청각·목이버섯, 재료가 다섯 개 들어갔으니 오찜이여. 쩌그 갯것들 해다가 만드는 것인디 옛날에는 이 집 며느리가 잘 들어왔나, 못 들어왔나를 이 찜에 들어간 갯것 수로 따졌당께. 바지런히 배말이며 고둥이며 돗이며 해다가 재료가 다섯 개 이상 되면 합격, 서너 개 들어가 있으면 영 게으른 거라 불합격이여." '갯것찜'이라는 알쏭달쏭한 이름의 음식이 무엇인지 묻자, 돌아온 대답이다.

 군소·홍합·삿갓조개 같은 해산물과 청각 같은 해조류를 넣고 달달 볶다가 전분을 풀어 걸쭉하게 만든 갯것찜은 거문도의 오래된 토속 음식이다. 집집이 넣는 재료는 조금씩 다르지만, 중요한 날 상에 빠지면 섭섭한 음식이다. 단순한 이름에서 짐작할 수 있듯, 조리법은 복잡하지 않다.

 갯가에서 바로 건져 올린 재료로 만드는 요리라 재료 그 자체의 맛과 향이 풍미의 중심을 끌고 간다. 진한 바다 내음과 깊은 감칠맛이 몽글몽글한 찜 안에 갇혀 있다가, 씹을 때마다 톡톡 터져 나온다. 자칫 비릿하게 느낄 수

있는 그 농밀한 풍미에 방앗잎 향이 스치듯 지나가며
절묘한 균형을 이룬다. 거문도 바다를 품은, 거문도만의
방식으로 완성한 음식이다.

   그렇게 큰 삿갓조개는 살면서 처음 봤다. 모양만
같고 크기는 전혀 다른, 마치 새로운 종을 만난 것 같은
기분이었다. 섬사람들에게도 귀한지 '옥배말'이라는 보석
같은 이름으로 불렸다. 성장 속도가 느린 삿갓조개가
그만한 크기로 자랐다는 것은, 사람 손이 닿지 않는
곳에서 오랜 시간 자랐다는 이야기다. 그것은 이 섬
어딘가에 여전히 청정한 바다가 남아 있다는 증거기도
했다. 그 조개를 직접 캐 팔던 해녀님의 말처럼, 그 정도
크기의 삿갓조개는 전복에 가까운 맛이 났다.

   삿갓조개는 전국의 갯바위에서 비교적 쉽게 볼 수 있다.
하지만 한번 바위에 붙으면 여간해선 떼어 내기 어렵다.
이 조개의 치아는 '침철석(goethite)'이라는 성분으로
이뤄져 있는데, 이는 자연계 생물체를 구성하는 물질 중
가장 단단한 것으로 알려졌으며, 공업 등 다양한 분야에서
상용화를 위한 연구가 진행 중이다.

   삿갓조개는 그 단단한 치아로 바위를 깎아 보금자리를
마련하고, 그 위에 붙은 해조류를 갉아 먹는다. 가만히
지켜보면, 매우 느린 속도로 주변을 돌아다니다가 일과를
마친 후엔 제자리로 돌아가는 것을 확인할 수 있다.
바위가 촉촉할 때 주로 움직이고, 마르면 수분 증발을
막기 위해 움직임을 멈춘다. 한낱 조개가 그런 식으로
살아간다는 사실이 신기할 따름이었다. 물론 누군가는 돌
틈에 쭈그리고 앉아 30분 넘게 녀석을 관찰하는 나를 더
신기해했지만.

   거문도 서도리, 식당이라야 딱 두 곳뿐인 마을에서
점심을 먹던 날, 반갑게도 반찬으로 삿갓조개 무침이
나왔다. 접시에 담긴 조개만 해도 쉰 마리는 족히 넘어

보였다. 돌에서 하나하나 따고, 깨끗이 헹군 후 삶고, 껍질에서 일일이 떼어 내 양념에 무치기까지, 그 지난한 과정을 누구보다 잘 알기에, 숟가락 가득 퍼먹으며 감사의 마음과 함께 부자가 된 듯한 기분이 들었다. 애쓰지 않고도 먹을 수 있는 것이 많은 오늘날, 이 한 접시의 반찬을 정성스레 준비하는 이도, 그 노고에 감사하며 먹을 줄 아는 이도 귀해졌다. 바닷가 마을에서는 흔하디흔한 밥반찬이었을 삿갓조개 무침이 그날따라 오랜만에 만난 친구처럼 반가웠던 이유다.

이듬해에 로컬 오딧세이가 아닌 아워플래닛의 또 다른 행사인 '반과 찬'에서 삿갓조개 장조림을 준비하며 그날의 기억을 찬찬히 더듬었다. "정말 귀한 것"이라며 자갈만 한 옥배말을 챙겨 주던 해녀님의 마음, "이젠 추억으로 먹죠"라며 삿갓조개 무침을 내어 주던 식당 주인아주머니의 두툼한 손이 떠올랐다. 편리와 효율을 외치는 시대 속에서도 이런 것들이 여전히 남아 있는 건 그럴 만한 이유가 있기 때문일 것이다.

불과 두세 대 전까지만 해도 섬의 식단에는 선택지가 많지 않았다. 식재료의 다양성 또한 기대할 수 없었고, 육지에서 멀고 형편이 넉넉지 않은 곳일수록 상황은 더 열악했다. 섬의 음식은, 미식은 고사하고, 끼니를 잇는 것조차 벅찼기에 주민들의 관심은 질보다 양을 채우는 데 쏠릴 수밖에 없었다. 그런 맥락에서 바닷가에서 누구나 쉽게 채취할 수 있는 해조류나 조개류, 군소, 군봇 같은 갯것들을 곡물가루와 함께 끓여 양적인 타협을 본 음식은 남해안의 여러 섬에서 공통으로 발견된다. 그리고 거문도에서는 이 음식을 '갯것찜'이라 부른다.

칠흑 같은 어둠 속, 홀로 빛나는 편의점 불빛이 외진 섬마을의 밤을 밝히고, '음식의 선택지가 너무 많아 오히려 덜 행복하다'라는 선택의 역설을 겪고 있는 지금,

여전히 섬사람들이 갯것찜 같은 소박하고 단출한 음식을 식탁에 올리는 이유가 궁금해졌다. 내게 추억의 음식이란 즐거운 시절에 먹은 것이라는 전제가 따른다. 배고픈 시절에 먹던 음식을 통해 가난을 떠올리는 일은 분명 유쾌할 리 없다고 생각했다. 그러던 차에 갯것찜을 제대로 먹어 볼 기회가 생겼다.

메밀가루 특유의 점성 덕에 오랫동안 온기를 품은 그 음식을 처음 맛본 날, 나는 한 그릇의 음식이 위장을 타고 전하는 그 따뜻함이 미약하게나마 삶의 온기가 되어 줬을, 섬의 어느 추운 날을 상상해 봤다. 갯것이 풍기는 비릿한 바다 내음을 메밀의 푸근한 향이 낙낙하게 감싸 주는 맛이었다. 그 순간 어렴풋이 깨달았다. 허기를 달래기 위해 먹던 음식이 자주 상에 오르던 시절에도 희망의 날은 분명히 있었을 테고, 삶이 품은 희로애락은 그곳이라 해서, 혹은 지금이 아니라고 해서 크게 다르지 않았을 거라는 사실을.

대부분의 향토 음식은 조리법이 단순하다. 주변에서 넉넉히 나는 계절의 재료로 긴 시간 들이지 않고 간단하게 만든다. 갯것찜도 마찬가지다. 요리법이라고 부르기도 민망할 만큼 간단하다. 요즘 말로 하자면 "재료가 다한다"라는 수준이다. 그런데 이렇게 간단한 요리가 심지어 맛있기까지 하면 요리사로선 당황스럽다. 요리하다 보면, 맛을 더한답시고 잔재주를 부리다가 오히려 안 하느니만 못한 결과를 마주할 때가 있다. "단순한 것이 가장 좋다(The simple is the best)"라는 진리를 알면서도, 써먹고 싶은 기술에 미련을 좀처럼 버리지 못한다. 선반과 냉장고에 가득한 물건이 그 미련의 증거다.

늘 더 많은 것을 추구하는 사회에서 어쩌면 우리는 덜어 내는 법을 잊고 사는지도 모른다. 양에 대한 갈망이 채워지는 사이, 줄이고 비우는 지혜는 오히려 흐려졌다.

그런 의미에서 섬사람들의 이러한 소박한 음식이 오늘날 귀하고 감사한 대접을 받는다는 사실은 무척 고무적이다. 그것은 어쩌면 우리에게 아직 돌아갈 길이 남아 있다는 뜻인지도 모른다.

녹두도 밥
우보농장의 가을 정경은 소중히 간직한 물건처럼 매해 꺼내 보고 싶은 풍경이다. 그간 나는 많은 이에게 이곳의 아름다움을 전해 왔다. 해가 갈수록 농부님의 얼굴은 점점 진짜 농군의 낯빛으로 물들어 간다. 그럼에도 여전히 힘이 실린 눈가에 묻어나는 그의 이상은 예전보다 더 성기지 않고, 그간 그가 일궈 온 땅처럼 단단하고 깊어졌다.

이제 '우보농장'이라는 이름은 우리나라 토종 벼의 본산이자, 실로 수많은 이들의 땀방울로 일군 옥토의 상징이다. 고양의 작은 땅에서 시작된 물줄기가 시나브로 사방으로 뻗어 나가, 이제는 메마른 강토를 적시고 있다. 많은 이들의 입을 통해 우리 쌀의 아름다운 이름이 하나둘 전해진다. 농부님의 별호처럼 소의 걸음으로 느릿느릿하지만 우직하게, 깊고 선명한 발자국을 새기고 있다.

신기하게도 이곳에 서면, 논이 아니라 마치 숲에 와 있는 듯한 기분이 든다. 공간 곳곳에 걸린 이상의 조각을 볼 때면, 농부님의 꿈속 풍경은 이런 모습일까 싶다. 드러내지 않아도 누구나 느낄 수 있는 신념의 기운이 온갖 토종 품종이 함께 살아가는 거대한 숲을 일궈 냈다.

이근이 농부님으로부터 매년 5~6가지 종류의 토종 쌀을 추천받아 여러 요리에 활용한다. 이런 식으로 우리도 농부님의 위대한 여정에 함께하고자 한다. 플래닛랩에서 진행하는 '나만의 취향 찾기' 워크숍을 통해 많은 분들이 자신의 입맛에 맞는 토종 쌀을 발견했다. 그중 녹두도는 관능 평가에서 늘 상위에 드는 인기 품종이다. 만생종으로

남아 있는 토종 벼 가운데 가장 긴 역사를 지닌 품종이며, 이름처럼 연한 초록색을 띤다. 밥을 지었을 때 찰기가 적고 은은한 단맛과 긴 여운이 남는 밥맛이 특징이다. 개인적으로도 다섯 손가락 안에 꼽는 토종 쌀로, 이번 행사를 통해 많은 분들께 소개하고 싶었다.

토종 작물에 관하여

예전에는 농부들이 스스로 씨앗을 받아 농사를 지었지만, 산업화 이후 종자산업법이 생기며 종자 회사의 씨앗을 사서 써야 했다. 종자 소유권이 기업에 넘어가면서 농부는 자립성을 잃고 자본에 종속됐다.

오늘날 식탁에 오르는 농산물 상당수는 한해살이 '일회용' 종자에서 비롯된다. 이듬해 씨앗을 받아 심어도 제대로 자라지 않도록 조작된 이 종자는 'F1'이라고 불린다. 자연의 순환을 끊은 결과다. 심지어 다음 세대에 발아조차 되지 않는 '터미네이터 종자'까지 존재한다. '종결자'라는 이름의 씨앗이라니 섬뜩하다. 하지만 이런 사실을 알고 있는 소비자가 얼마나 될까. 진실을 알리고 현명한 소비를 돕는 일이야말로, 토종 작물을 사용하고 알리는 중요한 이유다.

토종 종자란 30년 이상 한 지역에 적응하며 농부의 손으로 심겨 온 종자를 말한다. 지역 생태계와 풍토에 맞춰 스스로 진화해 온 이 씨앗은 소중한 농업 자산이자 지역의 문화유산이다. "농부는 굶어 죽어도 씨앗을 베고 죽는다"라는 말이 괜히 생긴 게 아니다.

유전자 변형 작물(GMO), 종자주권 문제에 이어, 기후 위기 속에서도 토종 종자의 중요성은 커지고 있다. 다양성이 확보된 종자는 환경 변화에 강하며 생존율이 높다. 반면 관행농의 개량종은 생산성과 품질 조절 면에서는 유리하지만, 한번 개량되면 원형으로 돌아갈 수 없다. 극심한 기후변화 속에서는, 기후와 환경에 적응하며 살아남을 수 있는 토종 종자야말로 대안이자 희망인 것이다.

또 다른 이유는 획일화된 식문화에서 벗어나기 위해서다. 우리나라는 지역마다 다양한 쌀 품종이 있었지만, 일제강점기와 이후의 개발 중심 농정으로 많은 토종 벼가 사라졌다. 1970년대 초

통일벼의 대중화 이후, 쌀 맛에 대한 감각도 무뎌졌다.

우리는 개성을 존중하는 사회에 살지만, 똑같이 생긴 학교·사무실·아파트·병원에서 일상을 보내며 거대한 획일화에는 무감각하다. 쌀 역시 마찬가지다. 대다수는 자신이 먹는 쌀 품종조차 모른다.

하지만 맛의 다양성은 식재료의 다양성에서 비롯된다. 그럼에도 우리는 맛보다 가성비를 더 중요하게 여긴다. 이런 시대에 토종 쌀을 복원하는 것은 무척이나 고무적인 일이다. 획일화의 굴레에서 벗어날 기회가 드디어 열린 것이다.

2024년 여름, 서울은 118년간 이뤄진 기상관측 역사상, 최장인 48일이라는 열대야 일수를 기록했다. 다른 지역도 별반 다르지 않았고, 그 여파로 배추 한 포기가 2만 원을 넘는 충격적 경험을 했다. 예측을 무의미하게 만드는 기상 이변, 이미 피부에 와닿은 기후 위기 앞에서 토종 작물이 유일한 해결책이 될 수는 없다. 하지만 지역의 오래된 작물 중에는 비가 많이 내리고 일조량이 부족해도 유연하게 적응하며 잘 자라는 것이 많다.

일부 지역에서는 '토종농산물 소득 보전 직불제' 같은 정책도 시범 운영 중이다. 이제 구수한 이름의 종자들이 박물관 상자에서 나와 살던 땅에 다시 뿌리내릴 날이 도래한 듯하다. 부디 더 늦기 전에 유의미한 시도가 이뤄지기를 바란다.

토종 종자의 핵심은 순환이다. 한 해 농사 끝에 씨를 받고, 다시 심는 이 단순하고 오래된 순환이 토종 종자의 본질이다. 토종 종자를 발굴하고 수집하고 채종해 다시 수집하고 보관하는 데 그치지 않고, 음식을 통해 그 순환의 가치가 밥상에까지 이어져야 비로소 순환이 완성된다. 개성과 매력이 넘치고 맛있는 토종 작물이 많아진다는 상상은 이 신나는 실험을 지치지 않고 이어 갈 수 있는 동력이 되어 준다.

조선참외

거문도에서 발굴한 식재료 6

해풍 쑥, 탱자

여섯 번째 요리

해풍 쑥떡에 감싼 인절미 젤라토, 발효 꿀과 탱자 효소 소스

지속 가능성 포인트: 발효 음식, 종 다양성

발효 기술에는 인류가 축적한 지혜와 경험이 담겨 있다. 발효의 원래 목적은 식품 보존과 영양분 강화, 그리고 재료가 가진 독특한 맛과 향을 자연의 이치를 활용해 끌어내는 데 있다. 이는 쉽게 만들고 쉽게 버려지는 요즘의 세태에 배치되는, 느린 조리법이다. 플래닛랩에서는 탱자를 당 발효, 유산 발효 등의 방법으로 발효해 연중 사용하고 있다.

해풍 쑥

쑥은 국화과 쑥속(Artemisia)에 속하는 여러 종을 통칭하는 이름이다. 고조선 건국 신화인 단군신화에서 곰이 마늘과 함께 먹은 식물이 바로 쑥일 만큼, 우리의 삶과 깊이 연결돼 있다. 쌉싸름하면서도 청량한 특유의 향은 쑥에 함유된 '시네올'이라는 성분에서 비롯된다. 쑥은 어디서든 잘 자라는 생명력 덕분에, 이른 시기부터 지역을 가리지 않고 한반도 전역의 식문화에 스며들었다.

  가장 대표적인 쑥 음식은 단연 쑥떡이다. 찹쌀가루에 데친 쑥을 넣어 만든 떡으로, 쑥 고유의 맛과 향을 온전히 즐길 수 있다. 한편 봄철이면 도다리와 함께 끓이는 도다리쑥국처럼, 국물 요리에서도 쑥은 생선과 이질감 없이 어우러지며, 동시에 자신의 존재감을 드러낸다. 거문도와 같이 바닷가 지역에서 자라는 해풍 쑥은 바닷바람을 맞으며 염기를 머금고 자라, 육지의 쑥보다 향이 더 짙고 풍성하다.

  다분히 개인적 취향이 반영된 이 메뉴의 모티브는 '찰떡아이스'였다. 어릴 적부터 즐겨 온 이 아이스크림을 직접 만들어 보자는 생각이 행사 기획의 출발점이 됐다.

토종 밤콩과 콩가루를 사용해 인절미 맛 젤라토를 만들고, 얇게 밀어 정사각형으로 성형한 해풍 쑥떡 위에 올린 뒤, 보자기 형태로 감싸 얼렸다. 서빙 10분 전, 상온에 꺼내 떡 표면을 토치로 살짝 지져 녹였다. 그리고 발효 꿀과 가을에 담가 숙성한 탱자 효소액으로 만든 소스를 곁들였다.

   행사를 준비하며 만난 한 농부님이 "요즘 벌 가격이 올라 걱정"이라며 "수분을 위해 꿀벌을 사 오는 일조차 부담스러운 상황"이라고 토로했다. 그 말이 마음에 오래 남았다. 꿀벌이 사라진 세상은 어떤 모습일까, 문득 그런 상상을 해 봤다.
   꿀 한 스푼을 모으기 위해서는 약 열두 마리의 꿀벌이 1년 내내 날아다녀야 한다. 그 시간 동안 벌은 얼마나 많은 꽃을 오가며 수분을 도왔을까. 꿀벌의 실종은 결국 인간의 식량 위기로 직결되는 중대한 사건이다. 언젠가 꿀이 더는 나오지 않아, 꿀맛이 추억의 맛이 되는 날이 올지도 모른다는 생각에 요즘은 꿀 병만 봐도 쓸쓸한 기분이 들고, 요리할 때도 꿀 한 스푼이 전보다 더 무겁게 느껴진다.
   꿀을 적당량의 물과 섞어 일정 기간 발효하면 부드럽고 우아한 산미를 갖춘 재료로 거듭난다. 다만 꿀은 그 자체로 풍미가 강해 사용할 때 신중해야 한다. 밤꿀·감로꿀·피나무꿀처럼 개성이 뚜렷한 꿀일수록 더욱 그렇다. 꿀은 마치 까다로운 예술가처럼 협업할 수 있는 재료가 많지 않지만, 그중에서도 쑥은 오랜 시간에 걸쳐 다정한 단짝으로 자리해 왔다. 관습적으로 조합되어 온 맛이지만, 그래서인지 더욱 믿음직하다.
   이번 행사에서는 경기도 연천군 DMZ 인근에서 토종벌이 채집한 꿀을 사용했다. 서양 벌이 한 가지 꽃에서 꿀을 채집한다면, 토종벌은 한 지역에 머물며

ⓒ 윤민호

다양한 식물로부터 꿀을 모은다. 귀룽나무·참싸리·환삼덩굴·산국·산딸기나무·다래·복숭아나무·산딸기나무·싸리·생강나무·벚나무 등 수많은 밀원 식물을 오가며 만들어 낸 꿀은 자연스럽게 복합적이고 풍부한 풍미를 지닌다.

탱자

손톱으로 표피를 긁어 자국을 낸 후 코끝에 가져간다. 그 찰나마저 감질나게 만드는 식재료가 있다. 제주의 가을을 기다리게 하는 청레몬, 오일장에서 마주치는 반가운 친구 댕유지와 탱자가 그렇다. 이 셋 중, 점점 만나기 어려운 것이 단연 탱자다.

탱자는 식용보다는 약용으로 쓰이기에, 과일 가게가 아닌 건재상에서 팔린다. 개량종도 없다. 그래서 질 좋은 탱자를 구하려면 결국 산으로 들어가야 한다. 만약 품고 있는 씨앗의 수가 선악의 척도라면, 탱자는 압도적인 우세로 '악마의 열매'에 등극할 것이다. 손질하려 보면 집어던지고 싶을 만큼 어마어마하게 씨가 많다. 과육 반, 씨 반이라고 해도 과언이 아니다.

　한 번도 개량되지 않은 탱자의 특성이 고스란히 드러나는 대목이다. 우리가 먹는 바나나와, 온통 씨앗투성이인 야생 바나나를 놓고 보면, 그동안 얼마나 많은 개량이 이뤄졌는지 짐작할 수 있다. 씨 없는 과일을 만드는 것은 영구적 불임을 유도해 종의 번식을 차단하는 일이다. 이는 상당히 비윤리적인 행위로, 누구도 인간에게 그런 권한을 부여하지 않았다는 점에서 문제의식이 필요하다.

　폭풍 같았던 씨 손질 뒤에도 시련은 계속된다. 표피에 묻은 끈끈한 점액질은 칼을 무력화할 만큼 강력하다. 주차위반 통지서에 발린 접착제 따위는 비교도 되지 않는 위력이어서 소금, 베이킹소다를 써 봐도 소용없다. 결국 주방용 솔 하나를 버려야 했다. 효율이 지배하는 세상에서 탱자는 웬만해선 인기 있는 과일이 될 수 없는 요건을 두루 갖췄다. 나름 약재로선 온갖 질환에 효능을 발휘한다고 하지만, 씨가 많아 먹을 만한 과육이 거의 없고, 쥐 눈물만큼 나오는 즙도 시고 쓰다.

　그런데도 주방 전체를 가득 채우는 향기만큼은 천상계의 것이라 할 만큼 청아하다. 그저 향기로운 것이 아니라, 우아한 기품과 품격을 갖춘 향이다. 그 향을 제대로 표현하려면 내가 아는 모든 찬사의 언어를 긁어모아야 한다. 병 입구에 코를 박으면, 그 은은하고 고운 향이 고된 손질에 지친 나를 조용히 위로해 준다. 일이 고된 날이면, 한창 발효가 진행 중인 탱자 효소 병을

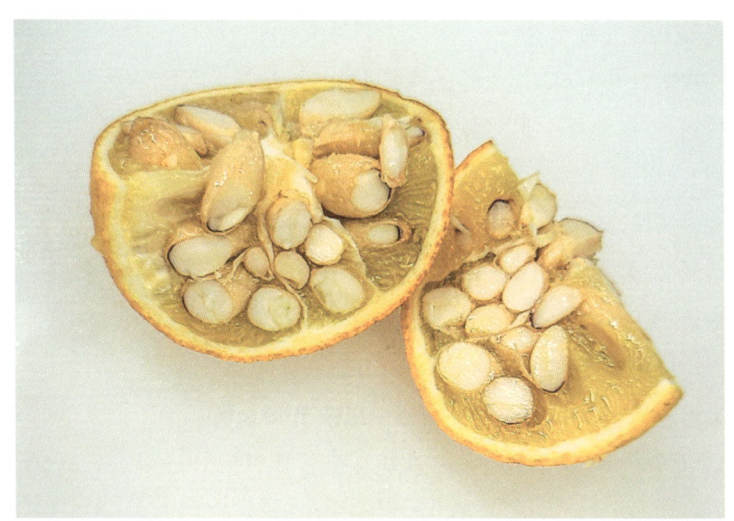

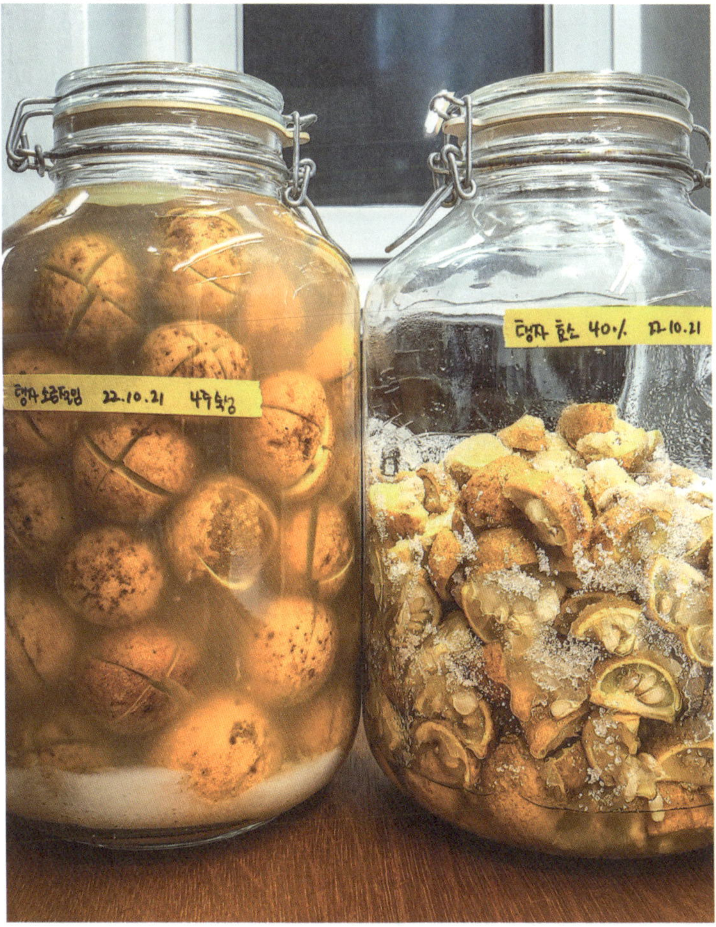
탱자 소금절임 22.10.21 4주숙성
탱자 효소 40% 22.10.21

붙들고 명상에 잠긴다.

    우리나라는 시트러스의 스펙트럼이 그리 넓지 않지만, 토종 재료에 눈을 돌리면 여전히 여지가 있다. 대표적으로 봄에는 댕유지와 팔삭이, 가을에는 탱자가 있다. 지난해에는 구례에 사는 지리산 친구 대환과 함께 산에 갔다가 야생 탱자나무 군락을 발견해 3kg을 직접 땄다. 절반은 40% 당절임으로 효소를 담그고, 절반은 프리저브드 레몬(preserved lemon) 제법을 응용해 소금 절임을 만들었다. 효소는 온도와 습도만 잘 맞으면 15일에서 3주 사이, 세상을 조금 더 아름답게 만들

해풍 속, 탱자

결과물로 거듭난다.

  '산 자의 무덤'이라 불리는 극악한 형벌, 위리안치(圍籬安置)에 속세의 아름다운 향을 지닌 탱자나무가 쓰인 것은 어떻게 생각해도 아이러니다. 20년 전, 사학과 강의실에서 처음 노란 탱자 사진을 보며 광해군과 추사를 떠올린 내가, 이제는 병 속에 갇힌 이 악마의 열매를 바라보며 한 달 뒤 어떤 향으로 세상을 물들일지, 어떤 빛나는 요리로 탄생할지 상상한다. 그 변화 역시 누구도 예상하지 못한 아이러니다.

대담

잃어버린 맛으로의 귀향, 로컬 오딧세이

식탁에 다시 올리고 싶은 잊힌 맛들. 아워플래닛 장민영 대표와 김태윤 셰프, 그리고 그들을 오래 지켜봐 온 음식 번역가 황종욱이 함께 나눈 대화를 통해, 로컬 오딧세이라는 이름의 여정이 품은 의미를 되짚는다.

황종욱(이하 '황')　우선, 아워플래닛이 뭔지 얘기해 볼까요?

　장민영(이하 '장')　아워플래닛은 지속 가능 미식 연구소예요. 연구 활동이 물리적으로 이뤄지는 공간이 이곳, 플래닛랩이고요. 행사가 없을 땐 언뜻 빈 업장 같지만, 실제로 안에서는 식재료 실험과 취재 결과 정리 작업이 일상적으로 이뤄져요. 저와 김태윤 셰프가 바삐 움직이는 가운데, 수확하거나 수집한 식재료가 연구소 한쪽에서 조용히 발효되고 있기도 하고요.

황　그렇다면 일반인은 플래닛랩을 어떻게 이용하나요?
　장　플래닛랩에선 대체로 소셜다이닝 형태로 행사를 이끌어요. 행사가 비정기적으로 열리며, 매번 특정 주제가 있다 보니, 행사 내용과 시간을 미리 SNS로 공지하고, 신청제로 운영해요. 이렇게 모인 분들은 식문화에 관심을 두고 시간과 에너지를 기꺼이 들이는 분들이죠.

황　매번 특정 주제가 있다고 했는데, 로컬 오딧세이는 어떤 행사일까요?
　장　모든 행사는 저희가 해 온 취재와 연구 결과를 공유하는 일종의 '발표회' 같은 자리예요. 저희의 시그니처 행사인 로컬 오딧세이도 마찬가지죠. 계절마다 소개하는 지역은 바뀌지만 지역성, 즉 '로컬'이라는 핵심 가치는 바뀌지 않아요. 각 지역의 고유한 식재료와 문화를 여섯 코스의 요리로 해석해서 소개해요. 요리 하나하나에 담긴 재료마다 전하고 싶은 이야기가 많아요. 그렇다 보니 참석하신 손님과 저희 사이의 활발한 소통이 필수적이라 소셜다이닝의 형식을 취했어요.

황　장민영 대표님은 KBS 〈한국인의 밥상〉 취재 작가로서 전국 방방곡곡을 취재하며 숨은 맛을 발굴하고 기록하는 작업을 했고, 여전히 비슷한 작업을 많이 하잖아요. 그렇다면 플래닛랩에서는 어떤 작업을 하고 싶었나요?

　　장　〈한국인의 밥상〉 취재 작가로 전국을 다니며 만난 생산자와 그들의 철학, 그리고 그 안에 담긴 이야기를 더 폭넓고 입체적인 콘텐츠로 풀어내고 싶었어요. 특히 낯설지만 우리 곁에 오랫동안 함께한 이 땅의 식재료를 이야기하고 싶었죠. 그런 이야기를 단순히 설명에 그치지 않고, 여러 셰프와 협업해 실제 요리로 구현해 내는 다이닝 형태의 행사로 풀어내고자 했어요. 플래닛랩은 그런 시도를 위한 공간이에요. 다이닝은 물론 쿠킹클래스, 테이스팅을 결합한 강연 등 다양한 형식의 행사를 기획해 우리의 미식 경험을 더 풍부하게 만드는 것이 목표고, 플래닛랩은 이를 위한 실험과 연구의 전초기지예요.

황　플래닛랩은 식재료 연구가인 장민영 대표님과 김태윤 셰프님이 뜻을 모아 2022년에 만든 공간이잖아요. 그전 같은 경우, 김태윤 셰프님은 보다 더 전통적인 형태의 식당을 운영했어요. 서촌에서 지중해 요리를 표방한 '7PM'과 다국적 요리주점 '주반'을, 압구정동에선 '이타카'를 운영한 긴 여정의 귀결이 플래닛랩인 듯한데요?

　　김태윤(이하 '김')　이타카는 지금 플래닛랩에서 하려고 하는 일을 이미 시도했던 곳이에요. '지속 가능한 식탁 만들기'를 목표로 삼고, 식재료 연구와 다이닝이 하나로 결합한 형태를 추구했어요. 음식을 내는 데 그치지 않고, 식재료의 출처와 생산자의 철학까지 함께 전하려 했어요. 메뉴판에 생산지는

ⓒ 윤민호

물론 생산자 성함까지 써낸 것도 그런 취지에서 비롯한 거고요. 생산자를 초청해 직접 이야기를 듣는 자리를 만들고, 저희가 직접 현지를 방문해 생산 과정을 취재하고 그 결과를 손님들과 공유하기도 했어요. 플래닛랩에서는 식재료 연구에 더 집중하고 연구 결과를 비정기적인 다이닝의 형태로 풀어내는 방식을 취하고 있어요.

황 개인적으로는 이타카 시절 강연자로 협업했던 기억이 있습니다. 인상적이었던 건 테이블이 'ㄷ'자로 자연스러운 교감이 가능했고, 식재료 설명과 함께 실물을 직접 경험하게 한 방식이었어요. 플래닛랩에서도 이런 흔치 않은, 참여형 구성이 이어지고 있죠?

김 이타카에서도 여러 가지 식재료의 이름과 개성을 소개하고, 이를 통해 손님들이 스스로 자신의 취향을 찾도록 돕는 것이 중요한 목표였어요. 하지만 매일의 장사와, 생산자와의 긴밀한 스킨십을 통한 식재료 수급, 그 관리만으로도 벅차 연구까지 병행하기는 버거웠습니다. 결국 실무와 연구 중 우선순위는 '연구'라는 결론에 다다랐어요. 그 가치를 더 깊이 실현하기 위한 공간으로 플래닛랩이 탄생한 거죠.

황 그렇다면 로컬 오딧세이를 얘기해 보죠. 우선 '오딧세이'라는 이름을 선택한 이유가 있을까요?

김 잘 아시겠지만, 호메로스의 『오딧세이』는 '오딧세우스'라는 그리스의 장군이 트로이 전쟁 이후 고향 '이타카'로 돌아가기까지 20년에 걸친 여정을 담은 서사시입니다. 결국은 '회귀', 즉 본래의 자리로 돌아가는 이야기죠. 그의 여정은 인간이 본질적으로 얼마나 연약한지를 보여 주는 동시에

인간의 지혜와 용기가 위대한 성취를 가능케 한다는 점을 강조합니다. 현재 우리의 식생활을 들여다보면 먹는 이뿐 아니라 만드는 이도 유통과 소비 구조에 문제의식을 느끼고 있습니다. 획일화된 식재료, 단절된 생산자와 소비자의 관계, 사라지는 지역 식문화 등에요. 오딧세우스가 수많은 역경을 딛고 결국 고향에 닿았듯, 저희도 각 지역을 다니며 그곳이

본래 가지고 있던 모습, 잃어버린 가치를 찾아가는 여정을 이어 가고 있습니다. 이 행사의 이름인 '로컬 오딧세이'에는 '잃어버린 것들로의 회귀'라는 긴 여정의 방향성과 저희의 희망이 담겨 있습니다.

황   지역성에 회귀를 연결하는 시도가 흥미롭네요. 로컬 오딧세이에 여러 번 참여하면서 느낀 건데요, 많은 분이

'그날의 지역을 왜 선택했을까?'를 궁금해하시더라고요.

김 말씀하신 것처럼, 이 질문은 빠지지 않고 꼭 나오는데요. 그에 대한 답은 의외로 단순합니다. 첫째, 저희에게 익숙한 지역이어야 합니다. 여러 차례 방문하고 경험이 쌓인 곳이어야 그 지역을 제대로 소개할 수 있기 때문입니다. 예컨대 속초는 십수 번 넘게 다녀왔고, 제주도나 부산, 특히 기장도 가족사나 여행, 취재를 통해 익숙한 지역이에요. 아무리 좋은 식재료가 있어도 경험이 없다면 로컬 오딧세이가 탐구할 지역으로 삼긴 어렵습니다. 둘째, 독특한 지역색이 중요한 기준입니다. 울릉도처럼 본토와 분리된 지형은 갈라파고스처럼 독특한 식생과 문화를 갖고 있어 호기심을 자극하죠. 거문도 역시 영국 점령, 일제강점기의 삼치 파시 등 고유한 역사적 맥락이 있는 곳이라 흥미롭습니다. 셋째, 계절성과 제철 식재료의 유무입니다. 저희가 중요하게 여기는 지속 가능성의 핵심 가치 중 하나가 제철 식재료의 소비기 때문입니다. 작물도 제철이 아니면 환경에 미치는 부담이 크기 때문에, 그 시기에 의미 있는 자원이 있는지를 반드시 고려합니다. 결국 '경험' '지역색' '계절성'이라는 세 기준을 중심으로 지역을 좁혀 가고, 그렇게 로컬 오딧세이의 여정이 결정됩니다.

황 지역을 선택하는 기준은 그렇군요. 그런데 지역마다 특징 있는 식재료와 조리법이 여럿일 텐데, 그중 어떤 기준으로 특정 재료와 조리법을 선택하나요?

김 어떤 지역을 선택하면, 그 지역 고유의 식재료들도 자연스럽게 정해집니다. 예컨대 말미잘·왕호장·감자떡 같은 특별한 식재료는 그 자체로 그 지역을 소개하고 싶은 이유가 되기도 하죠. 요리를 구상할 때는 우선 현지에서 어떻게 조리하는지를 참고합니다. 예를 들어 말미잘은 전이나 수육으로 많이 먹는데, 그 전통적인 조리법과 유사한 방식으로 조리하는 총유빙에 넣는 것으로 응용했습니다. 또는 갯것쩜처럼 로컬에서 오랫동안 먹어 왔던 방식 그대로 재현하기도 해요. 단순히 전통을 따르려는 것이 아니라, 그것이 요즘 세대의 입맛에도 충분히 맛있다고 판단하기 때문입니다. 물론 변주도 많습니다. 예컨대 곰장어 쌈의 조합이 인상 깊어 라이스페이퍼를 활용해 재해석한 적도 있고, 조개는 포르투갈식 돼지고기 조개찜처럼 서프 앤드 터프 스타일로 풀어내기도 했어요.

황 아워플래닛 행사에서는 유독 익숙하지 않은 식재료가 자주 등장합니다. 그런데 셰프님은 그 낯선 식재료를 생경한 방식으로 풀어내는 면이 있잖아요. 때론 괴짜 같다는 느낌까지 받는데요. 이런 조합을 반복하는 이유가 있을까요?

김 플래닛랩은 일반 식당이 아니라 '지속 가능한 미식'을 연구하는 공간이라 실험이 자유롭습니다. 매출이나 인기 메뉴에 얽매이지 않고, 실패하더라도 의미 있는 레퍼런스로 남기 때문에 도전을 망설이지 않죠. 기존 식당에선 재료 선택이나 메뉴 구성에 있어 제약이 많지만, 연구소에서는 온전히 스스로 주제를 정하고 시도할 수 있어요.
현실에서는 만나기 어려운 세계도 음식 안에서는 만날 수 있습니다. 저는 그런 경계를 넘나드는 접점을 좋아하고, 거기서 흥미로운 음식이 탄생한다고 믿습니다. 제 개인적 성향도 영향을 미쳤습니다. 한 지역의 요리에 국한하지 않고, 여행을 통해 얕고 넓게 견문을 쌓아 왔거든요. 20~30대에 1년에 3분의 1에

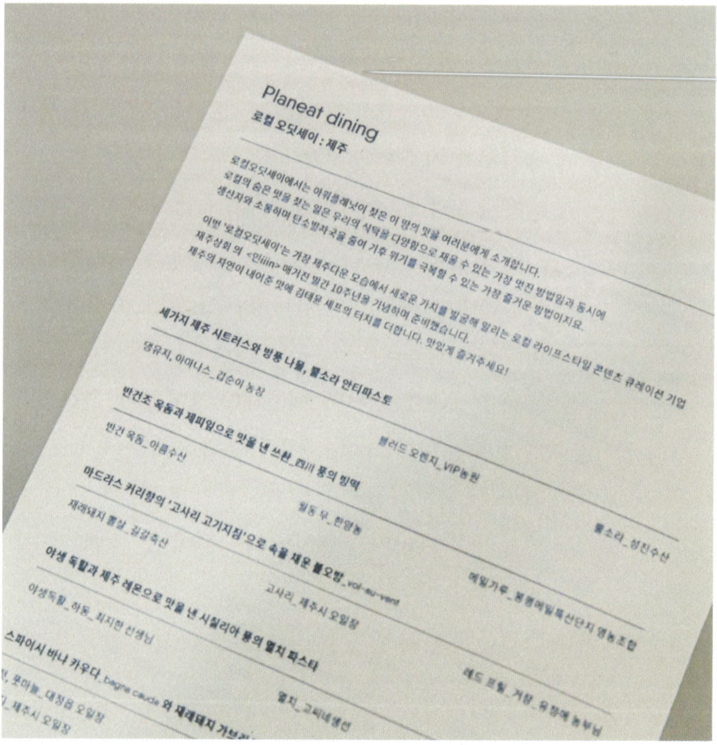

Planeat dining

로컬 오딧세이 : 제주

로컬오딧세이에서는 아워플래닛이 찾은 이 땅의 맛을 여러분에게 소개합니다.
로컬의 숨은 맛을 찾는 일은 우리의 식탁을 다양함으로 채울 수 있는 가장 멋진 방법임과 동시에
생산자와 소통하며 탄소발자국을 줄여 기후 위기를 극복할 수 있는 가장 즐거운 방법이지요.

이번 '로컬오딧세이'는 가장 제주다운 모습에서 새로운 가치를 발굴해 알리는 로컬 라이프스타일 콘텐츠 큐레이션 기업
제주상회 의 <인iiin> 매거진 발간 10주년을 기념하여 준비했습니다.
제주의 자연이 내어준 맛에 김태윤 셰프의 터치를 더합니다. 맛있게 즐겨주세요!

세가지 제주 시트러스와 방풍 나물, 뿔소라 안티파스토

댕유지, 아마나스_김순이 농장 블러드 오렌지_VIP농원 뿔소라_성진수산

반건조 옥돔과 재피잎으로 맛을 낸 쓰찬_四川 풍의 빙떡

반건 옥돔_이룸수산 월동 무_한맘농 메밀가루_봉평메밀특산단지 영농조합

마드라스 커리향의 '고사리 고기지짐'으로 속을 채운 볼오방_vol-au-vent

재래돼지 통살_김갑축산 고사리_제주시 오일장

야생 독활과 제주 레몬으로 맛을 낸 시칠리아 풍의 멸치 파스타

야생독활_하동_최지한 선생님

스파이시 바나 카우다_bagna cauda 와 재래돼지

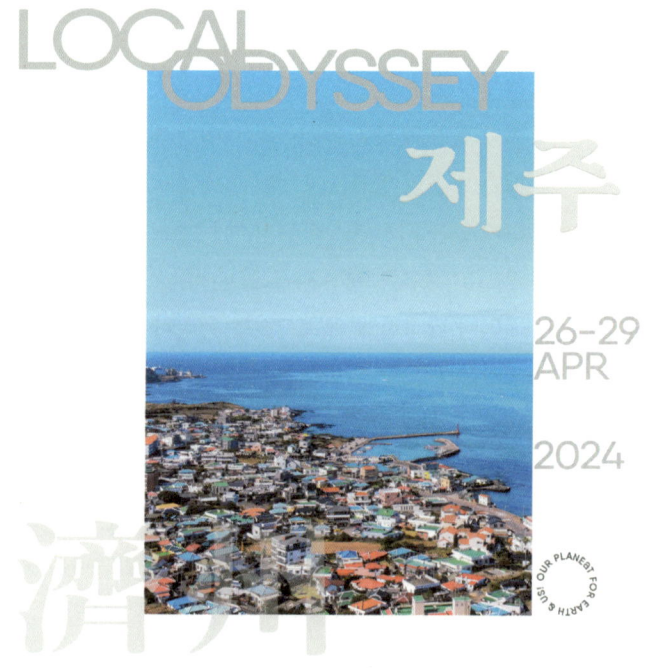

가까운 시간을 온갖 험지를 여행하는 데 투자하기도 했어요. 모든 음식은 도마 위 재료 너머의 이야기를 전합니다. 로컬 오딧세이의 요리에는 연구소가 가진 자율성을 기반으로 그전까지 세상에 나온 적 없던 제 이야기가 담겨 있습니다. 요리에 담긴 풍미와 질감이 때론 제 정체성을 대변하기도 합니다. 세상에 없던 것, 여태 몰랐던 조합을 만들어 그것이 과녁의 중앙에 꽂히듯 먹는 사람의 미간에 진실의 주름을 만들 때, 주방에서 경험할 수 있는 최고의 환희를 느낍니다. 결국 바라는 건 하나예요. 입에 넣는 순간 미소가 번지는 음식이기를 바라는 것입니다.

황 아워플래닛이 하고 싶은 일을 하나의 문장으로 규정한다면 무엇이 될까요?

장 저희가 지향하는 가장 중요한 가치는 '단절된 관계의 회복'입니다. 식탁에 오르는 음식이 어디서 왔는지, 누구의 손을 통해 어떤 과정으로 자라났는지를 소비자가 인식하는 것에서 변화는 시작된다고 믿어요. 문제의식도 가질 수 있고요. 이미 단절됐거나 희미해진 그 연결 고리를 회복하는 일은 단순히 식재료에 대한 이해를 넘어, 우리 삶과 환경, 지역과 계절, 타인과의 관계를 새롭게 바라보게 만드는 경험이기도 합니다. 그 연결이 오늘을 관통해 내일로 이어지게 하는 것에 일의 무게 중심을 둡니다. 저희는 이처럼 식탁을 둘러싼 여러 관계 간의 연결을 회복하는 일을 출발점으로, 다양한 기획과 시도를 펼쳐 가고 있습니다.

황 획일성에 대해서 큰 문제의식을 느끼고 있는 것으로 알아요. 그런데 일반 소비자로선 지금 먹는 것도 충분히 다양한데 왜 굳이 '다양성이 부족하다'라고 하는지 궁금할 수도 있을 듯해요.

김 좋은 질문이에요. 겉으로 보기엔 요즘 식탁이 참 다양해 보이죠. 마트에 가면 전 세계 음식이 다 있고, 계절 상관없이 원하는 걸 언제든 먹을 수 있으니까요. 하지만 그건 '진짜' 다양성은 아니라고 생각해요. 저희가 말하는 다양성은 단순히 나라가 다르고, 맛이 다르다는 의미가 아니라 지역의 고유한 음식 문화가 유지되고, 제철 식재료가 살아 있고, 용도에 따라 다양한 품종을 선택할 수 있고, 세대 간에 이어지는 조리법과 기억이 공존하는, 그런 구체적이고 실재적인 다양성이에요. 전국 어디서나 똑같은

우보농장(토종쌀) 이근이 농부님과 함께

채소와 김치, 감자를 마주하게 되고, 계절감이나 조리법의 다양성도 사라졌어요. 이건 겉보기에만 풍요롭고 실제로는 너무 획일화된 상태예요. 이걸 저희는 '풍요 속 빈곤'이라고 표현합니다. 다양성은 결국 미식과 지속 가능성이 만나는 지점이에요. 먹는 기쁨을 풍요롭게 하면서도, 식문화가 오랫동안 자생할 수 있게 하는 힘이니까요.

황 지속 가능성의 가치를 논할 때 눈이 가장 빛나는 것 같아요. 아워플래닛의 기획은 늘 뚜렷한 가치를 전면에 내세워요. 참석자에게, 그리고 독자에게 미식적

실천이 어떻게 곧 지속 가능성의 실천으로 이어지는지를
설득하기 위해 어떤 전략을 사용하나요?

    장   저희는 "하지 말라"보다는 "함께 해 보자"라고
말해요. 부정적인 어조보다 긍정적인 말로 직접적인
참여를 권합니다. 예를 들어, 성게나 바다나물
처럼 먹을수록 생태계에 도움이 되는 식재료를
제안하고 더 많이 먹자고 이야기하는 거예요. "하지
말라"라는 말은 피로감을 주고 쉽게 포기하게
만들지만, 더 맛있고 더 의미 있는 경험을 제안하면
사람들도 자연스럽게 변화에 동참해요. 또 하나
중요한 건 '기억하며 먹는 것'이에요. 누가, 어떻게
만든 음식인지 알고 먹는 건 단조로운 식사를
훨씬 풍요로운 경험으로 바꿔 주거든요. 그래서
저희는 미식의 경험을 "계획(plan)하자"라고 말해요.
아워플래닛이라는 이름도 '우리의(our) 지구(planet)를
위해 식사를 계획하자(plan+eat)'라는 뜻을 담고
있어요. 우리는 유행을 좇는 소비가 아닌, 지역의
기후와 지형, 거기서 나는 작물과 그에 얽힌 문화,
다시 말해 '테루아(terroir)'의 감각에 집중하려고
해요. 그것이야말로 진정한 다양성과 지속 가능성의
지향점이라고 믿기 때문이에요.

황   미식가 되기와 지속 가능성의 실천이 결코 별개의
일이 아니라는 점에서 꾸준히 방향을 모색해 온 만큼,
독자들 역시 그런 메시지를 책 속에서 충분히 읽어
내셨으면 합니다. 마지막으로, 로컬 오딧세이에서 선보인
여러 지역 중 이 책에서는 해안 도시와 섬만 다룬 특별한
이유가 있을까요?

    김   지구는 물의 행성입니다. 지구본을 보면
우리가 푸른 행성에 살고 있다는 것을 알 수 있어요.
또한 지구의 모든 생명은 바다에서 기원했으니

바다야말로 지구를 지구답게 만드는 요소죠. 삼면이 바다로 둘러싸인 한반도의 식문화는 해양 생태계와 깊이 연결돼 있고, 바다는 지구의 지속 가능성에 결정적인 영향을 미칩니다. 바다는 산소를 50~80% 생산하고, 탄소를 흡수하며, 기후를 조절하는 핵심 시스템입니다. 말 그대로 지구의 생명 유지 장치죠. 하지만 우리의 바다는 현재 심각한 위기에 처해 있습니다. 한때 한반도의 대표 생선이던 명태는 남획으로 자취를 감췄고, 지금은 전량 수입에 의존하고 있습니다. 명란젓·코다리찜·북엇국처럼 익숙한 음식의 재료를 더 이상 우리 바다에서 얻을 수 없는 거죠. "노가리 까다"라는 말조차 언젠가 사라질지 모릅니다. 한 식재료가 사라지면, 그와 얽힌 음식과 문화, 언어까지 함께 사라지게 되는 거예요. 무엇보다 슬픈 건, 바다는 음식을 만들고 나누는 사람에게 그 누구보다 넓은 품을 내주는 존재라는 사실입니다. 바다를 사랑하는 사람으로서 바다가 내어 주는 식재료를 더 정성껏, 감사한 마음으로 대해야 한다는 생각이 절실해졌습니다. 해안 도시와 그 섬에서 먼저 이야기를 시작하게 된 것은 그런 절박함에서 기인했습니다. 아워플래닛이 말하는 '연결'이란 결국 이런 것입니다. 단절된 것 사이에 다리를 놓고, 새로운 가능성을 만드는 일. 생산자와 소비자, 과거와 현재, 지역과 도시, 선대와 후대, 그리고 각기 다른 배경을 가진 사람들까지. 이 책을 읽는 독자들 역시 그 연결의 고리에 닿기를 바랍니다.